UNGELÖSTE RÄTSEL
UNSERER WELT

Dieses Buch widme ich den Forschern

General Russel E. Burrows
Prof. Dr. Javier Cabrera
Walter Closs

Walter-Jörg Langbein

UNGELÖSTE RÄTSEL UNSERER WELT

DIE GEHEIMNISSE
DER LETZTEN 3000 JAHRE –
VON DER ANTIKE
BIS ZUR MODERNEN WISSENSCHAFT

LUDWIG

Inhalt

Laut Mythologie ist Teotihuacán der Ort, an dem sich die Götter trafen, um über den Menschen zu beraten.

Berichten zufolge erschien das Monster von Loch Ness bereits im 6. Jahrhundert n. Chr.

UFOs und außerirdisches Leben sind noch immer eine große wissenschaftliche Herausforderung.

Meditation erleichtert dem Menschen, zu seinem wahren Wesen zurückzufinden.

Alte und neue Geheimnisse

Nikolaus Kopernikus (1473–1543) hatte mit seinem Werk *Von der Umdrehung der himmlischen Sphären*, in dem er publik machte, dass die Sonne das Zentrum unseres Planetensystems ist, ein Menschheitsrätsel gelöst. Zwar wurde sein Werk anfangs vehement bekämpft, setzte sich aber schließlich doch dank der Bemühungen genialer Astronomen wie Johann Kepler und Galileo Galilei durch.

Geheimnisse haben den Menschen schon immer fasziniert und ihn dazu veranlasst, forschend tätig zu werden. Geheimnisse als solche wahrnehmen zu können, beweist die Fähigkeit des Menschen zu denken. Wissenschaft ist letztlich nie etwas anderes gewesen als der Versuch, Geheimnisse zu ergründen. Das war zu Zeiten der Steinzeitmenschen so und zu Kopernikus' Zeiten so, und das gilt auch heute noch, wenngleich die moderne Wissenschaft mysteriösen Dingen wesentlich rationaler gegenübersteht als früher.

»Mir wurde sehr bald klar, dass man sich im Leben nicht verzetteln darf, sondern sich unbedingt auf eine Sache konzentrieren muss.«
Charles Hoy Fort

Heute betrachtet man geheimnisvolle Phänomene nicht mehr in erster Linie staunend ehrfürchtig, sondern versucht, sie möglichst schnell und ohne Pathos zu entschleiern. Doch auch heute noch bedarf die Wissenschaft, wie Dr. Peter Pattschneider, Universitätsdozent am Institut für Angewandte Physik der Technischen Universität Wien, überzeugend versichert, »des Unverstandenen gleichsam als Antrieb, wäre alles erklärt, hätte sie ausgedient«. Da von modernen Wissenschaftlern unerklärliche Phänomene, die nicht in die vorhandenen Paradigmen passen, oft totgeschwiegen werden, ist eine objektive Darlegung unverstandener Fakten, die zunächst einmal alles gelten lässt, dringend notwendig.

Das vorliegende Kompendium ist der Versuch, eine Vielzahl von Geheimnissen, die bis heute nicht geklärt sind, in ihrer komplexen Vielfalt unvoreingenommen darzustellen, so dass sie überhaupt zur Kenntnis genommen werden können. Im Sinne des Autors Charles Hoy Fort (1874–1932), der sich in seinem Buch *The Book of the Damned* mit paranormalen Phänomenen auseinander gesetzt hat, zieht dabei »eine Prozession der Daten, die von der Wissenschaft ausgeschlossen werden«, am Leser vorbei. Sinn dieser Prozession soll es sein, die bislang toten Daten durch das Lesen zum Leben zu erwecken.

Der Astronom Galileo Galilei kämpfte für die Durchsetzung der kopernikanischen Lehren.

Es scheint in unserer Zeit keine großen Geheimnisse mehr zu geben. Doch der Schein trügt. Es gibt auch heute noch, wie

zu Zeiten des genialen Kopernikus, zahlreiche Geheimnisse, die die Welt bewegen. Wir müssen nur den Mut haben, sie auch wahrzunehmen.
Das vorliegende Werk widmet sich zehn großen Themenkomplexen:

Auf der Suche nach dem ewigen Leben geht der Frage nach, ob der vielleicht älteste Menschheitstraum, die Sehnsucht nach ewiger Jugend bzw. nach ewigem Leben, verwirklicht werden kann.
Das Geheimnis der steinernen Zeugen versucht zu ergründen, ob die Steinzeitmenschen bereits über ein Kommunikationssystem verfügten, das der modernen Elektronik des 20. Jahrhunderts eventuell weit überlegen war.
Das Geheimnis der biblischen Wunder berichtet über die faszinierenden Mysterien der Bibel, die weithin unbekannt sind, obwohl die Bibel in weit höherer Auflage verbreitet ist als jedes andere Werk der Menschheitsgeschichte.
Das Geheimnis der Marienerscheinungen schildert rätselhafte Geschehnisse, die Millionen von Pilgern seit vielen Jahren auf der ganzen Welt in ihren Bann ziehen. Was geschah wirklich an Orten wie Lourdes, Fatima und Guadalupe?
Geheime Gesellschaften existierten durch die Jahrhunderte hindurch: Freimaurer, Rosenkreuzer, Theosophen und andere Gruppen ziehen auch heute die Menschen immer wieder in ihren Bann.
Geheimnisse der Meere und Seen beweist, dass auch heute noch über und unter Wasser Unerklärliches geschieht: Flugzeuge und Schiffe verschwinden spurlos, und Furcht erregende Kreaturen tauchen aus Seen und Meeren auf.
Vorgeschichtliche Besucher aus dem All ist der Frage gewidmet, ob bereits in grauer Vorzeit Außerirdische die Erde besuchten. Schon in den alten Überlieferungen verschiedener Traditionen wurden außerirdische Raumschiffe beschrieben.
Das Geheimnis der UFOs ist aktueller denn je. Spätestens seit dem spektakulären UFO-Absturz in Roswell, New Mexico, im Jahre 1947 sind Fliegende Untertassen in das Bewusstsein der Öffentlichkeit gerückt. Selbst auf dem Mond wollen Astronauten UFOs beobachtet haben.

Trotz Ablehnung durch die Kirche setzten sich die kopernikanischen Lehren schließlich durch, und der Mensch überwand die Grenzen seines bisherigen Weltbildes.

Geheimnisvolle Wissenschaft versucht Fragen zu beantworten, die auf den ersten Blick paradox erscheinen: Entstand der älteste Computer bereits vor 2000 Jahren? Gab es schon im Altertum Elektrizität? Lag Atlantis etwa in der Antarktis? Die Antworten auf diese ungewöhnlichen Fragen sind verblüffend.
Das Geheimnis vom Leben nach dem Tode prüft, ob es ein Weiterleben nach dem Tod gibt. Menschen, die medizinisch gesehen bereits tot waren, jedoch wieder ins Leben zurückgekehrt sind, berichten über ihre Erfahrungen im Jenseits und wie sich ihr Weltbild dadurch verändert hat.

»So denket nicht, dass es ein Irrtum sei; wir wollen doch, wenn wir genug geklommen, zur rechten Zeit dem Ziele näher kommen.«
aus: Die Geheimnisse, Johann Wolfgang von Goethe

»Geheime Dinge hat er gesehen. Was verborgen dem Menschen ist, kennt er. Er hat Nachrichten gebracht von den Zeiten der Sintflut.«

Gilgamesch-Epos

Auf der Suche nach dem ewigen Leben

Seit ihrem Bestehen hat die Menschheit versucht, das Mysterium des Todes zu ergründen. Wie die alten Überlieferungen zeigen, wurden dabei verschiedene Wege eingeschlagen. Das Ziel jedoch war stets dasselbe – man wollte das ewige Leben finden.

Die Sehnsucht nach Unsterblichkeit und das Verlangen, den Göttern gleich zu werden, hat einzelne Menschen schon immer über sich selbst hinauswachsen lassen. Einige haben tatsächlich gefunden, wonach sie suchten – den Zugang zu einer ganz anderen Dimension, die dem gewöhnlichen Menschen verschlossen bleibt. In Epen, Mythen und Sagen sind uns die Schicksale jener außergewöhnlichen Menschen überliefert und erwecken auch in uns modernen Menschen beim Lesen oder Hören die gleiche unbändige Sehnsucht: sich aufzumachen und selbst den Weg zu beschreiten, der zur Unsterblichkeit führt.

Das Gilgamesch-Epos

Zu den geheimnisvollsten Texten der Menschheitsgeschichte gehört das Gilgamesch-Epos, eine akkadische Dichtung, die Jahrtausende älter als die Bibel ist. Die zentrale Figur dieses Epos ist Gilgamesch, König von Uruk, und dessen kühne Suche nach dem ewigen Leben.

Die Entdeckung des Gilgamesch-Epos verdanken wir dem Autodidakten Sir Austen Henry Layard (1817–1894), für den 1849 der Traum aller Archäologen wahr wurde: Auf dem linken Ufer des Tigris, unweit der irakischen Stadt Mosul, entdeckte er die Ruinen einer uralten Stadt. Bei den Ausgrabungsarbeiten stieß er auf Ninive, die legendäre Hauptstadt des Assyrerreiches. Deutlich waren die Überreste einer einst uneinnehmbaren doppelten Festungsmauer zu erkennen.

Doch die eigentliche Sensation erwartete Layard unter dem Hügel Kujundschik: Dort entdeckte er die Überreste der königlichen Bibliothek mit 5000 Keilschrifttafeln. Im Südwestpalast waren, als Babylonier und Meder 612 v. Chr. die einst so stolze Stadt verwüsteten, in zwei kleineren Räumen Tontafeln zu Boden gefallen und rund zweieinhalb Jahrtausende liegen geblieben. Vier Jahre später, 1853, entdeckte Hormuzd Rassam weitere 20000 Tontafeln und Fragmente. Diese wertvollen Dokumente in altpersischer »Keilschrift« wurden in das Britische Museum nach London gebracht und in mühevoller Kleinarbeit nach und nach übersetzt.

Lohnende Reise

1872 sorgte der für das Britische Museum arbeitende archäologische Autodidakt George Smith (1840–1876) für Schlagzeilen. Er entzifferte einige der Tafeln und entdeckte dabei das älteste Epos der Menschheitsgeschichte – das Gilgamesch-Epos. Die britische Tageszeitung *Daily Telegraph* bot Smith tausend Guineas, damit er seine Forschungen vor Ort fortsetzen könne. Smith nahm das Angebot an, reiste nach Ninive und fand dort wenig später weitere Tafeln mit dem kompletten Text der ersten Sintflutgeschichte.

Bei seinen Ausgrabungen stieß Austen Henry Layard durch einen senkrechten Schacht hindurch direkt in den Palast des Königs Sanherib, der von Ninive aus über Assyrien und Babylon herrschte und einst alle befestigten Städte Judäas erobert hatte.

Diese Überlieferung gehörte zum Gilgamesch-Epos, das einst im Vorderen Orient so populär gewesen sein muss wie bei uns heute die Bibel und in zahlreichen Abschriften und Kopien kursierte. Die jüngeren stammen aus dem siebten und sechsten Jahrhundert v. Chr. In das 14. Jahrhundert v. Chr. datiert wurden eine akkadische, eine hethitische und eine hurritische Übersetzung, die in der Bibliothek von Hattuscha, der Hauptstadt des Hethiterreiches – in der heutigen Türkei – gefunden wurde. Ältere Versionen stammen aus weit früheren Epochen: Sie wurden Ende des dritten und Anfang des zweiten Jahrtausends v. Chr. auf Tontafeln festgehalten. Doch bereits im dritten Jahrtausend v. Chr. wurde das Epos in sumerischer Sprache verewigt. Zu ihrem Erstaunen stellten weltweit führende Experten fest, dass der Text Jahrtausende fast vollkommen unverändert überdauert hatte, obwohl er häufig übertragen und übersetzt wurde.

Töten des Monsters

Uruk, die Heimatstadt des legendären Königs Gilgamesch, ist die am besten erforschte Stadt der sumerischen Frühzeit. Aus dem Tempelbezirk ist eine imposante, fast lebensgroße weiße Marmormaske erhalten.

Die Handlung des Epos weist erstaunlicherweise immer wieder Parallelen zu Bibeltexten auf, die erst viel später niedergeschrieben wurden. So heißt es, dass sich Held Gilgamesch einsam fühlte und um einen Gefährten bat. Die Göttin Aruru erhört sein Flehen und erschafft ihm einen Gefährten namens Enkidu. Gemeinsam wollen die beiden Männer Chumbaba, ein schreckliches Monster, töten, das über dämonische Kräfte verfügt. Enkidu möchte Gilgamesch von diesem gefährlichen Vorhaben abhalten, doch dieser lässt sich nicht beirren. In einem mörderischen Kampf verletzt Gilgamesch das Untier mit seinem Schwert am Hals, und Enkidu enthauptet es. Die Götter beschließen daraufhin Enkidus Tod – und nach sieben Tagen schwerer Krankheit stirbt er. Gilgamesch ist verzweifelt. Sieben Tage lässt er den Gefährten, den er wie einen Bruder lieb gewonnen hatte, in der vergeblichen Hoffnung, er werde wieder zum Leben erwachen, nicht bestatten.

Enthülltes Geheimnis

Doch Enkidu kehrt nicht mehr zu den Lebenden zurück. Mit Schrecken wird sich Gilgamesch seiner eigenen Sterblichkeit bewusst und begibt sich auf die Suche nach dem Geheimnis vom ewigen Leben. Er weiß, dass ihm dabei nur sein Urahn Utnapischtim, der im Maschugebirge wohnt, helfen kann. Nach strapaziösen Märschen erreicht Gilgamesch das Gebirge, in dem riesige Skorpionmenschen ein geheimnisvolles »Bergtor« hüten. Auf sein Drängen hin wird er schließlich eingelassen. Nach einer vierundzwanzigstündigen Reise durch schrecklichste Finsternis gelangt Gilgamesch in einen herrlichen Garten, der mit Edelsteinbäumen geschmückt ist und am Ufer eines geheimnisvollen Meeres liegt, das noch kein Sterblicher überquert hat. Mit Hilfe von Urschanabi überquert Gilgamesch die »Gewässer des Todes« und begegnet endlich Utnapischtim, der als einziger Mensch unsterblich ist. Auf den Rat des Gottes Ea hin hatte er einst, wie später auch Noah, eine Arche gebaut und darin die Sintflut überlebt. Utnapischtim verrät Gilgamesch das Geheimnis des ewigen Lebens: Es ist eine stachelige Pflanze, die auf dem Grunde eines Sees gedeiht. Mit schweren Steinen beladen taucht Gilgamesch in die Tiefe und findet tatsächlich die Wunderpflanze. Mit seinem kostbaren Fund tritt er den Heimweg an. Ein weiteres Mal überwindet er das Meer des Todes. Als er aber in der Wüste in einem kühlen Brunnen badet, stiehlt ihm eine listige Schlange die Pflanze der Unsterblichkeit.

Gilgamesch resigniert und akzeptiert seine Sterblichkeit als unabänderliche Tatsache. Wir wissen heute, dass Gilgamesch nicht nur eine mythische Figur war, sondern wirklich gelebt hat, da er in den Königslisten der ersten Dynastie von Uruk zwischen 2750 und 2600 v. Chr. als großer Herrscher verzeichnet ist. Unsterblichkeit im physischen Sinne wurde ihm zwar nicht zuteil, aber er erreichte immerhin ein »biblisches Alter« von 126 Jahren. Im übertragenen Sinne jedoch wurde er doch unsterblich, denn sein Name ist bis heute – fast fünftausend Jahre nach seinem Tod – unvergessen.

Alexander der Große

Auch Alexander der Große (356 v. Chr. – 323 n. Chr.) war auf der Suche nach dem ewigen Leben. Wie die »Alexandersage« berichtet, hat der große Herrscher von Ägypten aus eine Forschungsreise angetreten. Wie Gilgamesch durchquerte Alexander ein »Land der Finsternis« und gelangte schließlich an einen Zauberberg. Dort ließ er seine Leibwache zurück und bestieg alleine den Berg. Nach zwölf Tagen und zwölf Nächten gelangte er an die Grenze zu einer Überwelt. Ein Engel, dessen wunderbarer Strahlenglanz ihn blendete, verriet Alexander das Geheimnis des ewigen Lebens: »Ich will dir sagen, wie du leben kannst, ohne zu sterben. Im Lande Arabien hat Gott die Schwärze undurchdringlicher Dunkelheit eingesetzt. Darin ist verborgen ein Schatz dieses Wissens. Dort ist auch der Brunnen des Wassers, das Lebenswasser genannt wird, und wer davon trinkt, und sei es auch nur einen einzigen Tropfen, wird nie sterben.« Alexander gab sich damit nicht zufrieden. »In welchem Erdteil liegt dieser Brunnen?«, begehrte er zu wissen. »Frage diejenigen Menschen, die Erben dieses Wissens sind«, lautete die rätselhafte Antwort. Zeit seines Lebens soll Alexander nach diesem geheimnisvollen Land gesucht haben. Vermutete er es vielleicht in Indien? 327 v. Chr. unternahm Alexander einen Feldzug nach Nordwestindien mit dem Plan,

Um 650 v. Chr. entstandene Tontafel assyrischer Herkunft mit Fragment des Gilgamesch-Epos.

bis zur Mündung des Ganges vorzudringen. Doch seine Truppen machten ihm einen Strich durch die Rechnung, da sie sich beharrlich weigerten, noch weiter in unbekannte Gefilde vorzustoßen.

Unsterblichkeit war schon immer der große Traum der Menschheit. Die große Frage ist allerdings, ob die Menschen auch tatsächlich imstande wären, sich eines ewigen Lebens zu erfreuen.

Mysteriöser Wunderbrunnen

Der Legende nach, wie sie im *Alexanderroman* von Lambert le Tort (12. Jahrhundert) überliefert ist, entdeckte ein fünfundsechzigjähriger Gefährte des großen Königs an der Mündung des Ganges, der in der Bibel mit dem Paradiesstrom Pison gleichgesetzt wird, drei Wunderbrunnen: Einer von ihnen verjüngt, der andere verleiht Unsterblichkeit, und der dritte erweckt Tote zum Leben. Der alte Mann soll von dem Verjüngungswasser getrunken haben und dadurch wieder zu einem Dreißigjährigen geworden sein.

Diese historisch nicht belegbare Legende war im Europa des frühen Mittelalters Wissenschaftlern wie Abenteurern wohl bekannt. Auf der Suche nach jenen geheimnisvollen Brunnen begaben sich viele auf den Weg nach Indien. Dabei stießen sie jedoch auf erhebliche Schwierigkeiten: Auf dem Landweg war Indien nicht zu erreichen, da die Sarazenen keine Europäer passieren ließen. Man musste sich also per Schiff nach Indien aufmachen.

Nach einer mittelalterlichen christlichen Legende befand sich die Quelle ewigen Lebens am Ganges, der von den Indern als heiliger Fluss verehrt wird.

Um ihr eigenes egoistisches Ziel zu erreichen, nämlich ewige Jugend zu erlangen, schreckten die Conquistadores auch nicht vor unmenschlichen Maßnahmen zurück. Durch Drohungen und Folter versuchten sie, den Einheimischen ihr Geheimnis abzuringen.

Erfolglose Suche

Zog es vielleicht auch Kolumbus nach Indien, in der Hoffnung, dort in den Besitz des Wassers der Unsterblichkeit zu gelangen? Zwar entdeckte er »nur« Amerika, aber auch dort gab es geheimnisvolle Hinweise auf eine Insel, auf der es ein Wasser des ewigen Lebens geben sollte.

1511 kam Ponce de León, Gouverneur von Haiti und Puerto Rico, zu Ohren, dass irgendwo im Norden eine Insel namens Bimini existiere. Diese Insel sei reich an herrlichen Schätzen und wunderbaren Edelsteinen. Das kostbarste Gut aber stelle eine Quelle dar, die aus Greisen wieder junge Männer mache. Ponce de León meldete diese Kunde sofort dem spanischen König Ferdinand, und bereits am 23. Februar 1512 erteilte dieser den Befehl, eine Expedition auszurüsten, die nördlich von Haiti nach Bimini suchen sollte. »Sobald Sie die Insel erreicht und erfahren haben, was sie enthält, werden Sie mir den Bericht zustellen!«, lautete der strikte Befehl an Ponce de León. Im März 1513 begab sich dieser von Haiti aus auf die Suche. Doch im Norden Tahitis entdeckte man nicht nur eine, sondern zahlreiche Inseln, auf denen es ebenso zahlreiche Quellen gab. Wie sollte man die richtige erkennen? Da das Dilemma nicht lösbar war, entschloss man sich, aus jedem Rinnsal zu trinken. Der erhoffte Erfolg blieb allerdings aus, und Ponce de León und seine Mannschaft setzten ihre Suche fort.

Himmelsleiter

Am Ostersonntag des Jahres 1513 betraten sie schließlich neues Land, das sie »Pascua de Flores« – das heutige Florida – nannten. Gab es hier irgendwo den Brunnen mit dem Wasser des ewigen Lebens? Die Spur schien heiß zu sein: Die Einheimischen berichteten, dass ihr Gott Olelbis einst, als er die Welt erschuf, Erde und Himmel mit einer Leiter verband. Erklomm man jene Leiter, fände man zwei Quellen. In der einen müsse man baden, aus der anderen trinken – und schon werde aus einem kranken Alten ein gesunder junger Mensch. Es schien, als stehe die Entdeckung des Jungbrunnens unmittelbar bevor. Fieberhaft setzten de León und seine Mannschaft ihre Suche fort. Sie scheuten sich nicht, zahlreiche Einheimische auf grausamste Weise zu foltern, um schneller an ihr Ziel zu gelangen. Doch

vergeblich: Die Quelle mit dem Wasser des Lebens war nicht auffindbar, und so mussten sie schließlich unverrichteter Dinge wieder abreisen.
1521 machte sich Ponce de León erneut nach Florida auf. Ziel war nach wie vor der »heilige Brunnen, dessen Wasser die Alten verjüngt«. Florida aber war, wie der Abenteurer inzwischen erkannt hatte, keine Insel. Hier konnte sich das Wasser also nicht befinden. De León war nun davon überzeugt, dass sich die gesuchte Quelle auf der Bahama-Insel Bimini befinden müsse. Allerdings kam er nicht mehr dazu, dort das segensreiche Wasser zu suchen, da ein vergifteter Indianerpfeil seinem rastlosen Leben ein Ende setzte. Die Spanier gaben die Suche nach dem Zauberwasser auf. Erst rund 400 Jahre später wurde sie wieder aufgenommen.

Der schlafende Prophet

Der berühmte amerikanische Seher Edgar Cayce (1877–1945) wies wiederholt darauf hin, dass es sich bei Bimini um Überreste des vor Jahrtausenden versunkenen legendären Reiches Atlantis handle, in dem einst eine wundersame Quelle gesprudelt habe. Inzwischen haben sich einige der Details, die Cayce beschrieben hat, bestätigt. So führten 1957 Wissenschaftler der Columbia-Universität an einer seichten Stelle in der Nähe von Bimini Bohrungen durch. Das dabei geförderte Material ist etwa 4370 Jahre alt. Dazu äußern die Wissenschaftler: »Dieser Umstand lässt vermuten, dass Materialien, die sich in einer Tiefe von zwölf oder fünfzehn Fuß befinden, einige Jahrtausende älter sein dürften. Sie könnten durchaus 10 100 Jahre alt sein oder etwas mehr.« Dies deckt sich mit Edgar Cayces Aussage, die künftigen Funde würden sich als 12 000 Jahre alt erweisen.

Sensationeller Fund

1970 wurde vor der Insel Bimini, nur 50 Meilen von der Metropole Miami entfernt, auf dem Meeresboden eine wahrhaft titanische Mauer gefunden. Vorsichtigen archäologischen Schätzungen zufolge entstand sie 5000 v. Chr., zu einer Zeit, als der Wasserspiegel des Atlantiks mindestens sechs Meter tiefer lag als heute.
Diese Meldung schlug in der wissenschaftlichen Welt wie eine Bombe ein. Und bestätigte genau, was Edgar Cayce 1926 in Trance gesehen hatte. Seine Vorhersagen waren damals protokolliert worden: »Jene Bewohner von Atlantis hatten das Geheimnis entdeckt, wie man die Sonnenenergie einfangen konnte. Sie konzentrierten sie in einem Stein mit magnetischen Eigenschaften, der mehr Energie abgab als er erhielt.« Und in der Region westlich der Bimini-Insel, so Cayce, soll es noch »Reste von Tempeln « unter dem Schlamm des Ozeans geben. »Dies war die erste Hochkultur. Sie wird in dem westlich und südlich an die Inseln angrenzenden Gebiet entdeckt werden. Man wird dort Tempel finden. Es hat in den unterseeischen Bergen auch Gold, Spat und Ammonium gegeben.« Und dann würden, so Cayce, wieder Quellen sprudeln, die angeblich vor Jahrtausenden versiegten, und Quellwasser werde zutage treten … ein moderner Jungbrunnen. Das Wasserreservoir werde »knapp unter dem Meeresspiegel angebohrt werden«. Ob Cayces Vorhersagen den Tatsachen entsprechen, wird uns vielleicht die Zukunft zeigen.

Als 3000 v. Chr. der Meeresspiegel stark anstieg, wurden die Felsen vor der Insel Bimini überschwemmt. Vor diesem Naturereignis war die Insel sehr viel größer gewesen. Beherbergte sie einst die Tempel von Atlantis?

Ungelöste Fragen

Gilgamesch, Alexander der Große, Kolumbus, Ponce de León und Edgar Cayce – sie alle stehen für die Suche nach dem Geheimnis vom ewigen Leben. Die große Frage ist, was sie zu dieser Suche trieb.

War es wirklich nur die Angst vor dem Tod, der unvermeidlich auf jeden Menschen zukommt, und der verständliche Wunsch, das irdische Leben zu verlängern? Oder verbarg sich hinter dieser Suche ein spirituelles Motiv? War das Wasser des ewigen Lebens vielleicht ein Symbol für eine andere, nichtirdische Wirklichkeit und daher auf dieser Welt nicht zu finden?

Der Graf von Saint Germain

Eine der geheimnisvollsten und schillerndsten Figuren der europäischen Geschichte ist zweifellos der Graf von Saint Germain, der um 1740 gewissermaßen aus dem Nichts an verschiedenen Königshöfen Europas auftauchte. Vermutlich war er portugiesischer Abstammung, doch bis heute ist seine Herkunft nicht einwandfrei geklärt. Angeblich soll er auch heute noch leben und sich von Zeit zu Zeit bestimmten Menschen offenbaren. Im 18. Jahrhundert jedenfalls war er allgegenwärtig und machte von sich reden, indem er behauptete, mit Hilfe eines besonderen Elixiers das ewige Leben erlangt zu haben.

Der Graf von Saint Germain hatte von sich behauptet, das begehrte Elixier des ewigen Lebens zu besitzen. Seine Anhänger hielten ihn für einen hohen Eingeweihten der Alchimie bzw. einen echten Rosenkreuzer, der Blei in Gold verwandeln konnte.

In adligen Kreisen

Der hochgebildete Graf gewann rasch das Vertrauen König Ludwigs XV. (1710–1774) und seiner Geliebten Jeanne Antoinette Poisson, Marquise de Pompadour (1721–1764). Die nicht uneitle Dame soll sich in besonderem Maße für jenes Elixier interessiert haben – und für seinen Reichtum. Tatsächlich besaß Saint Germain herrlichste Edelsteine in großen Mengen, die er häufig verschenkte, als seien sie nichts wert. Voltaire (1694–1774), der große französische Philosoph und Dichter, war von Saint Germain begeistert und würdigte ihn als einen Mann, »der niemals stirbt und alles weiß«. 1710 will ihn die Gräfin de Gegy in Venedig kennen gelernt haben. Als sie ihn 50 Jahre später wieder traf, hatte er sich angeblich rein äußerlich überhaupt nicht verändert. 1710 war Saint Germain, laut Jean-Philippe Rameau, der als angesehener französischer Komponist glaubwürdig erscheint, zwischen 45 und 50 Jahren alt. Demnach müsste er 1760 fast 100 Jahre alt gewesen sein, sah aber allenfalls nur halb so alt aus.

Der Graf von Saint Germain behauptete, durch ein Zauberelixier ewiges Leben erlangt zu haben.

Im gleichen Jahr setzte sich Saint Germain mit Erfolg für Friedensverhandlungen zwischen Preußen und Österreich ein, so dass tatsächlich ein Vertrag zustande kam. 1762 warnte er Ludwig XVI. und Marie Antoinette vor der nahenden Revolution, die er in einer albtraumartigen Vision vorhergesehen hatte.

Rastloses Reisen

Saint Germain verließ Frankreich und soll 1768 und 1769 in Deutschland mehrere Fabriken eröffnet haben. 1770 traf er in Moskau mit dem Fürsten Orlow zusammen und kehrte dann nach Deutschland

zurück, um Franz Anton Mesmer in die Geheimwissenschaften einzuweihen.
1784 gab Prinz Karl von Hessen-Kassel, ein Gönner des Grafen, dessen Tod bekannt und schrieb: »Er war vielleicht einer der größten Weisen, die jemals lebten.« Ein Jahr später jedoch tauchte der Graf quicklebendig wieder auf dem internationalen Kongress der Freimaurer in Paris auf. Das belegen zahlreiche Zeugenaussagen und beglaubigte Protokolle.
1789 ernannte König Gustav von Schweden den Grafen zu seinem persönlichen Leibarzt. 1793 kehrte er nach Frankreich zurück und spendete Marie Antoinette den letzten Trost vor ihrer Enthauptung. Im Jahr 1836 wurde er auf der Beerdigung von Carl von Essen gesichtet. Zu diesem Zeitpunkt müsste er an die 180 Jahre alt gewesen sein. 1820 soll er sich, Stunden vor dessen Erschießung, dem Herzog von Berry gezeigt haben und 1867 aktiv in Wien am Treffen der »Großen Loge« der Freimaurer teilgenommen haben.

Neue Inkarnation?

1972 trat der Franzose Richard Chanfay öffentlich im französischen Fernsehen auf und behauptete, er sei der inkarnierte Saint Germain. Als Beweis führte er verschiedene alchimistische Experimente vor der laufenden Kamera vor. Ob es sich dabei tatsächlich um den legendären Grafen handelt oder einen Scharlatan, sei dahingestellt. Fest steht jedoch, dass der Mythos um Saint Germain auch im 20. Jahrhundert noch lebt – und damit auch der uralte Mythos vom Elixier des ewigen Lebens.

Es gibt Gerüchte, die besagen, Saint Germain sei aus einer Liebesbeziehung zwischen dem spanischen Grafen de Melgar und Maria-Anna von Neuburg hervorgegangen, deren Mutter aus dem Hause Hessen-Darmstadt stammte. Seine unerschöpflichen Geldmittel könnten eine solche Herkunft glaubhaft machen.

Die wichtigsten Aufenthaltsorte des Grafen von Saint Germain

- **1710** wurde der Graf erstmals von der Gräfin von Georgy gesehen.
- **1737–1742** weilte er am Hof des Schahs von Persien. Dort soll er sein großes Wissen über Diamanten und andere Edelsteine erworben haben.
- **1743** machte er am Hof Ludwig XV. vor allen Dingen durch sein alchimistisches Wissen von sich reden. Auch zu dieser Zeit soll er, wie schon 1710, das Aussehen eines 40- bis 50-jährigen Mannes gehabt haben.
- **1745–1746** Am Wiener Hof soll Saint Germain ein ausgelassenes Leben geführt und die adlige Gesellschaft durch seinen Charme und Witz begeistert haben.
- **1747–1756** war der Graf zweimal in Indien und lernte dort angeblich, wie man Juwelen zum Schmelzen bringt.
- **1760–1762** zog er sich vorübergehend ins Exil nach Holland zurück, nachdem er für Ludwig XV. in Großbritannien Spionagetätigkeiten ausgeführt hatte.
- **1762–1773** betrieb Saint Germain in Venedig eine Fabrik mit über 100 Angestellten, in der Leinen hergestellt wurde, das wie Seide aussah.
- **1774–1784** In diesen Jahren lebte er größtenteils in Deutschland und engagierte sich stark für die Freimaurer, Rosenkreuzer und Templer.
- **1784** Angeblicher Tod am 27. Februar. Das Begräbnis am 2. März ist in dem Kirchenregister der Gemeinde Eckernförde eingetragen.
- **1788** wurde er jedoch wieder in Frankreich gesichtet.
- **1789** Reise nach Schweden, um König Gustav III. vor einer Krankheit zu schützen.
- **1820** Letztes Erscheinen am Abend der Ermordung des Duc de Berry.

Moderne Wissenschaft und Unsterblichkeit

Nostradamus gehört mit zu den größten Sehern aller Zeiten. Als Arzt rettete er Tausende von Pestkranken, als diese fürchterliche Seuche im Mittelalter von Asien her nach Europa gebracht wurde. Als Hofastrologe und Berater lenkte er auch die politischen Geschicke Europas.

Ist der Traum vom ewigen Leben, den man sich so lange durch das Finden des Lebenselixiers zu erfüllen hoffte, bald keine Utopie mehr? Die moderne Wissenschaft machte in den letzten Jahren Entdeckungen, die ungeahnte Möglichkeiten für die Menschheit eröffnen. Für die Zukunft der Menschen hängt nun alles davon ab, ob diese Möglichkeiten zu ihrem Wohle oder aber zu ihrem Verderben angewendet werden. Bereits vor mehr als 400 Jahren prophezeite einer der größten Seher der Weltgeschichte eine umwälzende Entdeckung für das Jahr 1995. Eine Entdeckung, die unvorstellbare Folgen für die gesamte Menschheit haben werde.

Nostradamus – Arzt und Prophet

Michel de Notredame (1503–1566), im Allgemeinen unter dem Namen Nostradamus bekannt, verfasste die *Centurien*, zehn Sammlungen von gereimten Prophezeiungen, die aufgrund ihrer symbolischen Sprache nicht leicht zu interpretieren sind und die Gelehrten bis auf den heutigen Tag vor große Rätsel stellen. Generationen von Forschern haben sich mit dem Werk des Nostradamus auseinander gesetzt und sind – trotz vieler Widersprüche – zu dem Schluss gekommen, dass er zahlreiche konkrete Ereignisse aus der Geschichte überaus exakt vorhergesehen hatte. So prophezeite er beispielsweise für das Jahr 1995: »Zwei gerechte Seelen töten den Fluss des Alterns.« An Nostradamus' Namen knüpfen sich zahlreiche Fälschungen. Bis heute weiß man nicht, ob seine Prophezeiungen ausschließlich auf Astrologie beruhen.

Neu entdeckte Substanz

Und tatsächlich gelang im Jahre 1995 Wissenschaftlern eine bahnbrechende Entdeckung, deren Tragweite von der Öffentlichkeit bislang noch nicht erkannt wurde. Die Forscher fanden heraus, wie

Wird das Geheimnis der ewigen Lebens eines Tages enträtselt, so wie es Nostradamus prophezeite?

vielleicht in absehbarer Zeit der Alterungsprozess – die Geisel der Menschheit schlechthin – aufgehalten werden kann. Beim Alterungsprozess spielt die Substanz Telomerase, die sich im Zellkern befindet, eine bedeutende Rolle. Diese Substanz ist beim Embryo in jeder Körperzelle anzutreffen, verschwindet jedoch nach der Geburt aus nahezu allen Zellen des menschlichen Gewebes. Nur noch wenige spezielle Zellen vermögen sie weiterhin zu produzieren: die Keimzellen in den Hoden, die Stammzellen für die Erneuerung von Haut und Darmgewebe und die Knochenmarkzellen, die das Blut bilden. Ihnen verleiht das geheimnisvolle Zellkernenzym angeblich ewige Jugend.

Telomerase produziert sozusagen »unsterbliches Gewebe«, das sich stetig neu bildet und keinem Alterungsprozess unterworfen ist. Zum großen Leidwesen der Betroffenen tritt diese Substanz jedoch auch bei Krebserkrankungen auf und verkehrt ihre Wirkung hier ins Gegenteil.

Optimistische Forschung

US-Forscher wie etwa der Mediziner Michael Fossel geben sich optimistisch: »Diese Forschungen werden die Gesellschaft so radikal verändern wie die Erfindung des Ackerbaus.« Und Calvin Harly, Präsident der American Academy of Anti-Aging Medicine versichert: »Es wird eine Revolution geben. Wir müssen uns auf eine alterslose Gesellschaft vorbereiten.«

Die Herausforderung für die Wissenschaftler ist nun, dafür zu sorgen, die Telomerase-Produktion im ganzen Organismus aufrechtzuerhalten. Dann käme es zu einer Erneuerung aller Zellen, die den Alterungsprozess aufheben würde. Ein Anfang ist bereits gemacht: Jerry Shay gelang es, die Lebensdauer verschiedener Zellen um 50 Prozent zu verlängern. Ist er dabei, das heiß ersehnte Elixier der ewigen Jugend zu entdecken? Und bewahrheitet sich damit Nostradamus' Prophezeiung? Einhundert Jahre wird es laut Nostradamus dauern, bis das neue Wissen um den

Wenn man bedenkt, dass seit der Entdeckung der DNA noch nicht viel Zeit verstrichen ist, scheint die Entwicklung innerhalb der Genforschung geradezu unglaublich. Man könnte den Eindruck gewinnen, dass die Wissenschaft der Natur ihre Geheimnisse beinahe mit Gewalt entreißen möchte und dabei die ethische Seite zu sehr außer Acht lässt.

Genetischer Fingerabdruck

► Die Genetik spielt heute bereits innerhalb der Kriminalistik eine große Rolle. Durch den genetischen Fingerabdruck, auch DNA-Typisierung genannt, der bei jedem Menschen einzigartig ist, ist es nämlich möglich, die Schuld oder Unschuld eines Menschen einwandfrei zu beweisen.

Ein genetischer Fingerabdruck wird dadurch erzeugt, dass die DNA-Fäden in winzige Teile zerlegt werden. Danach werden sie in einem elektrischen Feld der Größe nach sortiert. Kleine DNA-Basen wandern dabei schneller zum Pluspol als große. Die in einem Gel gelösten DNA-Basen werden sodann mit anderen DNA-Basen zusammengebracht. Die Teile, die zusammengehören, ziehen sich an und vervollständigen die DNA-Strickleiter wieder. Durch eine DNA-Typisierung ist eine nahezu fehlerlose Identifizierung möglich.

Der englische Professor Alec Jeffreys gab dieser Methode ihren Namen. Er färbte eine DNA-Strickleiter ein und entdeckte, dass sich dabei ein ähnliches Muster abzeichnet wie bei einem Fingerabdruck. Inwiefern sich dieses Verfahren durch Genmanipulation missbrauchen lässt, ist allerdings die große Frage. Auch Veränderungen des Erbguts lassen sich sehr gut mit der DNA-Typisierung feststellen.

Alterungsprozess praktisch anwendbar ist. Dann würden die Menschen zweihundert, ja dreihundert Jahre leben und im Laufe der Zeit sogar noch länger. Sie könnten im Prinzip unsterblich werden. Wer jedoch nicht so lange leben wolle, könne mit einem speziellen Medikament den natürlichen Alterungsprozess wieder in Gang setzen. Der Mensch könne dann in Eigenverantwortung entscheiden, wie lange er jung bleiben und wann er sterben möchte.

Für einen religiösen Menschen ist der Vorgang des Klonens ein Vergehen an der göttlichen Schöpfung. Und in der Tat: Statt einer Wiedergeburt im Sinne eines neuen göttlichen Menschen würde sich der sterbliche irdische Mensch nur stets aufs Neue duplizieren.

Genmanipulation

Weltweit versuchen nun Wissenschaftler, die Zellen zu manipulieren, um irgendwann einmal das Altern zu besiegen. US-Wissenschaftler haben herausgefunden, dass es eine Art »Altersgen« geben muss. Die 62-jährige Helen Boley, eine ehemalige Angestellte des US-Außenministeriums, besitzt höchst ungewöhnliche Gene, die dafür sorgen, dass ihr Organismus dreimal so schnell wie gewöhnlich das Cholesterin HDL erzeugt. Dadurch sind bei ihr Blutverklumpungen, Schlaganfall oder Herzinfarkt praktisch ausgeschlossen. Sie hat dadurch optimale Chancen, steinalt zu werden.

Wissenschaftler des amerikanischen National Heart, Lung and Blood Institute, Bethesda, sind inzwischen zu der Überzeugung gekommen, dass es genetisch bedingt ist, ob Menschen lange fit und jung sind oder aber frühzeitig dahinsiechen. Dr. William Harris hält es durchaus für möglich, dass eine Manipulation bestimmter Gene zu Langlebigkeit, vielleicht sogar ewiger Jugend führen kann. Bei welchem Gen jedoch angesetzt werden muss, ist gegenwärtig noch nicht erforscht. Ein Kandidat ist das so genannte APO-A1-Gen, das für die Produktion des HDL-Cholesterins verantwortlich ist. Dazu meint Dr. Daniel Rader: »Wenn das APO-A1-Gen für einen hohen HDL-Spiegel sorgt, dann bedeutet das eine ideale Voraussetzung für Langlebigkeit!«

Unaufhaltsame Entwicklung

Thomas E. Johnson von der Universität Colorado, Boulder, ist ebenfalls auf der Suche nach Genen, die ewiges Leben ermöglichen. Er erzielte dabei bereits beachtliche Erfolge. Durch Genmanipulation erhöhte er die Lebensdauer des Fadenwurms Caenorhabditis immerhin

Ewiges Leben durch Klonierung?

► Theoretisch ist es schon seit Jahren möglich, ein Lebewesen zu klonen, das heißt einen Doppelgänger herzustellen. Man entnimmt dazu einem Lebewesen A eine Körperzelle und isoliert daraus den Zellkern. Nun wird dem Lebewesen B ein unbefruchtetes Ei entnommen und ebenfalls der Zellkern entfernt. In das unbefruchtete Ei von Tier B kommt der Zellkern von Lebewesen A. Das Ei wird Lebewesen C, einer Leihmutter, eingepflanzt. Das berechenbare Ergebnis ist: Es wird ein Lebewesen geboren, das vollkommen identisch ist mit Lebewesen A. Durch Klonen kann man also – so unglaublich das auch klingen mag – von einem Lebewesen beliebig viele identische Kopien anfertigen. Und zwar nicht nur in der Theorie, sondern auch in der Praxis! 1997 machte das Roslin-Institute in Edinburgh, Schottland, weltweit Schlagzeilen. Es war erstmals gelungen, ein Schaf zu klonen: Das Schaf Dolly ist die genetisch identische Kopie eines erwachsenen, sechs Jahre alten Schafes.

um 110 Prozent. Johnson gelang es, das für den Alterungsprozess verantwortliche Gen zu isolieren und zu manipulieren. Sein erklärtes Ziel ist es, auch beim Menschen herauszufinden, welches Gen für den Alterungsprozess zuständig ist, und dieses dann entsprechend zu manipulieren. Dann müsse es seiner Meinung nach möglich sein, Wege für Behandlungen zu erschließen, die den Alterungsprozess »signifikant bremsen würden«. Johnson ist kein verrückter Exzentriker, sondern ein in den USA anerkannter Wissenschaftler. Auch andere Forscher experimentieren, unabhängig von ihm, auf dem gleichen Gebiet. So machte Professor Michael Rose von der University of California, Santa Cruz, bei Fruchtfliegen jenes Gen aus, das das Altern verursacht. Genmanipulierte Fliegen wurden immerhin mehr als doppelt so alt wie ihre normalen Artgenossen. Der Wissenschaftler Michael Rose bringt die Sache auf den Punkt: »Wir werden das Leben verlängern, niemand kann uns mehr aufhalten.«

Diese Sprache ist eindeutig. Offen bleibt allerdings, ob die Entdeckung des Gens, das ewiges Leben ermöglicht, ein Fluch oder ein Segen für die Menschheit ist.

Klonen von Menschen

Was im Tierversuch gelang, kann auch beim Menschen durchgeführt werden. Ein moderner Weg zur Unsterblichkeit? Es wäre denkbar. Denn von einem alten, vielleicht auch kranken Menschen kann durch Klonierung eine junge, gesunde Kopie hergestellt werden. Ein Problem aber bleibt vorerst bestehen: Nur wenn das junge Duplikat des alten Menschen auch das Gedächtnis, also Erinnerungen und Wissen seines »Vorgängers« übernehmen könnte, dürfte von ewigem Leben durch Klonieren gesprochen werden. Denn die Erfahrungen, die ein Mensch im Laufe seines Lebens gesammelt hat, kennzeichnen ihn als Individuum. Professor Marvin Minsky vom Massachusetts Institute of Technology (MIT) arbeitet an speziellen Neurochips, wie sie bereits in Computern zum Einsatz kommen. Sie sollen in das Gehirn eines Neugeborenen eingepflanzt

Im Sommer 1996 wurde das erste geklonte Schaf »Dolly« in Großbritannien geboren.

werden und alles speichern, was der Mensch im Laufe seines Lebens lernt. Ist der Mensch dann alt, könnte man ein junges Duplikat von ihm klonieren und das Gedächtnischip in sein Gehirn einpflanzen. Dieser Mensch hätte dann wieder seinen eigenen jugendlichen Körper – und zudem die Erfahrungen seines langen Lebens. Ewige Jugend zu besitzen scheint also aus wissenschaftlicher Sicht inzwischen durchaus denkbar, ja sogar in absehbarer Zeit möglich zu sein. Die Fragwürdigkeit der Genmanipulation hat der amerikanische Genetiker Professor James F. Crow deutlich formuliert: »Wäre es wirklich wünschenswert, einige hundert Kopien von den Idolen und Geistheroen unserer Zeit anzufertigen?«

Hätte die Wissenschaft sich in der Vergangenheit von ethischen Bedenken aufhalten lassen, hätte sie mit Sicherheit viele Entdeckungen nicht gemacht. Doch hätte ein Genie wie Einstein sein Wissen der Menschheit vorenthalten, wenn er geahnt hätte, wie viel Missbrauch damit einmal getrieben werden würde?

»In unserer Zeit gehen nebulöse Gerüchte um … Rutengänger reden von Halluzinationen, Sinnestäuschungen im Wachzustand, die sie zu gewissen Tageszeiten befielen, sobald sie sich im Steinkreis aufhielten.«

Erich von Däniken

Das Geheimnis der steinernen Zeugen

Überall auf der Welt hat man uralte Steindokumente gefunden – stumme Zeugen einer geheimnisvollen Vergangenheit, die heute in den meisten Fällen nur noch ahnen lassen, zu welchen Zwecken sie einst gedient haben mochten.

Die Megalithen, Menhire, Steinkreise und Grabhügel, die überall entlang der europäischen Atlantikküste in Europa zu finden sind, gehören wohl zu den ältesten von Menschen geschaffenen Denkmälern. Bis heute rätseln die Archäologen über die wahre Bedeutung dieser für uns moderne Menschen so wundersam scheinenden Bauwerke.

Stonehenge – das Jahrtausendwunder

Dass Stonehenge von frühen Briten errichtet worden war, schien lange Zeit keine Frage zu sein. Doch im Frühsommer 1997 veröffentlichte das *Wiltshire Archeological Magazin,* ein kleines Fachmagazin, einen Artikel, der das britische Königreich in Aufruhr versetzte. Wagte doch ein Prähistoriker namens Aubrey Burl, der einst am College of Higher Education in Hull lehrte, zu verkünden: »Stonehenge ist völlig untypisch für das, was wir sonst im Vereinigten Königreich und Irland an Steinbauten haben.« Sollte also die zwischen 3000 und 1200 v. Chr. errichtete Anlage gar nicht von britischen Vorfahren gebaut worden sein? Ein Aufschrei der Empörung ging durch ganz England, als der Wissenschaftler erklärte, Stonehenge gleiche in keiner Weise anderen englischen, sehr wohl aber französischen vorgeschichtlichen Monumenten – etwa den weltberühmten Steinkreisen der Bretagne. »Stonehenge ist völlig unbritisch, dafür aber sehr bretonisch!«, versicherte Burl. Sollte das heißen, dass das Nationalheiligtum Stonehenge von Bretonen gebaut worden war? Burl beschwichtigte die entrüsteten Briten mit den diplomatischen Worten: »Ich habe ja nicht behauptet, dass die Bretonen hier eingefallen sind und Stonehenge gebaut haben. Ihre Kultur hat nur ganz offensichtlich einen Einfluss auf diese Anlage gehabt.«

Mysteriöse Kultstätte

Gleichgültig, ob Stonehenge nun von steinzeitlichen Briten oder Franzosen erbaut wurde: Die größte britische Megalithanlage stellt eines der großen Geheimnisse unseres Planeten dar. Der umfangreiche Komplex, der in der englischen Grafschaft Wiltshire nördlich von Salisbury liegt, besteht im Zentrum aus riesigen Blöcken, die einst einen mächtigen Steinkreis bildeten. Außerhalb gibt es weitere Kreise, teils durch Steine von beachtlicher Größe, teils durch Löcher markiert.
Bereits König Jakob I. (1566–1625) hatte die Absicht, das Geheimnis von Stonehenge zu lüften, und beauftragte seinen Hofarchitekten Nigo Jones (1573–1652) damit, Sinn und Zweck des gewaltigen Bauwerkes zu ergründen. Jones vermaß die Megalithanlage und zählte etwa 30 Steinblöcke, die jeweils etwa 4,30 Meter hoch waren und pro Stück viereinhalb Tonnen wogen.

Die moderne Archäologie hat herausgefunden, dass die meisten Steinkreise in Großbritannien nicht nur nach der Sonne, sondern auch nach den Sternen ausgerichtet sind und als Observatorium dienten.

Die große Frage ist, woher die Erbauer der Megalithen ihre Kenntnisse hatten und wie sie ihre Erkenntnisse weitergegeben haben. Manche Archäologen glauben, dass bei Durrington Walls in der Nähe von Stonehenge einst eine Art Universität existierte.

Etwas voreilig verkündete Jones: »Wir haben es hier mit den Ruinen eines römischen Tempels zu tun!« König Karl II. (1630–1685) erteilte wenige Jahre später einen weiteren Forschungsauftrag. Der Altertumskenner John Aubrey kam dabei zu dem energischen Schluss: »Römischer Tempel? Unsinn! Es handelt sich um ein uraltes Heiligtum der keltischen Priester, der Druiden.«

Steinzeitliches Observatorium

1901 nahm sich der Astronom und Direktor des Observatoriums in South Kensington, Sir Joseph Norman Lockyer (1836–1901), des steinernen Geheimnisses an. Er kam zu einer revolutionären Erkenntnis: »Weder Römer noch Kelten hatten damit zu tun. Das Bauwerk entstand 1860 v. Chr., plus minus 200 Jahre und ist nach astronomischen Gesichtspunkten ausgerichtet.« Die Mitglieder moderner Druidengemeinschaften zeigen sich von diesen neuen Erkenntnissen wenig beeindruckt. Sie verstehen sich als Nachfahren der eingeweihten Kelten und zelebrieren jährlich zur Sommersonnenwende Feierlichkeiten in Stonehenge. Mag sein, dass die Druiden Stonehenge als heilige Stätte benutzten. Keinesfalls aber sind sie die Urheber der Megalithenanlage, da die keltischen Druiden erst im 6. Jahrhundert v. Chr. in England auftauchten. Das sind immerhin 1300 Jahre nach Beginn der Bauarbeiten!

Paranormaler Transport?

Auch heute sind noch nicht alle Geheimnisse von Stonehenge gelüftet: Wer hat die viereinhalb Tonnen schweren Steingiganten, die so genannten Blausteine, aus den Prescelly-Bergen in der Grafschaft Prembrokeshire herbeigeschafft und in die geheimnisvolle Kultanlage eingebaut? Das war eine wahrhaft meisterhafte Leistung, da die Steinbrüche rund 220 Kilometer Luftlinie von Stonehenge entfernt liegen. Auf dem Landwege sind es gar 380 Kilometer! In gewissen esoterischen Kreisen geht man davon aus, dass bei diesen unerklärlichen Transporten Levitation im Spiel war, die Steine also nicht geschleppt werden mussten, sondern freischwebend durch die Luft befördert wurden.

Traditioneller klingt die Meinung des Wiener Archäologieprofessors Hans Schindler-Bellamy: »Einerseits meint man, so genannten ›primitiven Steinzeitmenschen‹ solche Riesentransporte nicht zutrauen zu können. Als Lösung für das Problem wird deswegen der Faktor Zeit angeführt. Und in der Tat wissen wir, dass Stonehenge in Etappen gebaut wurde und siebenhundert, ja vielleicht sogar tausend Jahre lang eine Baustelle war.« Konnten also die gewaltigen Steinkolosse von Stonehenge deshalb über so weite Strecken befördert werden, weil den Arbeitern so viele Jahrhunderte zur Verfügung standen? Dazu Professor Schindler-Bellamy: »Diese Erklärung mutet zunächst vernünftig an. Sie ist es aber nicht. Stonehenge wurde nach einem äußerst komplexen Plan erstellt. Wie aber sollten die Steinzeitmenschen Englands einen solchen Plan über viele Jahrhunderte von Generation zu Generation weitergereicht haben? Schließlich ist sich die Welt der Wissenschaft darüber einig, dass die Erbauer des Wunderwerks keinerlei Schrift besaßen.« Vielleicht wird irgendwann die Antwort gefunden.

Geniale Astronomen

Wie kompliziert die Bauanleitung für Stonehenge gewesen sein muss, entdeckte der Astronom Gerald Hawkins vom Smithsonian Astrophysical Observatory, Massachusetts, mit Hilfe eines Computers. Hawkins gab den exakten Grundriss ein sowie 7140 mögliche Verbindungslinien zwischen markanten Steinen. Das sensationelle Ergebnis lautete: Stonehenge ist eine jahrtausendealte Sternwarte, mit

In der Antike beobachteten die Astronomen von Stonehenge aus den Verlauf der Gestirne.

deren Hilfe eine Fülle von astronomischen Vorhersagen möglich waren. So konnten Sonnen- und Mondfinsternisse, aber auch der exakte Sonnenaufgang am Tage der Wintersonnenwende sowie der Mondaufgang zur Sommersonnenwende vorherbestimmt werden. Doch damit nicht genug! Der Astronom Mike Saunders entdeckte, dass es sich bei Stonehenge um ein maßstabsgetreues Modell unseres Sonnensystems handelt. Die Planeten Merkur, Venus, Erde, Mars, der Asteroidengürtel und Jupiter sind im Modell mit ihren korrekten Entfernungen zur Sonne dargestellt.

Dieses in Stonehenge in Stein verewigte Wissen erfordert eine Planung von unglaublicher Präzision. Wie hat man ohne Schrift den komplizierten Plan über viele Jahrhunderte von Generation zu Generation weiterreichen können? Und wie war es überhaupt möglich, dass vor rund fünf Jahrtausenden in Stonehenge astronomische Erkenntnisse, die weit über den Horizont von Steinzeitmenschen hinausgingen, zur Anwendung kamen?

Der britische Autor Godfrey Higgins beantwortete 1829 diese Fragen in seinem umfangreichen Werk *Celtic Druids*. Er stellte die These auf, dass es vor Jahrtausenden im Orient Priesterastronomen gab, die über unglaublich fortschrittliches Wissen verfügten. Eine Gruppe dieser Wissenden habe Stonehenge errichtet und auf diese Weise ihre astronomischen Kenntnisse für alle Zeiten verewigt.

Im Gegensatz zu den hoch entwickelten Priesterastronomen war das keltische Volk laut dem griechischen Historiker Strabo ein tapferes und kriegerisches Volk, wenn auch mit einfachen Sitten.

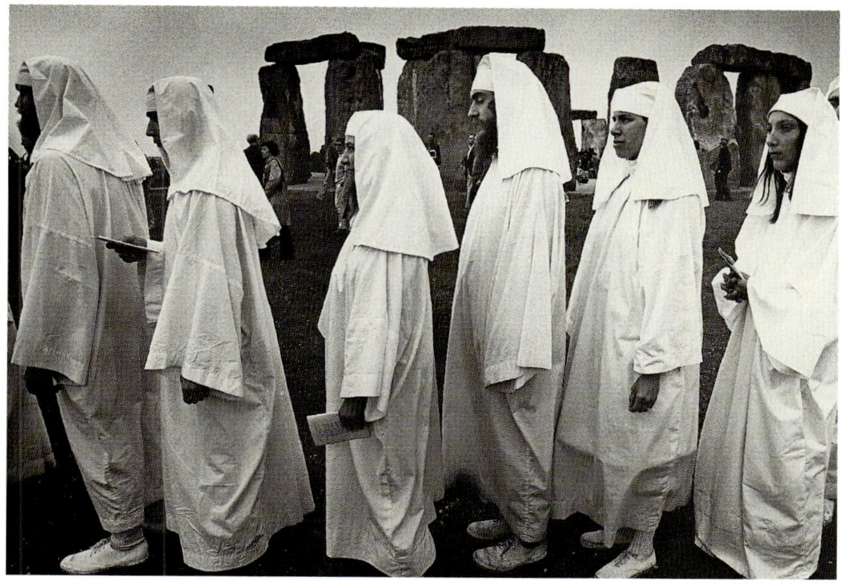

In der heutigen Zeit beanspruchen moderne Druidengemeinschaften Stonehenge als rituelle Kultstätte.

Pyramiden und Tempel – Mexikos Mysterien

Am 8. November des Jahres 1519 tauchte der spanische Eroberer Hernando Cortés in der aztekischen Hauptstadt Tenochtitlán auf, der heutigen Millionenstadt Mexiko-City. Er und seine goldgierigen Mannen waren von dem Anblick, der sich ihnen bot, überwältigt. Über das genaue Aussehen der Hauptstadt erfahren wir aus dem Bericht, den Cortés dem spanischen König Karl V. erstattete: »Alle Straßen sind der Länge nach von Kanälen durchzogen, so dass zwischen ihnen eine Wasserverbin-

Die Legende berichtet, dass die Azteken im Jahre 1325 beobachteten, wie sich ein Adler auf einem Feigenkaktus niederließ und eine Schlange ergriff. Die Azteken fassten das als ein sicheres Zeichen auf, dass sie hier ihre Hauptstadt gründen sollten.

dung besteht. Über diese Kanäle, von denen einige sehr breit sind, führen Brücken.« Wie viele Menschen damals in der prunkvollen Stadt lebten, ist nicht bekannt. Nach wissenschaftlichen Schätzungen dürften es etwa 100000 Familien gewesen sein mit jeweils sieben Mitgliedern. Man kann also von einer Gesamtbevölkerung von rund 700000 Menschen ausgehen.

Prachtvolle Hauptstadt

Tenochtitlán stand zu Beginn des 16. Jahrhunderts in voller Blüte. Den europäischen Konquistadoren war Vergleichbares aus der Heimat nicht bekannt. So notierte der spanische Chronist Bernal Diaz del Castillo: »Wir staunten und sagten, das gliche den Wundern, von denen im Amadis, dem berühmten Ritterroman, berichtet wird, denn die riesigen Türme und Pyramiden und Gebäude im Wasser waren alle aus Stein gebaut. Einige unserer Soldaten fragten sich sogar, ob das, was sie sahen, nicht ein Traumbild sei.« Besonders prunkvoll waren die Häuser aztekischer Würdenträger sowie auch amtliche Gebäude angelegt. Die Behausungen der einfachen Bevölkerung fielen vergleichsweise schlichter aus. In den Augen der Spanier waren aber auch diese luxuriös. Selbst die bescheidenen einstöckigen Häuser verfügten über einen geräumigen Innenhof, in dem Blumen angepflanzt und Gemüse gezogen wurden. Auch ein Dampfbad konnte jede Familie ihr Eigen nennen.

Es ist bis heute nicht eindeutig geklärt, wann Tenochtitlán gegründet wurde. Vielleicht harren aber irgendwo unter dem heutigen Mexiko-City steinerne Zeugnisse auf ihre Entdeckung, die diese Frage beantworten könnten. Um 1400 n. Chr. jedenfalls legten die Azteken mit enormem Arbeitsaufwand zwei morastige Sumpfgelände trocken. Sie errichteten Siedlungen, die hauptsächlich aus Pfahlhäusern bestanden. Zwei Jahrhunderte später war die aus vier Hauptbezirken bestehende Haupt-

Die Pyramide des Mondes (Teotihuacán), zentraler Wallfahrtsort des Sonnenkultes.

stadt bereits 1000 Hektar groß: Coepopan, der »Ort der Blumenblüte«, lag im Norden. In Teopan, das im Osten lag, gab es besonders viele Tempel. Der südliche Bezirk, Moyotlan, hieß »Region der Mücken«, was den Tatsachen entsprach, da sich in den nahe gelegenen Sümpfen die Brutstätten riesiger Moskitoschwärme befanden. Der vierte Bezirk, Atzalcalco, lag im Westen und trug den Namen »Wohnstätte der Reiher«. Staunend bewunderten die Spanier die prunkvolle Hauptstadt, die sie später aus reiner Goldgier skrupellos in Schutt und Asche legten.

Die Pyramide von Cuilcuilco

Der Legende nach wurde Tenochtitlán 1370 n. Chr. von Häuptling Tenoch gegründet. Archäologische Ausgrabungen ergaben jedoch eindeutig, dass bereits vor 15000, ja sogar 20000 Jahren menschliche Siedlungen existierten. Wann wurden die ersten steinernen Tempel, wann die ersten Pyramiden errichtet? Das geschah auf alle Fälle wesentlich früher, als man bislang vermutete.
Den Beweis dafür erbrachte der amerikanische Archäologe Byron Cummings. 1922 entdeckte er im heutigen Stadtgebiet von Cuilcuilco eine unscheinbar wirkende Pyramide. Nach Cummings Aussagen war die Pyramide einst 60 Meter hoch und 129 Meter im Durchmesser an der Basis breit. Mindestens zweimal sei sie vergrößert worden, wobei jedes Mal eine neue Außenverkleidung aufgetragen wurde.
Die Frage nach dem Alter dieses geheimnisvollen Bauwerks beantwortete der Geologe George E. Hyde. Er stellte fest, dass ein Teil der Pyramide beim Ausbruch eines nahe gelegenen Vulkans mit Lava übergossen wurde. Dieser Vulkan brach vor etwa 7000 Jahren aus. Demnach müsste die Pyramide von Cuilcuilco mindestens 7000 Jahre alt sein, also zu einer Zeit entstanden sein, zu der es laut klassischer Archäologie noch gar keine Azteken gab. Dazu äußerte der Fachautor und Archäologe Ron Willis: »Obwohl die Pyramide Aufsehen erregte, wurde der Fund bald von vielen Archäologen ignoriert, einfach weil die Pyramide eine komplexe Zivilisation in Mexiko voraussetzen würde, die mehrere Jahrtausende vor Ägypten und Sumer bestand.« Fest steht eindeutig: Als die Zivilisation der Azteken von den Spaniern vernichtet wurde, schlummerten bereits unter Mexikos Erde geheimnisvolle steinerne Zeugen, deren Botschaft erst in unserem Jahrhundert entschlüsselt wurde.

Teotihuacán und der Sonnenkult

Vierzig Kilometer von Tenochtitlán entfernt lagen die geheimnisvollen Ruinen von Teotihuacán verborgen. Bereits 1500 v. Chr. war diese Stadt im Tal von Mexiko ein zentraler Wallfahrtsort des Sonnenkultes. Die Mythologie überliefert: »Während der Nachtzeit, als die Sonne nicht schien, als es noch keinen Tag gab, da versammelten sich die Götter an dem Ort, den man Teotihuacán nennt, um über den Menschen zu beraten.«
Im 1. Jahrhundert n. Chr. wurde hier die riesige Sonnenpyramide errichtet, das größte Bauwerk des präkolumbianischen Amerika. Um die Sonnenpyramide herum wurde die Stadt in einem geometrischen Grundriss angelegt. Im Mittelpunkt stand die vier Kilometer lange und 45 Meter breite Straße »Calzada de los Muertos«, die »Straße der Toten«. Diese Bezeichnung ist freilich willkürlich gewählt. Am nördlichen Ende dieser Straße erhebt sich terrassenförmig die Mondpyramide. Steht man am Südende und blickt in Richtung Norden, erscheint der gesamte Komplex aus Tempeln und Pyramiden als eine einzi-

Bereits 1500 v. Chr. war Teotihuacán ein bedeutender Wallfahrtsort des Sonnenkultes. Die große Sonnenpyramide wurde im 1. Jahrhundert n. Chr. erbaut und war das größte Bauwerk des präkolumbianischen Amerika.

ge Treppe, die in die Mondpyramide übergeht und von dort bis in den Himmel reicht – ein wahrhaft überwältigender Anblick! Steht man jedoch auf der Mondpyramide selbst und blickt gen Süden, so sieht man nur eine Straße. Die beeindruckende Himmelstreppe ist jetzt verschwunden. Um diesen Effekt zu erzielen, muss diese riesi-

Die nahe Mexiko-Stadt gelegene Kultstätte »Straße der Toten« (Teotihuacán) stellt wie Stonehenge ein exaktes Modell unseres Sonnensystems dar.

ge Anlage zentimetergenau geplant worden sein. Der Gesamtkomplex von Teotihuacán ist so angelegt, dass Mond- und Sonnenpyramide gleich hoch zu sein scheinen. Dabei überragt aber in Wirklichkeit die Sonnenpyramide mit einer Höhe von 265 Metern und einer Grundfläche von 222 mal 265 Metern die Mondpyramide um zwanzig Meter.

Teotihuacán entwickelte sich zu einer der zwölf größten Städte der Welt, in der etwa 200 000 Menschen lebten. Die herrschende Klasse residierte in Palästen im Stadtzentrum, Künstler und Bauern bewohnten einfache Häuser, während die Arbeiter in Hütten hausten.

Kein Zweifel: Die Erbauer von Teotihuacán mussten sich – wie auch die von Stonehenge – penibel an einen komplizierten, sorgsam ausgearbeiteten Plan gehalten haben. Und das über einen unglaublich langen Zeitraum hinweg! Nach vorsichtigen Schätzungen wurden die Baumaßnahmen etwa 1000 v. Chr. begonnen und rund 500 n. Chr. beendet. 1500 Jahre lang muss also ein komplizierter Plan von Generation zu Generation überliefert worden sein. Die große Frage ist, wie das möglich war, da doch keine Schrift zur Verfügung stand. Wie Stonehenge ist auch die »Straße der Toten« ein Miniaturmodell unseres Sonnensystems – eine Parallele, die mit Sicherheit nicht zufällig ist!

Meisterhafte Astronomen

Der Archäologe Hugh Harleston, der Teotihuacán exakt vermessen hat, machte folgende erstaunliche Entdeckung: Pyramiden und Plattformen stehen für die durchschnittlichen Umlaufbahnen von Merkur, Venus, Erde und Mars. Damit aber nicht genug: Auch der Asteroidengürtel ist in Teotihuacán an der richtigen Stelle vorhanden – als künstlich angelegter Kanal. Maßstabsgerecht korrekt im steinernen Modell verewigt wurden auch die traditionellen Gegenspieler Jupiter und Saturn. Das Gebäude, das einst Saturn repräsentierte, musste allerdings inzwischen einer Straße für Touristen weichen. Selbst die Sonnentrabanten Uranus, Neptun und Pluto, die erst 1781, 1846 und 1930 entdeckt wurden, waren den Erbauern von Teotihuacán bereits vor Jahrtausenden bekannt. Auch sie wurden in der »Straße der Toten« von unbekannten Vorfahren der Azteken in korrektem Abstand von der Sonne dargestellt.

Es stellt sich die Frage, ob Stonehenge und Teotihuacán von genialen Baumeistern bewusst als Modelle unseres Planetensystems konzipiert wurden – oder aber diese Übereinstimmungen nur Zufall sind. Baute man nach einer Zahlenspielerei, ohne zu wissen, dass die Entfernungen der Planeten von der Sonne einem besonderen Gesetz folgen? Diese Theorie erscheint doch ziemlich unglaubhaft.

Mathematische Spielerei

► 1772 entwickelte der Hamburger Johann Elert Bode eine seltsame Zahlenreihe. Er begann mit 0, ließ 1 folgen und verdoppelte dann die Zahlen. Dann multiplizierte er die Zahlen mit 3 und zählte überall 4 hinzu. Ergebnis: 4–7–10–16–28–52–100–196. Und siehe da: Diese Zahlen entsprechen mit erstaunlicher Präzision den Entfernungen der Planeten von der Sonne. Setzt man nämlich den Abstand Sonne–Erde mit 10 gleich, dann ergeben sich die folgenden, wirklich verblüffenden Übereinstimmungen:

Relative Distanzen der Planeten von der Sonne

Merkur	Venus	Erde	Mars	Asteroidengürtel	Jupiter	Saturn	Uranus
3,9	7,4	10	15,2	27	52	95,4	192
Bodesche Reihe							
4	7	10	16	28	52	100	196

Es besteht also rein theoretisch die Möglichkeit, dass Stonehenge zufällig einem exakten Modell unseres Sonnensystems (mit den Planeten Merkur, Venus, Erde, Mars, Asteroidengürtel und Jupiter) entspricht, weil die Erbauer vor Jahrtausenden die Entfernungen der Steine vom Zentrum der Anlage einer komplizierten Zahlenspielerei folgend festlegten. Allerdings lassen sich die Distanzen Sonne–Neptun und Sonne–Pluto nicht mit der kuriosen Bodeschen Reihe ermitteln. Diese beiden Planeten aber sind im Miniaturmodell »Straße der Toten« ebenfalls im korrekten Abstand vom Muttergestirn dargestellt. Die Vorfahren der Azteken müssen also genaueste Kenntnisse von unserem Sonnensystem besessen haben und überließen nichts dem Zufall! Die steinernen Zeugen schweigen sich jedoch über die Quelle dieses Wissens aus.

Rätselhafte Osterinsel

Im Frühjahr 1996 publizierte der Archäologe Frank Joseph einen Fachartikel, der eigentlich in der Fachwelt wie eine Bombe hätte einschlagen müssen. Er verdeutlichte in dem seriösen Magazin *Ancient American*, dass die geheimnisvolle Kultur der Osterinsel nicht erst wenige Jahrhunderte alt ist, sondern bereits vor Jahrtausenden bestand.

Diese Meinung teilte auch der Österreicher Ernst von Hesse-Wartegg (1851–1913), der vor einhundert Jahren, als Weltreisen noch echte Abenteuer waren, staunend vor den gewaltigen Kolossen der Osterinsel stand. Wer mochte wohl einst diese Riesen geschaffen haben? Und wann? Von Hesse-Wartegg kam sich neben den Kolossalstatuen geradezu winzig klein vor. Wenn sie nur ihre Geschichte erzählen könnten! Der Mensch am Wendepunkt vom 19. zum 20. Jahrhundert war so stolz auf seine technischen Errungenschaften. Dabei musste es doch schon in grauer Vorzeit in der Südsee eine geheimnisvolle Kultur gegeben haben, die in mancher Hinsicht der unseren ebenbürtig, wenn nicht gar überlegen war. In seinem zweibändigen Werk *Die Wunder der Welt*, vermutlich kurz vor Ausbruch des Ersten Weltkriegs entstanden, hielt der Forschungsreisende fest, dass die Osterinselfiguren »wohl zu den ältesten Skulpturen der Menschheit« gehören.

Die großen Familien auf der Osterinsel setzten ihren Vätern noch zu Lebzeiten Denkmäler, indem sie deren Ebenbilder in Stein meißeln ließen. So entstanden die Moais, die anfangs nicht höher als zwei bis drei Meter waren.

Kontroverse Meinungen

Derlei Mutmaßungen hält der Forscher Thor Heyerdahl für absurd. Seiner Ansicht nach sind die Kolosse alles andere als besonders alt. Erst vor wenigen Jahrhunderten, etwa um 1550, habe man auf der Osterinsel mit dem Herausmeißeln der Riesenfiguren begonnen. Doch hier irrt Heyerdahl, wie Frank Joseph verdeutlicht. Wissenschaftliche Mitarbeiter des Anthropological Laboratory of the University of Santiago in Chile sind sich absolut sicher, dass die Kolosse vor zwei, wahrscheinlicher aber vor drei Jahrtausenden hergestellt, transportiert und aufgerichtet worden sein müssen. Es ist also an der Zeit, dass die Geschichtsbücher in Sachen Osterinsel grundlegend umgeschrieben werden.

Fern der Zivilisation

Die Osterinsel ist im wahrsten Sinne des Wortes als rätselhaft zu bezeichnen. Bis auf den heutigen Tag sind ihre vielfältigen Geheimnisse noch nicht gelüftet – und dies trotz langer intensiver wissenschaftlicher Forschung.

Die Oberfläche der Osterinsel, die in der unendlichen Weite des Stillen Ozeans nur vier Flugstunden von Tahiti entfernt liegt, misst knapp 180 Quadratkilometer. 3600 Kilometer Salzwasserwüste trennen Sie von der Küste Chiles, 3200 von der Perus und 6200 Kilometer von Neuseeland.
Eher dürftig sind die bekannten historischen Daten. Bereits im Jahre 1671 wollte der niederländische Weinhändler Arnold Roggeveen zu einer wagemutigen Seereise aufbrechen. Östlich von Neuseeland sollte es angeblich ein noch nicht entdecktes »Südland« geben, das er zu erreichen trachtete, um mit den Bewohnern jenes Landes Handel zu treiben. Doch dazu kam es nie. Die Behörden vertrödelten Jahre, bis sie endlich die erforderlichen Genehmigungen erteilten. Als der unternehmungslustige Kaufmann die erforderlichen Dokumente in den Händen hielt, war er nicht mehr dazu in der Lage, die erforderlichen Finanzen aufzubringen. Ein halbes Jahrhundert später machte sich sein Sohn Jacob auf den Weg – mit Erfolg. Am 7. April 1722 entdeckte er zwar nicht das geheimnisvolle »Südland«, dafür aber die Osterinsel.
Widersprüchlich sind aber schon die ersten Augenzeugenberichte. 1722 notierte Roggeveen begeistert in seinem Schiffstagebuch, die Insel sei ein »paradiesisches Eiland mit üppiger Pflanzenwelt«. Doch nur 48 Jahre später gewann der Spanier Gonzales y Haedo einen ganz anderen Eindruck. Er vermerkte in seinem Tagebuch, die Insel sei »vollständig kahl«. Sollte das Eiland inzwischen von einer Naturkatastrophe heimgesucht worden sein? Wir wissen es nicht. Wir kennen auch keine konkreten Daten, was die Historie des Eilands angeht. Zwar ritzten Osterinsulaner die Geschichte ihrer Heimat einst in geheimnisvollen Schriftzeichen in hölzerne Tafeln – doch bis heute sind diese nicht entziffert.

Pockenepidemie

1864 soll es noch hunderte solcher hölzerner Dokumente gegeben haben. Tepano Jaussen, Bischof von Tahiti, gab damals den Befehl, die wertvollen Artefakte seien von den Einheimischen abzugeben. Doch seinem Befehl wurde nicht Folge geleistet. Zu traumatisch waren die Erfahrungen, die die Osterinsulaner mit den Europäern gemacht hatten. So waren 1862 sechs peruanische Schiffe aufgetaucht, und Sklavenjäger hatten das Eiland gestürmt. Fast die gesamte männliche Bevölkerung wurde gefangen genommen und verschleppt.
Diese Gewaltaktion führte zu heftigen Protesten, und so sollten die Sklaven wieder in ihre Heimat zurückgebracht werden. Doch nur etwa einhundert hatten die brutale Gefangenschaft überlebt. Und als

diese Elenden in die Heimat zurückkehrten, waren sie dem Tode näher als dem Leben. Auf See waren die Pocken ausgebrochen, und nur 15 der 100 Männer überlebten und brachten die Pocken mit auf die Osterinsel. Fast alle Wissenden, die die geheimnisvolle Osterinselschrift lesen konnten, kamen dabei ums Leben.

1914 traf Katherine Routledge, die Pionierin der Osterinselforschung, noch einen Schriftkundigen an. Es war ein uralter Mann, der in einer Heilanstalt für Leprakranke untergebracht war. Obwohl Katherine Routledge das Vertrauen vieler Einheimischer gewonnen hatte, weigerte sich der greise Mann, die seriöse Wissenschaftlerin einzuweihen. Er nahm sein Geheimnis lieber mit ins Grab.

Verbindung zu Indien?

In regelmäßigen Abständen wurde in den vergangenen Jahren immer wieder behauptet, die Schrift der Osterinsel sei endlich entziffert worden. Doch diese Meldungen erwiesen sich stets als falsch. Wenig ist über die Schriftzeichen bekannt, und was wir wissen, das ist mehr als geheimnisvoll. So stellte der ungarische Sprachforscher W. von Hevesey fest: Sowohl im Alten Indien wie auf der Osterinsel verwendete man etwa 400 Schriftzeichen – fast die Hälfte davon ist identisch. Gab es also einst eine Verbindung zwischen Indien und der Osterinsel? Bislang hat man diese Übereinstimmung als zufällig abgetan. Doch nach neuesten Erkenntnissen blühte die Osterinselkultur vor zwei, eher drei Jahrtausenden und ist damit ähnlich alt wie die altindische Schrift. Wie aber konnte die riesige Entfernung zwischen Indien und der Osterinsel überbrückt werden?

Vielleicht werden die schriftlichen, in Holz geritzten Aufzeichnungen der einsamsten Insel der Welt für immer schweigen. Doch vielleicht hilft uns hier die mündliche Überlieferung weiter. Man könne sich auf sie verlassen, versichert Dr. Fritz Felbermayer, der die Sprache der Osterinsulaner versteht und sie auch fließend spricht. Als Schatzmeister des Vereins »Die Freunde der Osterinsel« machte er sich mehr als verdient. Als einziger Europäer wurde er in den »Rat Chi-

Aus festlichem Anlass kunstvoll geschmückter Eingeborener der Osterinsel/Chile.

lenischer Geschichte« aufgenommen. Für sein jahrzehntelanges Forschen wurde er mit dem Orden »De Merito de José Miguel Carrera« ausgezeichnet.

Für Dr. Felbermayer sind die mündlichen Überlieferungen über die Geschichte der Osterinsel keine unglaubwürdigen Märchen, sondern echte Historie: »Wenn derjenige, der gerade erzählte, sich irrte oder auch nur wenige Worte änderte, die den Inhalt der Erzählung nicht einmal beeinflusst hätten, so protestierten die Zuhörer so lange, bis der Sprecher die Worte genau so wiedergab, wie sie ihre Vorfahren berichtet hatten.«

Das traditionelle Tapati-Fest versetzt die Bewohner der Osterinsel in große Aufregung. Unter anderem kommt es auch zu einem Wettbewerb, bei dem aus Stein Moais gemeißelt werden.

Die Osterinsel erlebte Ende des 16. Jahrhunderts ihre Blütezeit. Damals bevölkerten rund 10 000 Menschen die Insel, wobei die elitären Langohren die »gemeinen« Kurzohren beherrschten.

Paradiesisches Königreich

Demnach gab es in grauer Vorzeit in der Südsee, weit im Westen der Osterinsel, ein paradiesisches Königreich, »Maori Nui Nui« (Groß Maori) genannt. Regiert wurde es von Taenen Arei, der in Zeiten schwerer Not die Regentschaft an seinen Sohn Hotu Matua übergab. Die Existenz des gesamten Volkes war bedroht, da das Reich in den Tiefen des Meeres versank. Tagtäglich verschwanden weitere Gebiete. Der verzweifelte König Hotu Matua sandte vergeblich Späher aus, die eine neue Heimat entdecken sollten. Endlich griff Make Make, der »fliegende Gott«, ein. Er entführte den Priester Hau Maka durch die Lüfte und setzte ihn auf einem ihm unbekannten Eiland ab. Er zeigte ihm Felsenriffe und Vulkane, gab allen Dingen, die dem Priester fremd waren, einen Namen. Make Make unterrichtete Hau Maka im Gebrauch von Schilfrohr und zeigte ihm, wo man am besten einen Hafen anlegte. Dann brachte er ihn in die Heimat zurück. Aufgeregt erstattete der Gottesmann seinem König Bericht. Gewiss, das phantastische Erlebnis konnte eigentlich nur ein Traum sein, aber vielleicht brachte er doch die ersehnte Rettung. König Hotu Matua sandte die sieben besten Seeleute des Landes los. Nach dreißig Tagen fanden sie genau an der von dem Priester beschriebenen Stelle die »Osterinsel«. Vierzig Tage benötigten sie für die Rückfahrt. Begierig harrte der König ihres Berichts und brach wenige Tage später zusammen mit seinem gesamten Volk in die neuen Gefilde auf. Nach 120 Tagen erreichte man die Osterinsel und nahm sie in Besitz. Dr. Felbermayer ist fest davon überzeugt, dass diese Überlieferung eine absolut wahre Begebenheit beschreibt, da sie von den alten Insulanern ohne Zögern und immer in derselben Weise wiedererzählt wird. Wahr im Sinne von geschichtlicher Historie ist nach Dr. Felbermayer nicht nur die mündliche Überlieferung von der Besiedelung der Osterinsel, sondern auch von dem erbitterten Krieg zwischen den Lang- und den Kurzohren.

Die Kolosse der Osterinsel – bis heute sind Herkunft und Entstehungszeitpunkt ungeklärt.

Langohren und Kurzohren

Nachdem sich die Menschen in der neuen Heimat niedergelassen hatten, kam es zu einer zweiten Einwanderungswelle. Eine neue Volksgruppe tauchte auf: Menschen, die sich die Ohren mit Gewichten künstlich verlängerten. Im Gegensatz zur einheimischen Bevölkerung nannten sie sich Langohren, die Vertreter der Urbevölkerung wurden als Kurzohren bezeichnet.

Es zeigte sich, dass es sich bei den Neuankömmlingen um Angehörige einer hochstehenden Kultur handelte. Glücklicherweise waren sie bescheiden und friedlich und ließen sich bestimmte Siedlungsgebiete zuweisen. Für Streitereien hatten die Langohren keine Zeit. Frühmorgens zogen sie in die Steinbrüche des Vulkankraters und meißelten riesige Statuen aus dem Tuff. Ihre ungewöhnliche Arbeit – die Produktion von Steinriesen – führten sie im Geheimen durch.

So plötzlich wie die Langohren gekommen waren verschwanden sie auch wieder. Ein von Dr. Fritz Felbermayer aufgezeichneter Mythos berichtet: »Nach dieser Nacht hörte man nichts mehr von ihnen, von den Meistern, die die Statuen geschaffen hatten. Niemand kennt ihr Ende.«

Grausame Rache

Zurück blieben bis zu über zwanzig Meter hohe Steinriesen – und Kinder, die aus Ehen zwischen Kurzohren und Langohren hervorgegangen waren. Ihnen blühte ein entsetzliches Schicksal. Eines Tages nämlich starb ein Langohrensprössling auf Kurzohrenland. Die Nachfahren des Verstorbenen forderten nun, dass am Sterbeort ein Grabhügel errichtet werden müsse. Das lehnten die Kurzohren empört ab. Daraufhin schworen die Nachkommen der Langohren Rache. Am Berg Poike hoben sie einen tiefen, etwa fünfhundert Meter langen Graben aus und füllten ihn mit dürrem Holz. Ein gewisser Toi musste dabei Wache schieben. Doch seine Frau, ein Kurzohr, verriet den Plan an die Bedrohten. Diese beriefen umgehend eine Versammlung ein und beschlossen, dass die

1951 wurde in Guatemala ebenfalls ein Steinkoloss im Stil der Osterinselriesen gefunden.

Langohren in der Falle sterben sollten, die sie eigentlich für die Kurzohren vorgesehen hatten. In der Nacht vor dem geplanten Überfall attackierten die Kurzohren die Langohren. Sie trieben sie aus ihren Behausungen, schlugen brutal auf sie ein, drängten sie zum Graben hin und warfen sie hinein. Dann zündeten sie das Holz im Graben an. Alle Nachfahren der Langohren bis auf einen einzigen jungen Mann verbrannten bei lebendigem Leibe.

Für die meisten Osterinsulaner ist der Bericht vom Massenmord auf der Osterinsel kein unglaubwürdiges Märchen, sondern wahre Historie. Auch Dr. Fritz Felbermayer geht davon aus, dass sich die beschriebenen Ereignisse so abgespielt haben und nicht erfunden sind.

Tatsächlich ist bereits seit 1955 genau bekannt, wo einst der Scheiterhaufen zum Himmel loderte. Dr. Carlyle S. Smith machte den inzwischen verschütteten Graben ausfindig und untersuchte ihn. Archäologische Ausgrabungen ergaben, dass er einst künstlich erschaffen wurde und

Nach ihrem Sieg über die Langohren stießen die Kurzohren nicht nur auf brutale Weise die Steinfiguren um, sondern zerstörten auch viele andere Symbole der Priesterkaste, wie beispielsweise die so genannten Rongo-Rongo-Schrifttafeln.

nicht das Ergebnis eines natürlichen »geologischen Prozesses« ist. In dem Graben selbst, daran kann es nach den wissenschaftlichen Recherchen keinen Zweifel mehr geben, wurde einst Holz gestapelt und angezündet. »Im Graben muss es ein Feuer größeren Ausmaßes gegeben haben«, schildert die engagierte Wissenschaftlerin, die den wissenschaftlichen Beweis dafür erbracht hat, dass es sich bei den mündlich überlieferten Geschichten um seriöse Quellen und nicht um irgendwelche phantastischen Erzählungen handelt, mit großem Schaudern.

Undefinierbare Lichterscheinungen am Himmel haben in den letzten Jahren weltweit für große Aufregung gesorgt. Oft hielt man sie für unbekannte Flugobjekte, die von außerirdischen Planeten stammen könnten. Doch derartige Lichterscheinungen können auch natürlichen Ursprungs sein.

Osterinselriese in Guatemala

► Angeblich sind die geheimnisvollen Steinriesen der Osterinsel einmalig auf der Welt. So heißt es jedenfalls auch heute noch in der Fachliteratur. Doch bereits 1951 wurde auf dem Gebiet der »Los Encuentros«-Plantage, San Felipe, Department Retalhulu, Guatemala, ein erstaunliches Monument gefunden. Es war etwa acht Meter hoch und hatte an der Basis einen Durchmesser von etwa vier Metern. Wie auf der Osterinsel starrt ein steinernes Gesicht gen Himmel, dessen Gesichtszüge man als arrogant beschrieb. Wer hat diese außergewöhnliche Figur geschaffen? Der Gedanke liegt nahe, dass es die Langohren gewesen sein könnten, die irgendwann in grauer Vergangenheit die Osterinsel verließen. War Guatemala ihre nächste Station? Harren vielleicht im undurchdringlichen Urwald Guatemalas noch mehr solcher rätselhafter Figuren auf ihre Entdeckung? Die Zukunft wird es zeigen. Leider kann der einmalige Fund heute nicht mehr untersucht werden, da er inzwischen von Rebellen mutwillig zerstört wurde.

Dienten die Steinkreise der Kommunikation?

Die moderne Wissenschaft ist stolz auf ihre Erkenntnisse und Errungenschaften. Wir verfügen heute über modernste Kommunikationstechniken, mit denen wir schneller denn je mit Menschen auf den entferntesten Orten der Erde kommunizieren können. Doch nur scheinbar sind wir Menschen einander dadurch näher gekommen. Die meisten Menschen fühlen sich heute sogar noch isolierter als früher.

In diesem Zusammenhang stellt sich die Frage, wie denn damals die Verständigung der Menschen untereinander funktioniert hat. Man möchte annehmen, dass es vor Jahrtausenden keine Kommunikation über Ländergrenzen oder gar zwischen Kontinenten gegeben hat. Oder etwa doch? Dienten die steinernen Monumente einer urgeschichtlichen Kommunikation per Gedankenkraft? Da das Wissen damals mündlich weitergegeben wurde, können wir darüber nur spekulieren.

Seltsame Lichter

Unheimlich wirkte der pechschwarze Nachthimmel über St. Florian, Alabama, USA. Plötzlich leuchtete ein seltsames Licht am Himmel auf. Für ein Flugzeug bewegt es sich zu tief, für ein Auto viel zu hoch. Das leuchtende Etwas schwebte einige Meter über dem Erdboden dahin. Die Augenzeugen Wyatt Cox und Greg Keeton beschrieben das Furcht erregende Objekt, das in den letzten zehn Jahren unzählige Male gesichtet wurde, wie folgt: »Eine weiße, kugelförmige Lichterscheinung schwebte einige Meter über dem Erdboden dahin.«

Der Armee-Oberstleutnant Thomas E. Bearden aus Huntsville, Alabama, ging den kuriosen Meldungen nach. Sein Bericht klang zunächst ernüchternd, da er davon ausging, dass diese Lichterscheinungen mit Steinbrocken auf der Erde zusammenhängen. Wo viele dieser Brocken liegen, treten die geheimnisvollen Leuchtphänomene besonders häufig auf, also vornehmlich entlang den Highways 17 und 13. Ein Schwerpunkt ist sieben Meilen nördlich von Florence auszumachen. Oberstleutnant Thomas E. Bearden, der auch einen Magistergrad im Fach »Nuclear Engineering « am Institute of Technology in Georgia erwarb, hat eine Erklärung für die seltsamen Lichtphänomene. Die Gesteinsbrocken unter und im Erdreich seien einem ständigen Druck durch die Erde ausgesetzt, der von tektonischen Verschiebungen herrühre. Beim Druck auf die quarzhaltigen Steine würden geringe elektrische Felder freigesetzt, die als Lichterscheinungen sichtbar würden.

Sich windende Schlange

Wenn nun solche Vorfälle ganz natürliche Ursachen haben, müssten logischerweise diese Leuchterscheinungen auch andernorts auftreten. Genau dies ist auch der Fall. So wurden und werden etwa ganz in der Nähe von Stonehenge immer wieder Leucht- und Lichtphänomene beobachtet. Der britische Forscher Jimmy Goddard berichtet von einer gewissen Mrs. M. E. Carey, die direkt bei Stonehenge Lichter sah, die seltsame Gestalten annahmen, etwa die einer »Schlange mit flammenden Augen«. Die Zeugin meinte wortwörtlich: »Das Tier schien sich zu winden. Aus seinem Maul stieg ein Mann. Der Körper verflüchtete sich, aber der Kopf blieb. Ich konnte große Feuer brennen sehen.«

Ähnliche Leuchterscheinungen sind den Ureinwohnern Australiens schon seit uralten Zeiten bekannt. Sie nennen sie »min-min«. In Afrika werden sie seit Ewigkeiten mit dem Ausdruck »aku« beschrieben, in Indien »Chota adonis« und in Malaysia »pennangal« genannt. Auch in Deutschland gingen sie bereits seit dem Mittelalter als »Schatzlichter« in die Sagen ein.

Physikalische Erklärung

Man kann diese Lichter inzwischen auch im Labor erzeugen. Dabei wird quarzhaltiges Gestein unter Druck gesetzt, der konstant erhöht wird. Bei einem Druck von 2252 Kilogramm pro Quadratzentimeter droht harter Fels auseinander zu brechen und sondert plötzlich kleine Lichtbällchen ab. US-Forscher Persinger fand nun heraus, dass diese Phänomene massiv die menschliche Psyche beeinflussen. Nähert man sich einer solchen Energiekugel, gerät man in ein elektromagnetisches Feld und verspürt ein prickelndes Gefühl. Ängstlichkeit, Gänsehaut und starke Beklemmungen treten auf. Auch übersinnliche Wahrnehmungen wie Visionen können vorkommen, schlimmstenfalls auch Gedächtnisverlust. Erklärt dieser Sachver-

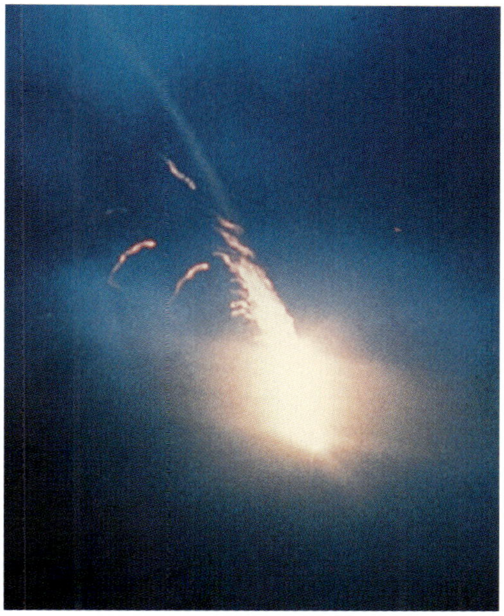

Unter tektonischem Druck bringen stark quarzhaltige Steine kugelförmige Lichtblitze hervor.

Die Energiefelder, die sich um Steine herum bilden, sind noch nicht ausreichend wissenschaftlich erforscht. Allerdings scheinen insbesondere quarzhaltige Steine Energiefelder um sich herum zu bilden.

halt den Namen, den bereits die Wintu-Indianer Kaliforniens den Lichtkugeln gaben, nämlich »Geistesser«?
Ingenieur Rudolf Kutzer aus Kulmbach hat sich mit dem erstaunlichen Phänomen der Energiefelder um Steine gründlich auseinander gesetzt. Besondere Aufmerksamkeit widmete der Forscher den Menhiren, Steinen von oftmals wahrhaft gigantischen Ausmaßen, die von Menschenhand aufrecht in die Landschaft gestellt wurden,

England, Steinkreis von Castlerigg: Wurden die quarzhaltigen Menhire aufgestellt, um als Sender und Empfänger von geistigen Signalen zu dienen?

als handele es sich um Bauklötzchen für Kinder. Sowohl die Menhire in der Bretagne als auch die Riesensteine auf der Insel Malta sind quarzhaltig – ist das Absicht oder Zufall?
Diese Steine haben nämlich eine besondere Eigenschaft: Sie nehmen Schwingungen antennengleich auf und geben sie auch wieder ab. Erfolgt aus dem sie umgebenden Erdreich Druck auf die Menhire, dann sondern sie – wie das menschliche Gehirn – Energiefelder ab. Das menschliche Gehirn und quarzhaltige Steine haben tatsächlich etwas gemeinsam: Die Steine und die Zirbeldrüse im Gehirn verfügen über eine kristalline Struktur. Auf die Hirnkristalle wird ebenso Druck ausgeübt wie auf die Steine. Im Hirn erfolgt dieser Druck automatisch beim Denken. Im Stein wird er durch tektonische Vorgänge in der Erde ausgelöst. In beiden Fällen entstehen elektrische Felder.

Wo immer Kommunikation entstehen soll, muss es einen Sender und einen Empfänger geben, damit die Botschaften übermittelt werden können. Es wäre denkbar, dass die Megalithen einst zugleich die Funktion eines Senders und Empfängers innehatten.

Parapsychologische Recherchen

Der britische Parapsychologe Maurice Tester hat die elektrischen Hirnfelder gemessen. Sie haben eine Frequenz zwischen 14 und 40 Zyklen pro Sekunde. Nehmen wir an, Person A hegt einen Gedanken und es entsteht ein entsprechendes elektrisches Feld. Quarzhaltige Steine sind nun dazu in der Lage, dieses Feld aufzunehmen und auszustrahlen. Sollte es möglich sein, dass Person B diese Hirnsignale wieder auffängt? A schickt die Signale aus, ein Menhir fängt sie auf, speichert und verstärkt sie, bevor er sie wieder ausstrahlt. B empfängt die Signale und verwandelt sie in seinem Gehirn wieder zu einem Bild oder einem Gedanken.
Dieses Szenario mutet zunächst mehr als phantastisch an: Die vor Jahrtausenden errichteten Riesensteine sollen einfache und doch höchst wirksame Empfangs-, Verstärker- und Sendeanlagen für Gedanken sein? Dr. G. V. Robins, ein Wissenschaftspublizist aus England, nahm sich eben dieser These an. In der Zeitschrift *Alpha*, die in London erscheint, veröffentlichte er im Juli 1979 seine Recherchen, die er vor Ort bei den Rollright-Steinen durchgeführt hatte. Diese Steinblöcke befinden sich im Raum Adelstrop. Man erreicht sie von London aus bequem mit dem Auto in einem halben Tag. Die Anlage besteht im Wesentlichen aus einem Steinring mit einem Durchmesser von 31,6 Metern. Diesen Steinkreis nennt man »Des Königs

Männer«. Siebzig Meter vom Ring entfernt steht ein gewaltiger Menhir namens »Königsstein«. Eine weitere Gruppe von Steinen befindet sich im Osten. Die Steinbrocken von beachtlicher Größe stehen zum Teil noch aufrecht, zum Teil sind sie im Lauf der Jahrtausende umgesunken. Im Volksmund nennt man diese Steine »Flüsternde Ritter«. Könnte dieser Name auf eine Art Kommunikation hinweisen? Bedeutet das etwa, dass Botschaften mündlich überliefert und dabei im Lauf der Zeit verfälscht wurden? War auf diese Weise nach geraumer Zeit vergessen worden, wozu die Kultanlage ursprünglich diente, nämlich der Kommunikation, dem Senden, aber auch dem Empfang von Gedanken?

Dr. Robins nahm 1978 und 1979 zu allen Tages- und Nachtzeiten mit Hilfe eines Ultraschalldetektors Messungen vor. Und siehe da: Die Steine von Rollright strahlten, wobei das Messgerät Werte zwischen eins und sieben registrierte. Dr. Robins stellte fest, dass sich zwischen den Steinen ein pulsierendes Feld aufbaute. Dieses Feld änderte sich aber schlagartig, sobald ein Mensch in den Steinkreis trat. Er notierte: »Bei allen Besuchen in den Morgenstunden konnte starkes Pulsieren rund um den Menhirstein beobachtet werden. Dies hörte jedoch auf, sobald jemand in den Steinkreis trat. Dieser Wechsel wiederholte sich immer in der gleichen Weise.«

Dr. Robins' Messergebnisse

Die Skala des benutzten Ultraschalldetektors zeigte Werte von null bis zehn. Die Normalfrequenzen beliefen sich auf zwischen null und eins. Zu Sonnenaufgang, so erwartete Dr. Robins, würde die Strahlung der Steine zunehmen. Das war aber nicht der Fall. Bereits eine halbe Stunde vor Sonnenaufgang setzte ein unerklärliches Pulsieren eines Kraftfeldes bei dem Königsstein ein und erreichte den Wert von sieben auf dem Messgerät. Gleichzeitig sank der Stärkewert des Feldes im Bereich des Steinkreises auf null. Zwei bis drei Stunden nach Sonnenaufgang war beim Königsstein keine Strahlung mehr nachzuweisen. Dafür existierte aber ein Anstieg der Strahlung im Steinkreis, und es baute sich zwischen dem Steinkreis und dem Königsstein ein elektrisches Feld auf. Dieses Feld brach unerklärlicherweise zusammen, sobald jemand in den Steinkreis trat. Dr. Robins: »Bei allen Besuchen in der Morgendämmerung konnte starkes Pulsieren um den Menhir sowie zwischen Menhir und Steinkreis beobachtet werden.«

Dr. G. V. Robbins mit einem Ultraschalldetektor 1979 bei den Rollwright-Steinen/Oxfordshire.

Sender und Empfänger

Unser Globus ist von einem Netz uralter steinerner Kultanlagen überzogen. Sind sie tatsächlich dazu geeignet, Gedankenmuster von Menschen aufzufangen und weiterzuleiten? Der Wiener Professor Hans Schindler-Bellamy meint zu dieser

Elektrische Felder sind nicht sichtbar, existieren aber zweifellos. Vermutlich hatten die Eingeweihten der Megalithenkultur einen völlig anderen Zugang zu Energien als wir Menschen heute.

Interessant wäre natürlich zu wissen, welche Gedanken nun eigentlich zwischen den Megalithenanlagen hin- und hergeschickt wurden. Handelte es sich um einfache Informationen oder um das Wissen der Eingeweihten?

spekulativen Frage: »Die Wissenschaft von morgen wird erkennen, dass es so etwas wie eine Lebensenergie gibt, die sowohl in Steinen als auch in Lebewesen vorkommt. Vielleicht wurden einst steinerne Denkmäler überall auf der Erde errichtet, um die Energie, die beim Aussenden von Gedanken entsteht, zu verstärken und weiterzugeben. Vielleicht wurden diese Steinanlagen dann auch genutzt, um Gedankenkräfte bzw. Gedankenfelder wieder einzufangen, zu verstärken und an andere Menschen weiterzugeben.«

Auch Nikolai Bodnaruk, Korrespondent der russischen Zeitung *Komsomolskaja Prawda*, berichtet: »Viele Herde uralter Kulturen hatten keinen zufälligen Standpunkt gehabt, sondern lagen an den Knotenpunkten eines weltweit existierenden Netzsystems. Angeschlossen waren die Induskultur, Ägypten, die Nordmongolei, Irland, die Osterinsel, Peru, Kiew und viele andere.« Der Gedanke, dass es bereits vor Jahrtausenden eine weltweite Kommunikation gegeben haben könnte – via Gedankenübertragung von Kultstätte zu Kultstätte – erscheint angesichts dieser Aussagen durchaus nicht aus der Luft gegriffen zu sein.

Das Geheimnis der steinernen Kugeln

Tausende und Abertausende von steinernen Kugeln wurden in den dichten Urwäldern Costa Ricas entdeckt – von wem sie stammen, weiß man bis heute nicht.

Zu Beginn der 30er Jahre des 20. Jahrhunderts sollten im Diquis-Delta von Costa Rica riesige Bananenplantagen angelegt werden – und dies möglichst kostengünstig. Also sorgte man im Auftrag der United Fruit Company für riesige Waldbrände. Als sich nach Tagen die Rauchschwaden aufgelöst hatten, waren unzählige Baumstümpfe, verkohlter Boden und elendiglich ums Leben gekommene Tiere zurückgeblieben. Gleichzeitig war man aber auch auf eines der größten archäolo-

Geheimnisvolle Steinkugeln wurden in den Urwäldern von Costa Rica gefunden.

gischen Rätsel überhaupt gestoßen: Auf dem verkohlten Boden lagen riesige Steinkugeln verstreut. Jede einzelne war spiegelglatt und geometrisch exakt geformt.
Zu Beginn der 40er Jahre des 20. Jahrhunderts wollte Dr. Samuel Lothrop vom Peabody Museum in Lateinamerika archäologische Grabungen durchführen. Dabei wäre er beinahe ums Leben gekommen. In der sprichwörtlichen letzten Minute konnte er mit seiner Frau gefährlichen Räuberbanden entkommen. Der Zufall verschlug ihn nach Costa Rica. Eifrig machte er sich sogleich daran, das Rätsel der steinernen Kugeln zu studieren. Mit seiner Frau nahm er intensive Grabungen auf dem Gebiet der Palmar-Farm vor, aber auch im Golfo-Dulce-Gebiet. Überall drängten sich ihm die steinernen Kugeln auf: am Rio Diquis, bei Uvita, auf der Camaronal-Insel sowie auf den schwer zugänglichen Bergen der Region von Cordillera Brunquera.

Keinerlei Spuren

Der Wissenschaftler war zunächst davon überzeugt, dass in der unmittelbaren Umgebung der monströsen Steine auch die Werkzeuge gefunden werden müssten, mit denen die Kolosse so schön rund gemeißelt worden waren. Doch so gründlich er auch suchte, grub und jede Schaufel Erdreich durchsieben ließ, es wurde nicht ein einziges Werkzeug entdeckt.
Wie mag die Herstellung vonstatten gegangen sein? Hat man einen formlosen Klotz herausgeschlagen und dann zum Großteil in der Erde begraben? Hat man dann mit Hilfe von Holzschablonen das jeweils aus dem Erdreich ragende Stück abgerundet? Professor Hans Schindler-Bellamy meint dazu: »In der Theorie mag so etwas ja funktionieren, in der Praxis geht das aber nicht. Mit solch primitiver Methode wäre es unmöglich gewesen, die zahllosen Kugeln so perfekt rund zu bekommen.«
Auch ein gewisser Pater Jorge Lira lehnt diese Theorie ab. Seinen Recherchen vor Ort zufolge besaßen die Indios einst Kräutermixturen, mit deren Hilfe sie Steine so weich wie Butter machen konnten. Aber auch er wusste nicht, wie die Kugeln ihre perfekte runde Form erhielten. Stand spezielles Werkzeug zur Verfügung? Oder verwendete man gar Formen?
Eine andere wenig glaubhafte Theorie geht davon aus, dass die Kugeln in jenen Zeiten entstanden, als die Vulkane noch aktiv waren und es flüssige Lava gab. Das war vor Hunderttausenden von Jahren. Damals standen mit Sicherheit keine Formen zur Verfügung, in die man das flüssige Gestein hätte gießen können.
Vielleicht repräsentierten die Steine aber auch Sonne, Mond und Planeten unseres Sonnensystems und hatten einst, ähnlich den Maya-Stelen, eine astronomische Bedeutung. Doch dieser Zusammenhang ist bis heute nicht geklärt. Ebenso wenig wie die Frage des Alters der Steine. Es gibt in den Reisenotizen der plündernd durch Zentral- und Südamerika ziehenden Spanier keinerlei Hinweise darauf. Da sie die seltsamen Kugeln mit keinem Wort erwähnen, kann man annehmen, dass diese bereits vor Jahrhunderten vom Urwald überwuchert gewesen waren.

Die Maya waren hervorragende Astronomen, wie aus ihren drei Kalendern hervorgeht: dem »Sonnenjahr«, dem »Heiligen Kreis« und der »Langen Zählung«. Diese drei Kalender hatten ganz unterschiedliche Funktionen.

Legendärer Machu Picchu

Hoch über dem Urubambatal, versteckt in den Höhenzügen der Anden, thront eine alte Stadt, von der wir im Grunde weder wissen, wer sie einst gegründet, noch wer sie nach langen Zeiten der Vergessenheit wiederentdeckt hat. Jene steinerne Stadt, die sich in 2360 Metern Höhe wie aus dem Bergrücken herausgewachsen präsentiert,

Die Inkastadt Machu Picchu liegt auf einer schmalen, 650 Meter hohen Felsterrasse hoch über dem Urubambafluss. Der so genannte »Sonnenstein« war der zentrale Opferstein, auf dem die zahlreichen Opfer dargebracht wurden.

wurde angeblich im Jahre 1911 von dem Amerikaner Hiram Bingham entdeckt.
Doch dies trifft nicht zu, denn als Bingham die majestätischen Stadtmauern bestaunte, prangte bereits eine eingeritzte Inschrift in dem moosbewachsenen Stein, die lautete: »Augustin Lizarraga, Enrique Palma und Gabino Sanches – 1901.« Diese drei Herren hatten zu Beginn des 20. Jahrhunderts nach archäologischen Schätzen gesucht, die sich versilbern ließen, und waren dabei auf die Ruinen gestoßen. Fünfundzwanzig Jahre früher war bereits Charles Wiener, der im Auftrag des französischen Unterrichtsministeriums Peru bereiste, auf das Geheimnis der Anden gestoßen. Er hatte die genaue Position der geheimnisvollen Stadt exakt in seine Karte eingetragen. Drei Jahrhunderte zuvor gehörte diese ganz offiziell einem gewissen Don Martin de Concha.
Augustin Lizarraga, der 1901 seinen Namen auf einer der steinernen Wände in Machu Picchu verewigte, führte 1894 Don Luis Bejar in das Gemäuer. Und eben jener Augustin Lizarraga gehörte 1911 zum Team von Hiram Bingham, der sich sehr zu Unrecht als der Entdecker einer vergessenen Stadt feiern ließ.

Vorübergehender Zufluchtsort

Binghams Ruf in der Fachwelt ist nicht der beste, da er wie ein Vandale gewütet haben soll. So empört sich Enrique Portugal, ein Fachjournalist, mit Recht: »Machu Picchu ist von Hiram Bingham auf unbeschreibli-

Machu Picchu im Strom der Zeit

► Um 1140 v. Chr. erlebte im Raum des späteren Peru die geheimnisvolle Chavin-Kultur ihre Blütezeit. Von 200 v. Chr. bis 800 n. Chr. herrschten »Götterkönige«. Um 1000 n. Chr. wurde der Sonnengott als oberster Gott im Götterhimmel Perus angesehen. Erst um 1200 n. Chr. soll der legendäre Manco Capac das Inkareich gegründet haben. Bereits um 1450 hatten die Inkas fast das gesamte Andenland unterjocht. Und bereits 100 Jahre später wurde dieses blühende Imperium von den Spaniern unter Francisco Pizarro ausgelöscht. Vermutlich wurde also die Ruinenstadt Machu Picchu im 16. Jahrhundert n. Chr. zum Zufluchtsort und Versteck. Es wäre auch denkbar, dass bereits Inkas auf dem Machu Picchu siedelten und in dieser Stadt ein einmaliges Beispiel ihrer Architekturkunst statuierten, als die Spanier noch nicht als lebensgefährliche Bedrohung erkannt wurden. Doch gegründet haben die Inkas die Stadt mit Sicherheit nicht. Machu Picchu ist das Werk von Baumeistern zweier Kulturen. Wie es den frühen Baumeistern gelang, die riesigen Steinblöcke zu transportieren, ist bis heute ein Rätsel. Die nachfolgenden Baumeister waren weitaus weniger talentiert. Sie nutzten die vorhandenen uralten Steinfundamente und bauten darauf mit vergleichsweise kleinen Steinen weiter – offensichtlich verfügten sie nicht über dasselbe Wissen wie ihre genialen Vorgänger.
Machu Picchu, hoch über dem Urubambafluss gelegen, wurde von den spanischen Konquistadoren glücklicherweise nicht entdeckt und somit auch nicht verwüstet, wie dies mit vielen glanzvollen Metropolen geschehen ist. Doch welche uralte Megalithenkultur legte hier die Fundamente? Woher kamen sie und wohin gingen sie? Die in den Himmel ragenden Ruinen hüten bis auf den heutigen Tag ein Geheimnis, das noch gelüftet werden muss.

che Art und Weise geplündert, verwüstet und beraubt worden. Er schaffte eine riesige Ladung von goldenen Gegenständen und Kunstwerken weg.«

Die Inkastadt Machu Picchu wurde von einer unbekannten Kultur gegründet.

Als sicher galt bisher nur, dass die Stadt, die dem Himmel näher zu sein scheint als jede andere der Welt, von den Inkas gebaut wurde. Dies ist jedoch nicht der Fall. Gewiss, die Inkas hatten sich bei ihrer Flucht vor den Spaniern nach Machu Picchu zurückgezogen und eine Zeit lang dort gelebt. Irgendwann aber verwaiste die Festung, verfiel und wurde vom Urwald überwuchert. Wann das war, konnte bis heute nicht festgestellt werden.

Die Pyramiden – älter als die Sintflut?

Die große Sphinx von Gise, das steingewordene Fabeltier mit Löwenleib und Menschenkopf, bewacht eines der größten Geheimnisse der Menschheitsgeschichte, und jährlich strömen Abertausende dorthin. Auch wenn viele moderne Archäologen und Historiker es nicht wahrhaben wollen: Die Cheopspyramide ist ein steinerner Zeuge uralter Mysterien. Angeblich wurde die Pyramide von Pharao Cheops (2551–2494) errichtet. Doch neueste geologische Erkenntnisse weisen darauf hin, dass die Sphinx höchstwahrscheinlich bereits im Jahr 6000 v. Chr. entstanden ist.

Konventionelle Ägyptologen halten dem entgegen, dass es einen Namenszug des Pharao in der Pyramide gebe, was beweise, dass die Cheopspyramide zu Recht ihren Namen trägt. Der angebliche Beweis für Cheops als Bauherrn ist freilich mit an Sicherheit grenzender Wahrscheinlichkeit eine Fälschung. Mehr als merkwürdig ist allein schon die Tatsache, dass er sich an einem höchst ungewöhnlichen, kaum zugänglichen Ort befindet.

Über der Grabkammer des Königs wurden kleine Kammern eingebaut, vier an der Zahl. Angeblich sollte dadurch erreicht werden, dass sich das Gewicht oberhalb der vornehmen Gruft etwas reduzierte. Doch diesem Zweck können die Hohlräume nicht gedient haben. Jeder ist nämlich mit neun Monolithen abgedeckt, wovon jeder 40 Tonnen wiegt. Jede Decke wiegt demnach 360 Tonnen. Das Gesamtgewicht der vier Decken wäre dann 1440 Tonnen. Doch damit nicht genug: Im massiven Leib der Pyramide befindet sich über der obersten »Entlastungskammer« noch zusätzlich ein steinernes »Spitzdach«. Vorsichtige Schätzungen gehen davon aus, dass es allein nochmals 1200 Tonnen wiegt.

Plumpe Fälschung

In der am schwersten zugänglichen »Entlastungskammer« will nun Oberst Howard Vyse, nachdem er sich auf brutale Weise einen Zugang verschafft hatte, im Frühjahr 1837 den Namenszug »Cheops« entdeckt haben. Damals machte diese sensationelle Meldung Schlagzeilen in der ganzen Welt. Zwar äußerten einige Wissenschaftler Zweifel an der Echtheit des Fundes, doch man nahm ihre Einwände

Die Cheopspyramide ist die größte der gesamten Pyramidenanlage von Gise. In ihrer Umgebung befinden sich neben weiteren Pyramiden zahlreiche Gräber für die Adeligen sowie Begräbnis- und Taltempel.

Die Pyramiden von Gise wurden für die Herrscher der 4. Dynastie gebaut: Cheops, Chephren und Mykerions. Vermutlich wurden während der 23-jährigen Regierungszeit des Pharao Cheops etwa hunderttausend große Steinblöcke in den Bau eingeführt.

nicht ernst. Der renommierte Orientalist Zecharia Sitchin jedenfalls ist sich sicher: »Der Namenszug ist eine plumpe Fälschung.« Alles deutet auf Oberst Vyse als Urheber hin. Dieser Verdacht erhärtet sich umso mehr, als Vyse kurz vor seiner Heimreise nach England seinem Tagebuch anvertraute, dass er nicht nach Hause zurückkehren könne, bevor er nicht etwas Großes entdeckt habe.

Sitchin gelang es sogar, die Vorlage ausfindig zu machen, nach der Vyse den Pharaonennamen fälschte. Es handelt sich um das Werk *Mysteria hieroglyphica,* verfasst von John Gardener Wilkinson, erschienen 1828. Es enthält einen entscheidenden Fehler: das »Ch« im Namen des angeblichen Pyramidenerbauers Cheops ist falsch geschrieben, mit einem falschen Symbol wiedergegeben. Doch dies war noch nicht alles. Der Fälscher benutzte eine Bilderschrift, die es zu Cheops' Zeiten noch gar nicht gab. Sie wurde erst etwa ein Jahrhundert später entwickelt.

Eine Inschrift, Ägyptologen wohl bekannt, preist Pharao Cheops als den »Erbauer des Hauses der Isis, der Herrin der Pyramide, neben dem Hause der Sphinx«. Wäre Cheops tatsächlich der Erbauer der nach ihm benannten Pyramide, hätte man ihn in dieser Inschrift doch wohl wegen dieses Wunderwerks gepriesen und nicht wegen eines bescheidenen, ja vergleichsweise unbedeutenden Gebäudes »neben dem Hause der Sphinx«.

Historische Quellen

Vielleicht hilft ein Blick in die Werke der großen Historiker bei der Suche nach dem Erbauer der Cheopspyramide. Unter den Historikern lässt nur Herodot verlauten, Cheops habe die Pyramide bauen lassen. Diodor von Sizilien jedoch berichtet, dass ein gewisser Chemmis der Auftraggeber gewesen sei. Cajus Plinius Secundus aber schrieb über die Historiker: »Keiner von ihnen weiß aber die eigentlichen Erbauer anzugeben.« Ganz ähnlich äußerte sich zunächst auch der arabische Geschichtsschreiber und Chronist Al-Makrizi in seinem Werk *Hitat:* »Die Leute sind sich über die Zeit ihrer Erbauung nicht einig und haben die verschiedensten Meinungen geäußert, die verkehrt sind.« Schließlich bezieht er sich aber auf das Geschichtswerk *Nachrichten von Ägypten und seinen Wundern.* Laut dieser Quelle erbaute ein gewisser Saurid die Pyramiden.

Traum mit Folgen

Da heißt es: »Die Ursache der Erbauung der Pyramiden war, dass Saurid 300 Jahre vor der Sintflut folgenden Traum hatte: Die Erde kehrte sich mit ihren Bewohnern um, die Menschen flüchteten in blinder Hast, und die Sterne fielen herab.« Um das Wissen seiner Zeit über die Katastrophe hinweg retten zu können, ließ Saurid Pyramiden bauen. In versteckten Kammern wurden Schätze aller Art deponiert.

Al-Makrizi berichtet: »Daraufhin ließ er in der westlichen Pyramide dreißig Schatzkammern anlegen. Die wurden angefüllt mit reichen Schätzen, mit Geräten und Bildsäulen aus kostbaren Edelsteinen, mit Geräten aus vortrefflichem Eisen, wie Waffen, die nicht rosten, mit Glas, das sich zusammenfalten lässt, ohne zu zerbrechen, mit seltsamen Talismanen, mit den verschiedenen Arten der einfachen und der zusammengesetzten Heilmittel und mit tödlichen Giften. In der östlichen Pyramide ließ er die verschiedenen Himmelsgewölbe und die Planeten darstellen sowie an Bildern anfertigen, was seine Vorfahren hatten schaffen lassen. Dazu kam Weihrauch, den man den Sternen opferte, und Bücher über diese.«

Neues Weltbild

Die meisten Ägyptologen pflegen über diese Ausführungen des Geschichtsschreibers nur milde zu lächeln. Weitere Kammern in der Cheopspyramide? Erbauung der großen Pyramiden vor der Sintflut, das sei doch einfach lächerlich! Es scheint ein fester Glaubensgrundsatz der Ägyptologie zu sein, dass eine Pyramide nur drei Kammern hat. Im Falle der Cheopspyramide sind das die »unvollendete Grabkammer« unter dem Fundament des Weltwunders, die »Kammer der Königin« und die »Kammer des Königs«.

Doch inzwischen wurden die Ansichten der konventionellen Ägyptologen schwer erschüttert. Am 22. März 1993 machte der deutsche Ingenieur Rudolf Gantenbrink eine sensationelle Entdeckung, als er mit seinem sechs Kilogramm leichten Miniaturroboter »UPUAUT« einen Vorstoß in das Innere der großen Pyramide wagte. »UPUAUT« war ein altägyptischer Gott, und der Name bedeutet so viel wie »Öffner der Wege«. Von der »Kammer der Königin« führen zwei Schächte mit dem Querschnitt 20 mal 20 Zentimeter ins Ungewisse. Gantenbrink ließ seinen Roboter in den südlichen Schacht einfahren. Per Videokamera zeichnete »UPUAUT« phantastische Bilder auf. Doch nach sechzig Metern beendete eine Art Schiebetür, an der zwei metallene Griffe angebracht waren, den unterirdischen Gang. Nun wäre es ein Leichtes, diese Tür, hinter der man eine neue Kammer vermutet, per Roboter zu öffnen. Doch das lassen die ägyptischen Behörden vorläufig nicht zu.

Die Entdeckung des »Gantenbrink-Schachtes« war eine wahre Sensation. Doch seltsamerweise erfuhr die Öffentlichkeit davon so gut wie gar nichts. Im Gegenteil: Die archäologische Fachwelt tat alles, um diese prekäre Angelegenheit, die das bestehende archäologische Weltbild sehr ins Wanken brachte, möglichst lange totzuschweigen. Hätte Rudolf Gantenbrink nicht eine Kopie des Videos

Der deutsche Ingenieur Rudolf Gantenbrink hat mit der Entwicklung seines Miniroboters das bestehende ägyptologische Weltbild ins Wanken gebracht – und gleichzeitig eine neue Ära der Ägyptologie eingeleitet.

War Pharao Cheops wirklich der Auftraggeber der Großen Pyramide?

gehabt, die er einigen Fachleuten zeigte, wäre dies wohl auch gelungen. Doch aufgrund dieses Videos bekam die Presse Wind von dieser unglaublichen Entdeckung, und in Großbritannien erschien eine kurze Meldung darüber. Diese wurde allerdings von den ägyptischen Archäologen eilends mit den Worten dementiert, dass es hinreichend bekannt sei, dass die Große Pyramide keine weiteren Kammern enthalte.

Edgar Cayce vermutete in der »Kammer der Weisheit« die Bibliothek des versunkenen Atlantis.

Den unermüdlichen Forschungen von Dr. Robert Schoch ist es zu verdanken, dass heute weitgehend die Theorie akzeptiert wird, dass die Verwitterungsschäden zu Füßen der Sphinx auf Wassereinwirkung zurückgehen.

Wasser in der Wüste

Bereits Edgar Cayce hatte prophezeit, dass man um das Jahr 2000 in der Cheopspyramide eine neue Kammer, die »Kammer der Weisheit«, entdecken würde, und zwar dort, »wo die Linie des Schattens oder des Lichts zwischen die Pranken der Sphinx fällt«. In dieser Kammer soll sich angeblich die gesamte Bibliothek der versunkenen Zivilisation von Atlantis befinden. Das wäre in der Tat eine revolutionäre Entdeckung, die unser gesamtes Weltbild grundlegend verändern könnte. Ferner soll Cayce in einer Vision gesehen haben, wie die Große Pyramide 10500 v. Chr., also noch vor der Sintflut, erbaut wurde.

Diese Vision gewinnt durch die Untersuchungen von Professor Dr. Robert Schoch von der Universität Boston an Glaubwürdigkeit. Schoch hat mit Hilfe von seismografischen Untersuchungen nachgewiesen, dass die Große Sphinx am Fuße der Pyramide sehr große Verwitterungsschäden aufweist, die eindeutig auf große Wassermassen zurückgehen. Wassermassen in der Wüste? Geologen wissen, dass Ägypten tatsächlich von sintflutartigen Überschwemmungen heimgesucht wurde, und zwar zwischen 15000 und 10000 v. Chr.

Wenn die Cheopspyramide bereits vor der Sintflut als Tresor für Reichtümer des Wissens und des materiellen Besitzes entstand, aus welchem Material wurde sie dann gefertigt? Darüber kann uns vielleicht die Stele von Sehel, die vor mehr als einhundert Jahren auf der Nilinsel Sehel im Norden von Assuan entdeckt wurde, Auskunft geben, die die Herstellung von Kunststein im Detail beschreibt.

Ungewöhnliches Baumaterial

Heißt dies etwa, dass bereits vor vielen Jahrtausenden in Ägypten Kunststein hergestellt wurde? Und wurde dieses Material eventuell auch beim Bau der Cheopspyramide verwendet?

Professor Dr. Joseph Davidovits, der am Geopolymer-Institut nördlich von Paris arbeitet, ist davon überzeugt. Bereits 1974 hat man die Große Pyramide in Kairo mit hochfrequenten Wellen durchstrahlt, mit dem erklärten Ziel, weitere Hohlräume zu entdecken. Doch die verantwortlichen Wissenschaftler des Stanford-Research-Institutes, Kalifornien, und der Ainshams-Universität, Kairo, erlebten eine Enttäuschung. Die Hochfrequenzwellen wurden von den Steinen der Pyramide förmlich aufgesaugt. Der Grund dafür war, dass die Pyramide für natürlichen Stein zu viel Wasser enthält. Demnach muss sie aus künstlichem, sprich gegossenem Stein bestehen.

Suche nach Beweisen

Würde sich diese kühne These belegen lassen? Professor Dr. Joseph Davidovits besorgte sich Gesteinsproben von der Großen Pyramide und untersuchte sie mit pedantischer Sorgfalt unter dem Mikroskop. Er wurde fündig: In dem Gestein fanden sich mehrere Haare. Sie müssen beim Gussvorgang in den Beton gefallen und mit einzementiert worden sein.

Auch der Direktor eines wissenschaftlichen Instituts, das zur Universität von Kansas, USA, gehört, hat weitere Gesteinsproben aus der Cheopspyramide analysiert und kam zu dem Ergebnis, dass in dem Stein unzählige winzige Luftbläschen eingeschlossen sind, wie das ansonsten nur bei Beton der Fall ist.

Die große Frage ist, woher die Menschen vor Jahrtausenden wussten, wie man Beton herstellt. Die Tafel von der Nilinsel Sehel nennt als Urheber der genialen Erfindung einen Gott namens Chnum. Dieser habe den Menschen das Wissen um die Herstellung von Kunststein im Traum übermittelt. Cheops, der noch heute als Erbauer der Pyramide angegeben wird, heißt im Ägyptischen Chufuichnum, was bedeutet: »Er, der Gott Chnum, beschützt mich«. Sollte das nur ein Zufall sein? Gott Chnum ist der Erfinder des altägyptischen Betons. Der Erbauer der Großen Pyramide behauptet von sich, dass eben dieser Gott Chnum ihn beschütze. Davon war er so fest überzeugt, dass er diesen Sachverhalt zu seinem Namen machte: Chufuichnum. Der Name wurde im Griechischen mit Cheops übersetzt. Entstand so die Legende, eben dieser Cheops sei der Erbauer der Großen Pyramide?

Praktische Anwendung

Wie dem auch sei: Professor Dr. Joseph Davidovits hat sich keineswegs mit einer Theorie begnügt. Er probierte als einer der führenden Betonexperten der Welt die altägyptische Anleitung auf der Stele aus und stellte fest, dass dadurch Beton entsteht, der qualitativ wesentlich besser ist als der unsrige im 20. Jahrhundert. Während unser heutiger Beton in der Regel bereits nach Jahrzehnten zerbröselt und zerfällt, überdauert der ägyptische Beton Jahrtausende. Die Cheopspyramide ist der beste lebendige Beweis dafür.

Die Rätsel um die Große Pyramide sind noch nicht gelöst. Doch es scheint, als könnte ihr Geheimnis bald gelüftet werden. Will man den Prophezeiungen des Sehers Edgar Cayce glauben, dürfte es für die Menschheit große Auswirkungen haben.

Die Stele von Sehel

► Entdeckt wurde diese Stele, auf der sich 2500 Zeichen befinden, 1889 von dem Archäologen C.E.Wilbour. Die Archäologen Brugsh, Pleyte und Morgan fertigten eine erste Übersetzung an. 1953 nahm sich der Archäologe Barquet den Text nochmals vor und stellte dabei zu seiner großen Überraschung fest: 650 der 2500 Zeichen sind eine präzise Anleitung zur Herstellung von künstlichem Stein, von Beton. Neunundzwanzig Substanzen werden genannt, die miteinander vermischt werden sollen. Es wird aber auch der Mörtel beschrieben, der am besten geeignet ist, um die Kunststeine zusammenzufügen. Und es werden auch genau die Orte genannt, an denen die für den Bau erforderlichen Substanzen gefunden werden können.

»Wer an mich glaubt,
der wird die Werke,
die ich tue, auch tun
und wird größere als
diese tun.«
Joh. 14, Verse 12–13

Das Geheimnis der biblischen Wunder

Sowohl im Alten als auch im Neuen Testament befinden sich zahlreiche Berichte von Wundern und magischen Ereignissen. Nimmt man diese Erzählungen ernst, stellt sich die Frage, woher die Kräfte stammten, über die Moses, Jesus und dessen Jünger verfügten.

Das Buch der Bücher« steckt voller Geheimnisse, die sozusagen nur darauf warten, enthüllt zu werden. Doch dies ist nicht ganz einfach und schon gar nicht durch eine einmalige oberflächliche Lektüre zu bewältigen. Vielmehr muss sich der Leser der Mühe unterziehen, die geheimen Botschaften, die sich hinter einer symbolischen Sprache verbergen, nach und nach zu entschlüsseln. Was er dabei entdeckt, ist in der Tat erstaunlich.

Moses als Magier

Moses wird im Alten Testament als eine der großen Vaterfiguren beschrieben. Geheimnisvoll wie die magischen Taten, die man ihm später zuschreiben sollte, waren bereits die Umstände seiner Geburt.

Laut biblischer Überlieferung waren die Israeliten unter Jakob auf der Suche nach Nahrung nach Ägypten gezogen, da eine gewaltige Hungerkatastrophe das Volk in seiner Existenz bedrohte. Joseph, vermutlich eine Art »Unterkönig« in Ägypten, versorgte sein Volk mit Nahrungsmitteln, ließ sich jedoch seine Leistungen teuer bezahlen. Nach und nach verloren die Israeliten in Ägypten ihre Freiheit, und aus einst stolzen, freien Bauern wurden armselige, abhängige Leibeigene.

Nach Josephs Tod machte sich unter den Ägyptern Ausländerfeindlichkeit breit. Im 2. Buch Mose (Kapitel 1, Verse 7–9) heißt es: »Die Kinder Israels wuchsen und zeugten Kinder und mehrten sich und wurden überaus stark, so dass das Land von ihnen voll ward. Da kam ein neuer König auf in Ägypten, und wusste nichts von Joseph, und sprach zu seinem Volk: Siehe, das Volk Israel ist mehr und stärker als wir.«

Der Fremdenhass veranlasste den Pharao, vermutlich Ramses II. (etwa 1290–1224 v. Chr.), zu einem grausamen Befehl: Jeder neu geborene Hebräer sollte getötet werden. Die Mutter Moses jedoch setzte ihr Neugeborenes in einem Kästchen aus Papyrus am Ufer des Nils aus, um diesen mörderischen Befehl zu umgehen. Wundersamerweise wurde das Kind von der Tochter des Pharaos selbst gerettet, die Moses als ihren eigenen Sohn annahm.

Magie oder Naturphänomen?

Moses Leben wird von nun an von zahlreichen magischen Begebenheiten begleitet. Doch Gelehrte und Bibelforscher streiten sich seit Jahrhunderten darüber, ob es sich nun um wahre Magie oder lediglich um Naturphänomene handelte, die fehlgedeutet wurden.

Wie das Alte Testament berichtet, soll Gott aus einem brennenden Dornbusch zu Moses gesprochen und ihm den Auftrag gegeben haben, das Volk Israel aus der verhassten ägyptischen Gefangenschaft zu befreien: »Moses aber hütete die Schafe seines Schwiegervaters und trieb die Schafe über die Steppe hinaus, und kam an

Als Moses vor den Pharao trat, um das jüdische Volk aus der Knechtschaft zu befreien, soll er den widerstrebenden Pharao durch die Macht der von ihm ausgeübten Magie zur Einwilligung gezwungen haben.

Vor dem Zusammentreffen mit dem Pharao hatte Moses Jahrzehnte auf dem Sinai gelebt und dort bei dem Priesterfürsten Jethro und dessen Tochter Zippora magische Fähigkeiten erworben.

den Berg Gottes, den Horeb. Und der Engel des Herrn erschien ihm in einer feurigen Flamme aus dem Dornbusch. Und er sah, dass der Busch im Feuer brannte und doch nicht verzehrt wurde.« (2. Buch Mose, Kapitel 3, Verse 1–2).

Pflanzenkundler beurteilen den brennenden Busch als reines Naturphänomen. Sie weisen darauf hin, dass es sich bei dem Busch um eine Abart des Dictammus Albus gehandelt haben müsse, eine Pflanze, die besonders gut in heißen, trockenen Regionen gedeiht. An den Blättern befinden sich kleine Drüsen, die speziell bei großer Hitze eine ölartige Substanz absondern. Je größer die Sonnenglut ist, desto rascher verwandelt sich das besagte Öl in Gas. Normalerweise vermischt es sich mit der Luft, doch es kommt immer wieder vor, dass es sich entzündet, so dass der Eindruck entsteht, das Buschwerk brenne und nehme doch keinen Schaden. Sobald das Gas aufgebraucht ist, verlöschen die zahllosen scheinbar magischen Flämmchen. Was die Botschaft des Engels angeht, lässt diese sich allerdings nicht auf natürliche Weise erklären.

Heilige Schlangen

Magie war es auch, mit der Moses den Pharao beeindrucken wollte. Dabei kam es geradezu zu einem Wettkampf der Zauberkünstler. Bei einer Audienz beim Pharao ereignete sich Wundersames (2. Buch Mose, Kapitel 7, Verse 10–12): »Und Aaron (ein Mitstreiter Moses) warf seinen Stab hin vor dem Pharao und vor seinen Großen, und er ward zur Schlange. Da ließ der Pharao die Weisen und die Zauberer rufen, und die ägyptischen Zauberer taten ebenso mit ihren Künsten. Ein jeder warf seinen Stab hin, da wurden Schlangen daraus. Aber Aarons Stab verschlang ihre Stäbe.«

Auch hierfür lässt sich eine natürlicheErklärung finden. Heute noch beherrschen in Indien Magier den perfekten Umgang mit Schlangen. Die Meister unter ihnen wissen, welchen Punkt am Leib der Reptilien sie pressen müssen, damit die Tiere erstarren und zu »Stäben« werden. Dabei wird die Sauerstoffzufuhr zum Gehirn unterbrochen, und die Schlangen erstarren. Wirft man sie zu Boden, strömt mit dem Blut erneut Sauerstoff ins Hirn und die Tiere können sich wieder bewegen.

Im Alten Ägypten waren Schlangen freilich heilige Tiere. Wenn Aarons Schlangen im Auftrag des Moses die ägyptischen Reptilien besiegen und auffressen, dann war das in den Augen der Menschen der damaligen Zeit ausschließlich auf die Überlegenheit der magischen Kräfte des Moses über die der Ägypter zu verstehen. Magie galt damals als eine reale Kraft, die den Menschen von Göttern verliehen wurde. Je mächtiger die Götter waren, desto größer waren ihre magischen Fähigkeiten.

Moderne Skepsis

In unserer hoch technologisierten Zeit glaubt kaum noch jemand an Magie, vielmehr sucht der moderne Mensch im Allgemeinen nach einer rationalen Erklärung für scheinbar unerklärliche Vorgänge.

Theologieprofessor Dr. Georg Fohrer stellt fest: »Der Mensch des 20. Jahrhunderts glaubt nicht mehr an Magie. Der Zeitgenosse Moses indes war überzeugt, dass Männer wie Moses dank göttlicher Unterstützung magisch auf die Wirklichkeit einwirken konnten.« So war es für die Menschen des Alten Israel klar, dass göttliche Magie den Pharao dazu veranlasste, das Volk Israel zunächst ungehindert in das Gelobte Land ziehen zu lassen.

Rationalisten des 20. Jahrhunderts spüren die Naturphänomene auf, die sich angeblich hinter der biblischen Magie verbergen. Unter dieser Sichtweise verwandelte sich das Wasser des Nils nur scheinbar in Blut. In Wirklichkeit sollen Burgunderalgen diesen Effekt erzielt haben. Menschen und Tiere wurden von einer Art Pest heimgesucht, die zu ekelhaften Geschwüren führte. Da fielen Schwärme von Stechmücken über Mensch und Tier her. Da bedrohten riesige Heuschreckenschwärme die Existenz des Landes. Prof. Dr. Fohrers Ansicht zu diesen materialistischen Theorien lautet: »Sicher, die zehn Plagen kann man wissenschaftlich als Naturereignisse wegerklären. Für den Menschen im Alten Israel mag das genauso gewesen sein. Doch er war davon überzeugt, dass göttliche Magie zur rechten Zeit dem Volk Israel die Freiheit brachte.« Wer mag nun Recht haben?

Wundersames Manna

Sowjetische Raumfahrtexperten erarbeiten in unseren Tagen Systeme, die Nahrungsmittel an Bord von Raumschiffen herstellen, um diese für langjährige Expeditionen im All auszurüsten. Es existiert bereits eine Maschine, die nicht nur Sauerstoff erzeugt, sondern mit Chlorellaalgen Eiweiß produziert – eine Art modernes Manna. Eigentümlich ist, dass bereits vor rund zwei Jahrtausenden eine ähnliche Maschine, mit der man offenbar das biblische Manna hergestellt hatte, bis ins letzte Detail beschrieben wurde.

Bis heute kann niemand sagen, was unter dem biblischen Manna zu verstehen ist. Die Kinder Israels fragten, als sie den seltsamen Stoff zum ersten Mal sahen: »Was ist das?«, auf Hebräisch »man hu?« So soll der Name Manna entstanden sein. Das Alte Testament schildert das Manna als »fein und flockig«, wie »Reif« habe es ausgesehen (2. Buch Mose, Kapitel 16, Vers 15). Geschmeckt habe es wie »Flachkuchen mit Honig« (2. Buch Mose, Kapitel 16, Vers 31).

Bibelforscher haben sich schon frühzeitig des Geheimnisses des Mannas angenommen und versucht, eine möglichst natürliche Erklärung dafür zu finden. Bereits 1823 vermutete Christian Gottfried Ehrenburg, dass das Manna von Coccidien, Schmarotzern an den Tamariskengewächsen, abgesondert worden sein könnte – es

Die Speisung des Volkes Israel mit Manna; Darstellung aus dem 15. Jahrhundert.

sich also um ein völlig natürliches weißliches Sekret handelte. Einleuchtend scheint diese These nicht. So wird im Alten Testament (2. Buch Mose, Kapitel 16, Vers 25) ausdrücklich darauf hingewiesen, dass das Manna nur an sechs von sieben Wochentagen hergestellt wurde. Am siebten Tag ruhte die Produktion. Coccidien hätten wohl kaum den Feiertag nach göttlichem Gebot geheiligt. Zudem war das Manna den Kindern Israels vollkommen fremd. Wäre es ein natürliches Produkt von Pflanzenschmarotzern gewesen, hätten sie es doch mit Sicherheit gekannt.

Es gibt genügend technische Erfindungen in der Vergangenheit, die uns deutlich machen, dass einige unserer Vorfahren einen überraschend hohen technischen Standard erreicht hatten.

Wir müssen unsere Vorurteile hinsichtlich der Existenz von raffinierten technischen Geräten aus früher Zeit über Bord werfen, um herauszufinden, wozu sie einst gedient haben mochten.

Erstaunliche Entdeckung

George Sassoon, ein Elektronikspezialist und Sprachforscher, entdeckte in dem dreibändigen Werk des Sepher-ha-Jochai, im *Buch des Glanzes,* einen mehr als sonderbaren Text über einen »Uralten der Tage«. Er soll im zweiten Jahrhundert n. Chr. schriftlich niedergelegt worden sein. Der pragmatische Wissenschaftler erkannte bald, dass es sich dabei nicht um einen religiösen Text im herkömmlichen Sinne handelte, da hier etwas Mechanisches beschrieben wurde, das zerlegt und wieder zusammengesetzt werden konnte. Dieses geheimnisvolle Etwas besaß zum Beispiel zwei Schädel, die wiederum in einem größeren Behältnis untergebracht waren. George Sassoon und Rodney Dale, Übersetzer und Spezialist für Elektronik, nahmen sich den Text im Original Wort für Wort vor.

Sie kamen zu dem Ergebnis, dass der uralte Text aus dem Alten Israel eine präzise Anbauanleitung für eine äußerst komplizierte Anlage ist, die mit Hilfe einer Algenkultur des Typs Chlorealla ein eiweißhaltiges Produkt, nämlich Manna, herstellte. Alle sieben Tage musste die tragbare Apparatur gewartet und gereinigt werden, am siebten Tag also stand die Mannaproduktion still. Es gab zwei Behälter, die zu füllen waren. Einer enthielt das Manna für sechs Tage, der andere den Vorrat für den siebten.

Außerirdisches Geschenk?

Sassoon und Dale rekonstruierten den Apparat bis ins letzte Detail und entdeckten, dass man damit täglich etwa einen Kubikmeter Manna herstellen konnte. Mit dieser Menge konnten gut und gern 600 Familien auf dem Weg durch die Wüste verköstigt werden. Im Alten Testament heißt es aber, dass 600000 Israeliten insgesamt 40 Jahre lang durch die Wüste zogen. Wahrscheinlich handelt es sich hier um einen Übersetzungsfehler: Das hebräische Wort für »1000« kann auch mit

Verduner Altar (1181), Klosterneuburg: Aaron stellt ein Gefäß mit Manna in die Bundeslade.

»Haupt« übersetzt werden oder »Familie«. So spricht der Originaltext vermutlich nicht von 600000 Menschen, sondern von nur 600 Familien, die von dem geheimnisvollen Manna ernährt wurden, das jene mysteriöse Maschine erzeugte.

Manna-Maschine, nach einem althebräischen Text rekonstruiert.

Wer aber sollte, wenn dem wirklich so war, diese Maschine gebaut haben? Hatte es vielleicht eine uralte, technisch hoch entwickelte Kultur gegeben, die völlig in Vergessenheit geraten war? Oder handelte es sich bei dem Apparat – so verwegen dies auch klingen mag – etwa um ein Geschenk außerirdischer Besucher? Wenn ja, woher kamen diese? Oder waren es vielleicht Engel im biblischen Sinn, also Abgesandte des Himmels?

Deutliche Indizien

Tatsächlich gibt es im Alten Testament deutliche Hinweise auf einen himmlischen Ursprung jener Speise. So spricht der Psalmist (Psalm 78, Vers 24) vom »Korn des Himmels« oder (Psalm 140, Vers 40) vom »Brot vom Himmel«. Nicht sofort verständlich ist der Terminus »Brot der Starken« (Psalm 78, Vers 25). Wer sollten diese Starken gewesen sein? Psalm 103, Vers 20 gibt einen Hinweis darauf. Da werden die Engel, die himmlischen Wesen, als »mächtig an Kraft« bezeichnet. Ist also mit dem »Brot der Starken« das »Manna der Engel« gemeint?

Die Hebräer jedenfalls betrachteten das Manna als eine göttliche Gabe. Dennoch waren sie auf der vierzig Jahre währenden Flucht oft unzufrieden mit der einseitigen Kost und bezeichneten sie als »das verächtliche Brot«. Ihr Gott war darüber so empört, dass er ihnen eine Schlangenplage schickte, der viele zum Opfer fielen (4. Buch Mose, Kapitel 21, Verse 5 und 6).

Manna in der Bundeslade

Aaron indes wollte sichergehen, dass sich künftige Generationen der himmlischen Speisung erinnerten. Er füllte einen Krug, der etwa 2,2 Liter fasste, mit Manna und stellte ihn in die Bundeslade. Nach biblischer Rechnung soll er sich etwa ein halbes Jahrtausend darin befunden haben. Als aber die Bundeslade auf Befehl Salomos nach Jerusalem geschafft und im Allerheiligsten des Tempels aufgestellt wurde, fehlte jener Krug.

Im ersten Buch der Könige (Kapitel 8, Vers 9) heißt es nämlich: »Und es war nichts in der Lade als nur die zwei steinernen Tafeln des Mose, die er hineingelegt hatte, am Horeb, die Tafeln des Bundes, den der Herr mit Israel schloss, als sie aus Ägyptenland gezogen waren.« Wann und wo der Krug mit dem Manna verschwunden ist, lässt sich heute ebenso wenig rekonstruieren wie der Verbleib der legendären Bundeslade.

Propheten des Alten Testaments

Im Gegensatz zu neuzeitlichen Propheten wie Nostradamus oder Edgar Cayce waren die alttestamentarischen Propheten nicht vordergründig durch die Gabe des Hellsehens definiert. Es handelte sich

Die Speisung des jüdischen Volkes mit himmlischem Manna gehört mit zu den rätselhaftesten Ereignissen, die im Alten Testament geschildert werden. Bis heute weiß man nicht genau, worum es sich bei dem Manna eigentlich handelte.

vielmehr um auserwählte Menschen, die mit Gott über Träume und Visionen oder aber direkt in Kontakt standen. Der Prophet Jesaja, der in der ersten Hälfte des 8. Jahrhunderts lebte, war hoch angesehen, da er sich immer sehr konkret äußerte, sowohl in privaten als auch in politischen Situationen. So riet er seinerzeit dringend von einem Machtbündnis mit Syrien ab. Als König Sanherib Jerusalem belagerte, prophezeite Jesaja, dass der Feind die Stadt nicht einnehmen würde, was in der Tat völlig unwahrscheinlich war. Kaum jemand schenkte ihm Glauben. Und doch: Unmittelbar vor dem endgültigen Sieg trat Sanherib ganz unverhofft den Rückzug an.

Wunderbare himmlische Fügung

Die Geschichte Jerusalems war durch die Jahrhunderte hindurch sehr wechselhaft. Die Stadt war Gegenstand vieler Prophezeiungen, die sich größtenteils auch erfüllten.

Für den Verfasser des 2. Buchs der Chroniken (Kapitel 32, Vers 21) liegt die Erklärung auf der Hand: »Jahwe sandte einen Engel, der vertilgte alle Kriegsleute und Obersten und Hauptleute im Land des Königs von Assur, dass er mit Schanden wieder in sein Land zog.« Historiker streiten sich heute noch darüber, warum wohl Sanherib auf einen sicheren Sieg verzichtete. Der Geschichtsschreiber Herodot berichtet, eine gewaltige Mäuseplage sei der Grund gewesen. Es könnte aber auch sein, dass zu Hause Aufrührer revoltierten. Unabhängig vom Grund für die Umkehr Sanheribs hatte Jesaja die Entwicklung der Dinge konkret vorhergesagt und so seine prophetische Gabe bewiesen.

Doch damit nicht genug: Nachdem der babylonische Herrscher Nebukadnezar II. die Ägypter entscheidend geschlagen hatte, unterwarf er auch das Nordreich Judäa. Am 16. März 597 v. Chr. besiegten seine Truppen Jerusalem. Die Königsfamilie und Vertreter der Oberschicht wurden nach Babylon deportiert. Damit erfüllte sich ein Prophetenwort des Jesaja, das dieser immerhin eineinhalb Jahrhunderte zuvor niedergeschrieben hatte.

Erstaunliche Präzision

Jesajas Prophezeiungen waren historisch zu konkret, als dass man sie auf Zufälle hätte zurückführen können. So sagt er im 1. Vers von Kapitel 45 vorher, dass nach der babylonischen Gefangenschaft ein »Cyrus« den Völkern »Türen und Tore« öffnen werde. Und im Vers 28 von Kapitel 44 lässt er diesen künftigen Cyrus zu Jerusalem sagen, dass es wieder aufgebaut werden solle. Die Tatsachen: 559 v. Chr. wurde Kyros II. König von Persien. 538 v. Chr. erlaubte er den gefangenen Hebräern, wieder nach Jerusalem zurückzukehren. Sie durften auch den zerstörten Tempel, das Zentralheiligtum der Stadt, wieder aufbauen. Damit hatten sich die Prophetenworte Jesajas bewahrheitet, die dieser immerhin zwei Jahrhunderte zuvor verkündet hatte!

Nebukadnezar und Daniel

Prophet im biblischen Sinne war auch Nebukadnezar (etwa 605–562 v. Chr.), auch wenn er seine zahlreichen prophetischen Träume nicht selbst zu deuten vermochte. Tatsächlich erwiesen sie sich rückblickend als unglaublich exakt.

In seinem ersten Traum (Daniel, Kapitel 2, Verse 29–45) sah Nebukadnezar ein metallenes Standbild. Der Kopf war aus Gold gefertigt, seine Brust und seine Arme aus Silber, sein Bauch und seine Oberschenkel aus Kupfer, seine Beine aus Eisen und seine Füße aus Eisen und Ton. Plötzlich kam »ein Stein ohne Zutun von Menschenhand vom Berg« herunter, die Statue wurde »zermalmt«. So habe Gott selbst den König wissen lassen, »was dereinst geschehen wird. Der Traum ist zuverlässig, und die Deutung ist richtig.« (Vers 45). Keiner der Magier am Königshof war fähig, Nebukadnezars Traum zu deuten. Doch Daniel, ein Prophet von Gottes Gnaden, war dazu imstande. Seine Interpretation ließ an Deutlichkeit nichts zu wünschen übrig: Der Kopf aus Gold steht für Nebukadnezar selbst. Sein Reich hat nicht ewig Bestand, es wird vielmehr von vielen aufeinanderfolgenden Reichen abgelöst. Was aber geschieht dann? Für die alten Hebräer war damals klar, dass zu diesem Zeitpunkt ein Ereignis von äußerster Wichtigkeit ins Haus stand. Doch niemand wusste, wann dieser Zeitpunkt gekommen wäre.

Eisernes Band

Ein zweiter Traum Nebukadnezars beantwortet just diese Frage (Daniel, Kapitel 4, Verse 1–34). Ein riesiger Baum liegt gefällt am Boden. Sieben Zeiten würde sein Wurzelstock von einem »Band aus Eisen und Kupfer umschlossen bleiben«. Danach war ein einschneidendes Ereignis zu erwarten – aber wann?

Nach der Offenbarung des Johannes (Kapitel 12, Verse 6 und 14) entsprechen dreieinhalb Zeiten 1260 Tagen. Sieben Zeiten stehen dann für 2520 Tage. Bei Moses gibt es eine seltsame Anweisung (4. Buch Mose, Kapitel 14, Vers 34): »Je ein Tag soll ein Jahr gelten!« Bei Hesekiel (Kapitel 4, Vers 6) wird das bestätigt: »Denn ich gebe dir hier je einen Tag für ein Jahr!« 2520 Tage stehen demnach für 2520 Jahre. Rechnet man vom Geburtsjahr Nebukadnezars 2520 Jahre in die Zukunft, dann müsste das ein Jahr von weltweiter Bedeutung ergeben. Die Rechnung ergibt das Jahr 1914 n. Chr. Am 30. August 1914 erschien in der New Yorker Zeitung *The World* ein Bericht über den Ausbruch des Ersten Weltkriegs. Damit sei, so das Blatt, eine außergewöhnliche Prophezeiung Jesajas in Erfüllung gegangen.

Diese wenigen Beispiele machen deutlich, dass die in der Bibel geschilderten Prophezeiungen keine Phantasiegebilde, sondern höchst reale Ereignisse waren, die in die Weltgeschichte eingingen.

Jesaja sagte unter anderem den Wiederaufbau Jerusalems ab 538 v. Chr. voraus.

Geboren von einer Jungfrau

Die Mutter des Heilands spielt im Neuen Testament eine höchst bescheidene Rolle, während sie in den Apostelbriefen überhaupt nicht erwähnt wird. Der Evangelist Markus schenkt ihr kaum Aufmerksamkeit, behandelt sie nur flüchtig und nennt nicht einmal ihren Namen. Dasselbe gilt für Johannes, der Maria nur zweimal (Kapitel 2, Verse 12 und Kapitel 19, Verse 25–

Was die Magier am Hofe des Königs Nebukadnezar nicht vermochten, gelang dem Propheten Daniel: Durch seine innere Verbindung mit Gott vermochte er Nebukadnezars Traum im Detail auszudeuten.

27) erwähnt, wobei auch er nicht einmal ihren Namen nennt. Dagegen taucht der Vorname Maria gelegentlich bei Matthäus und Lukas auf. Bibelforscher streiten sich darüber, ob er nur bei Lukas oder auch bei Matthäus von späteren Abschreibern eingefügt wurde. Deutet dies darauf hin, dass die ersten Biografen Jesu es nicht für sonderlich wichtig hielten, dass die Nachwelt den Namen von Jesu Mutter erfuhr?

Wurde die Jungfernschaft Marias von den Aposteln angezweifelt?

Die meisten biblischen Namen haben einen tiefen symbolischen Sinn. Das scheint auch auf den Namen Maria zuzutreffen. Dieser Name lässt sich von »Mar jam« ableiten, was sich mit »bitteres Wasser« übersetzen lässt.

Die biblischen Namen haben im Allgemeinen einen tiefen Sinn. Sie geben beispielsweise Auskunft über den Charakter einer Person, ihr Schicksal und ihre Herkunft.

Bitteres Wasser

Im Alten Israel musste die Braut als Jungfrau in die Ehe gehen. Eheliche Untreue konnte mit dem Tode bestraft werden. Geschieden werden konnte eine Ehe ohne weiteres, wenn die Frau bei einem Seitensprung ertappt wurde. Wenn zwei Zeugen schriftlich die Verfehlung der Frau bestätigten, wurde die Verlobung aufgelöst. Wenn sich keine Zeugen auffinden ließen, aber ein Verdacht bestand, dass die junge Verlobte keine Jungfrau mehr war, dann musste sie sich der Probe unterziehen, die man als »bitteres Wasser« bezeichnete. Die entsprechende Prozedur wird im Alten Testament auf Gott selbst zurückgeführt (4. Buch Mose, Kapitel 5, Verse 12–31). Demnach wurde die junge Frau vor den Priester gebracht. Dieser rührte ein widerliches Gebräu an, in das er Staub vom Boden der Stiftshütte mischte. Dazu sprach er: »Hat kein Mann bei dir gelegen und bist du deinem Mann nicht untreu geworden, dass du dich unrein gemacht hast, so soll dir dies bittere Wasser nicht schaden.« Dann musste die verdächtigte Frau den ekelhaften Sud trinken. Überstand sie dies problemlos, galt sie als unschuldig.

Himmlischer Bote

Könnte also der Vorname Maria ein versteckter Hinweis darauf sein, dass sich die Mutter Jesu dem Test mit dem bitteren Wasser unterziehen musste? Nach Matthäus (Kapitel 1, Verse 18–25) gebar Maria ihren Sohn Jesus als Jungfrau, damit ein altes Prophetenwort erfüllt werde: »Siehe, eine Jungfrau wird schwanger sein und einen Sohn gebären.« Joseph verstößt Maria nicht, als sich diese Prophezeiung erfüllt, obwohl er das nach Gesetz und Brauch seiner Zeit leicht hätte tun können. Doch ein himmlischer Bote befreite ihn von seinen Zweifeln, und Maria blieb der Test mit dem bitteren Wasser erspart. Diese peinliche Prozedur wird im Neuen Testament nicht erwähnt, wohl aber im so genannten »Protoevangelium des Jakobus«, das im heutigen Neuen Testament nicht mehr enthalten ist, bei den frühen Christen aber regional zu bestimmten Feiertagen im Gottesdienst verlesen wurde.

Wenig zeitgemäß

An eine jungfräuliche Geburt glaubt heutzutage wohl niemand mehr. Zu Jesu Zeiten war sie aber aus dem religiösen Leben nicht wegzudenken. »Jungfrau« war etwa der Beiname der griechischen Unterweltsgöttin Persephone, aus der später die Göttin der Fruchtbarkeit wurde. Persephone, Tochter des Zeus und der Kornmutter Demeter, stehen für Aufleben, Absterben und Wiederaufblühen. Jungfräuliche Mütter wurden in Rom »virgines« oder »venerii«, in Griechenland »horae«, in Babylon, Kanaan und in Palästina »kadishtu« genannt.

Damit ist freilich das Geheimnis der jungfräulichen Geburt Jesu nicht geklärt – sie ist nach wie vor ein Mysterium. Für den Skeptiker bleibt sie eine Erfindung frommer Theologen. Für den orthodoxen Gläubigen gelten wohl auch weiterhin die Worte von Karl Barth: »Die Kirche weiß wohl, was sie getan hat, indem sie dieses Dogma sozusagen als Wache vor die Tür zum Geheimnis der Weihnacht stellte. Sie wird als kirchliche Ordnung verkünden: Es gehört zum wirklichen christlichen Glauben auch die Bejahung der Lehre von der Jungfrauengeburt.«

Wie die jungfräuliche Geburt Jesu wirklich zu verstehen ist, darüber streiten sich noch heute sowohl Bibelforscher als auch Gläubige. Dass sie nur symbolischen Charakter haben könnte, wird von den Dogmatikern abgelehnt.

Das Geheimnis der Wunden Jesu

Zu den wunderlichsten Phänomenen in der Kirchengeschichte gehören die so genannten Stigmatisierungen. Dabei erleiden die betroffenen Menschen die Wundmale Jesu auf geheimnisvolle Weise. Bis heute gibt es dafür keine vernünftige Erklärung, obwohl Stigmatisierungen inzwischen bei mindestens dreihundert Menschen aufgetreten sind.

Einer der berühmtesten Heiligen mit Stigmatisierungssyndromen ist Franz von Assisi (1181–1226), der sich eines Tages –

Protoevangelium des Jakobus

► Die älteste bekannte Fassung stammt aus dem vierten, vielleicht dritten nachchristlichen Jahrhundert. Der anonyme Verfasser behauptet, sein Werk sei nach dem Tode des Herodes, also etwa 4 n. Chr. entstanden, was jedoch mehr als unwahrscheinlich ist. Vermutlich entstand es in der zweiten Hälfte des zweiten Jahrhunderts n. Chr. Wie das nicht im Neuen Testament enthaltene Protoevangelium des Jakobus schildert, war Marias Großvater ein frommer Mann namens Joachim. Er und seine Frau Anna waren traurig, weil sich bei ihnen kein Nachwuchs einstellte. Ihre innigen Gebete wurden erhört, Anna gebar Maria. Das Mädchen wurde in die Obhut der Tempelpriester gegeben. Als das Kind zwölf Jahre alt war, wurde es dem Joseph anvertraut. Während dieser auf verschiedenen Baustellen arbeitete, wurde Maria schwanger. Von einem Engel erfuhr sie, sie werde »aus dem Wort des Allmächtigen« empfangen und ein Kind gebären, das sie Jesus nennen solle. Joseph machte Maria bei seiner Rückkehr bittere Vorwürfe, doch diese beteuerte ihre Unschuld: »Rein bin ich, und von einem Mann weiß ich nicht.« Das bestätigten auch die Freundinnen der jungen Frau. Der Engel des Herrn beschwichtigte den Zornigen.

Der Hohepriester indes war nicht so leicht zu überzeugen und beschuldigte Joseph und Maria der vorehelichen Unzucht. Die Haltlosigkeit dieser schlimmen Anklage konnte aber durch die Probe mit dem bitteren Wasser erbracht werden.

angeekelt von seinem ausschweifenden Lebenswandel – dazu entschloss, die Nachfolge Jesu Christi anzutreten. Wie Jesus fastete er vierzig Tage lang und suchte auf dem Alvenarberg die Nähe Gottes. Seine Mühen wurden reich belohnt. Franziskus durchlebte eine ganze Reihe von Visionen. So sah er einen »geflügelten Boten« zur Erde herabsteigen, der »sechs leuchtende, flammende Flügel« hatte. Diese Vision löste bei dem Gottessucher euphorische Freude aus, da er in der vom Himmel zu ihm niedergekommenen Gestalt den gekreuzigten Jesus erkannte. Ehrfurchtsvoll verneigte Franziskus sich vor ihm. Dabei spürte er an seinem eigenen Körper die Wundmale des Heilands.

Der heilige Franz von Assisi erfüllte bedingungslos die Forderung Jesu Christi, die Welt zu verlassen und ihm nachzufolgen. Dabei vereinigte er sich in mystischer Weise mit dem Herrn.

Mystisches Erlebnis

Am 29. August 1224, so berichtete der Augenzeuge Frater Thomas von Celano, brachen bei Franz von Assisi Jesu Wunden auf: »Seine Hände und Füße waren in der Mitte wie mit Nägeln durchbohrt, die Nagelköpfe traten an der inneren Seite der Hände und der oberen Seite der Füße hervor, die Nagelspitzen auf den entgegengesetzten Seiten. Die Zeichen auf der inneren Handfläche waren rund, die auf dem Handrücken länglich.«

Zahlreiche Zeugen, die vom Heiligen Bonaventura eingehend befragt wurden, bekundeten, dass nicht nur die Wunden, sondern auch die Nägel selbst zu sehen waren, die diese verursachten. »Es war möglich, zwischen die Spitze der Nägel und die Haut einen Finger zu schieben«, ist in dem Protokoll nachzulesen.

Die Heilige Klara sah die Nagelköpfe auf der einen, die umgeschlagenen Nagelspitzen auf der anderen Seite der Hände. Die Wunde an der Seite wird als »breit und drei Finger tief« beschrieben. »Nach dem Tode des Franz von Assisi blieben seine Wundmale. Die Nägel waren weiter sichtbar und in den Wunden vorhanden. Sie blieben auch weiter beweglich, ließen sich jedoch nicht aus den Wunden lösen.« Of-

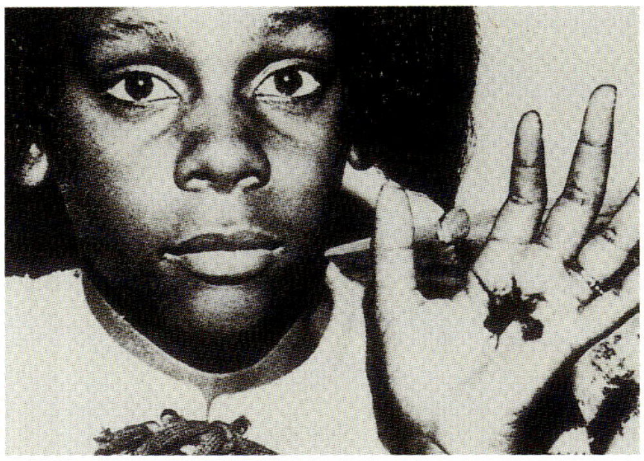

Auch Cloretta Robertson aus Oakland/USA entwickelte die Wundmale Jesu.

fenbar handelte es sich nicht um Nägel aus Metall, sondern um Gewebe, das der Körper des Heiligen nachgebildet hat. Das Zellgewebe muss sich so geformt haben, dass dreidimensionale, schwarze Nägel zu erkennen waren. Ein wahres Wunder!

Katharina von Siena

Stigmatisiert war auch Katharina von Siena (1347–1380). Nach den Aufzeichnungen des Historikers Raymond aus Capua hatte sie eben bei ihrem Beichtvater gebetet, als »Gott zu ihr sprach«. Die gottesfürchtige Frau bat um einen Beweis dafür, dass jene Stimme, die sie so deutlich vernahm, wirklich göttlichen Ursprungs war. »Strecke deine Hand aus!«, wurde ihr befohlen. Als sie das tat, war ihr, als ob ein Nagel, der freilich unsichtbar war, auf ihre Handfläche gesetzt werde. Dann verspürte sie einen sehr starken Druck, der ihr den Nagel durch die Hand zu treiben schien. »Ich empfand den gleichen Schmerz, als wenn man den Nagel mit einem Hammer eingeschlagen hätte. Durch die Gnade Gottes hatte ich diese Wunde an der rechten Hand.«

In der Kirche Santa Christina in Pisa hatte sie ein weiteres wunderbares Erlebnis. Raymond aus Capua las eine heilige Messe und reichte Katharina von Siena die heilige Kommunion. Dabei geschah etwas Unglaubliches: »Sie richtete sich auf und breitete die Arme aus. Das ganze Gesicht schien vor Feuer zu erglühen. Lange blieb sie unbeweglich und mit geschlossenen Augen in dieser Haltung. Dann sahen wir, wie sie plötzlich hinfiel, als sei sie tödlich verletzt.« Katharina selbst gab später zu Protokoll, dass in dieser Vision der gekreuzigte Erlöser zu ihr herabgestiegen sei. Dabei habe sie auch die Wunden des Gekreuzigten gespürt, als würden sie ihr real zugefügt. Der Schmerz war so unerträglich, dass sie ohnmächtig wurde.

Kein Betrug

Man könnte einwenden, dass solche Schilderungen aus der Kirchengeschichte in bester Absicht ersonnene Märchen seien. Doch die Wundmale Jesu traten bis in unser 20. Jahrhundert immer wieder auf.

So zeigte die Belgierin Louise Lateau (1850–1933) die Wundmale Jesu an den Handflächen. Der Arzt Dr. Gerald Molloy, der sie genauestens untersuchte, konstatierte: »Sie waren ovalförmig, von leuchtend roter Tönung.«

Bei Francesco Forgione (1887–1968), bekannt als »Pater Pio«, traten die Wundmale Jesu erstmals 1915 auf. Seine Mutter berichtete: »Mein Sohn bewegte vor dem Mittagessen die Hände hin und her, als hätte er sich verbrannt. Er murmelte etwas von unbedeutenden stechenden Schmerzen.« Später brachen die schmerzenden Stellen an den Händen auf, und es bildeten sich ähnliche Wundmale an den Füßen. Auch die Lanzenwunde Jesu kam hinzu.

Als das Heilige Offizium in Rom von diesem Vorfall hörte, ordnete es eine strenge Untersuchung an. Das Ergebnis war wie in allen anderen Fällen auch: Es konnte nicht wissenschaftlich geklärt werden, wie diese sonderbaren Wundmale entstanden. Pater Pio zog sich in das Kapuzinerkloster von San Giovanni Rotondo in der süditalienischen Provinz Foggia zurück, einen Zufluchtsort, den er nur selten verließ. Der fromme Pater nahm die Wunden als eine Gnade Gottes an, verbarg sie aber in der

Dieses Grabtuch wird als das Leichentuch Jesu verehrt.

Öffentlichkeit so gut er konnte, da er kein Aufsehen erregen wollte.

Ostern 1971 zeigte Cloretta Robertson, ein farbiges Mädchen aus Oakland, Kalifornien, als Neunjährige erstmals Stigmata, die sich an den Innenseiten ihrer Handflächen bildeten. Das Blut sickerte, wie mikroskopische Untersuchungen ergaben, durch winzige Wunden in der Haut. Cloretta wurde von zahlreichen skeptischen oder auch neugierigen Ärzten untersucht, die diesem Phänomen auf die Spur kommen wollten. Doch auch in diesem Fall steht die Wissenschaft bis heute vor einem völligen Rätsel.

Stigmatisierungen gehören zu den rätselhaftesten Phänomenen. Es steht nicht fest, wodurch sie ausgelöst werden und ob die Betroffenen vielleicht eine besondere Disposition dafür haben. Oder spielt die Glaubenskraft dabei die entscheidende Rolle?

»Das Wunder ist des Glaubens liebstes Kind.«

Johann Wolfgang von Goethe

Das Geheimnis der Marienerscheinungen

Berichte über geheimnisvolle Marienerscheinungen gibt es aus aller Welt, und Millionen von Pilgern suchen diese magischen Orte auf. Sei es um Trost zu suchen, sei es aus reiner Neugier. Viele haben dabei eine innere Umkehr erfahren.

Während beispielsweise die indischen Götter stets mit einer Gattin versehen sind und somit das männliche und weibliche Prinzip vertreten ist, handelt es sich bei dem christlichen Gott um einen ausschließlich männlichen Gott. Vielleicht ist dies der Grund, warum Marienerscheinungen im christlichen Glauben einen so großen Raum einnehmen und für die Menschen sehr wichtig sind.

Mexiko – Maria von Guadalupe (1531)

Von außen erinnert die Basilika von Guadalupe eher an eine moderne Mehrzweckhalle als an eine Kirche. Im Inneren jedoch herrscht eine wahrhaft mystische Atmosphäre. Das geheimnisvolle Bild der Maria von Guadalupe, das man von jedem Platz innerhalb der Basilika sehen kann, bildet das Zentrum des imposanten Gebäudes.
Was die Jungfrau von Guadalupe von allen anderen Marienerscheinungen unterscheidet, ist die Tatsache, dass sie eine Art fotografischen Beweis ihrer Existenz hinterlassen hat. Dies ist angesichts dessen, dass dieses paranormale Ereignis bereits vor mehr als 400 Jahren stattfand, mehr als erstaunlich.

Göttlicher Auftrag

Juan Diego, ein gebürtiger Azteke, war 1525 zum christlichen Glauben konvertiert. Als vorbildlicher Katholik besuchte er fast täglich den Gottesdienst in dem mexikanischen Ort Tlaticlo. Der Weg dorthin war fast 15 Kilometer lang und mehr als strapaziös. Juan verließ sein Heimatdörfchen Tolpetlac oft noch vor dem Morgengrauen, um rechtzeitig anzukommen.
Auch am 9. Dezember 1531 war Juan Diego auf dem Weg zur Kirche, da vernahm er plötzlich eine wunderschöne Musik. Als er nach kurzer Pause seinen Weg fortsetzen wollte, rief ihn eine Stimme: »Juanito, Juan Dieguito«. Ein »edles Fräulein, dessen Gewand leuchtete wie die Sonne, als ob es vom Licht widerstrahle« stand vor ihm auf einem Felsen. Juan Diego fiel auf die Knie und schlug die Augen nieder. Die himmlische Erscheinung erklärte, sie sei die vollkommene heilige Jungfrau Maria. Sie erteilte Juan Diego den Befehl, auf dem Berg Tepeyac eine Kapelle errichten zu lassen. Er solle nur rasch den Bischof von Mexiko aufsuchen und das dringende Anliegen Mariens vortragen.
Juan Diego ließ sich das nicht zweimal sagen, eilte in die Stadt und bat flehentlich um eine Audienz bei Bischof Juan de Zumarrage. Es dauerte allerdings mehrere Stunden, bis man ihn vorließ. Sein Bericht stieß bei dem kirchlichen Würdenträger auf wenig Glauben, und er vertröstete den enttäuschten Juan Diego. Doch als dieser entmutigt den Heimweg antrat, forderte ihn dieselbe wunderbare Erscheinung erneut auf, beim Bischof vorzusprechen.

Marienerscheinungen auf der ganzen Welt haben die Menschheit in ihren Bann gezogen. Fast immer sind solche Erscheinungen für die Menschen mit Segen verbunden, indem Krankheiten gelindert und viele Nöte gelöst werden.

Im Bild der Gottesmutter Maria hat, wenn auch in verschlüsselter Weise, die Große Mutter überlebt, die in fast allen Religionen und Mythen der Welt eine große Rolle spielt.

Überzeugender Beweis

Verärgert über diese neuerliche Störung forderte der Kirchenmann ihn auf, einen Beweis für seine angebliche Begegnung mit der Jungfrau Maria zu bringen. Die Jungfrau ließ Juan nicht im Stich: Er solle am 12. Dezember wieder kommen, sie werde dann einen Beweis dafür liefern, dass sie tatsächlich mit ihm, einem einfachen Indio, gesprochen habe. Für Juan war es überhaupt keine Frage, dass er sich an jenem Tag wieder an derselben Stelle einfinden würde, und er konnte kaum die Zeit bis dorthin abwarten.

Doch just an jenem Tag erkankte Juans Onkel schwer, und er sah sich gezwungen, den Priester zu holen. Da er fürchtete, von der Jungfrau aufgehalten zu werden, mied er bewusst jene Stelle, an der er sie mehrfach gesehen hatte. Doch die Jungfrau schnitt ihm einfach den Weg ab und fragte, warum er nicht wie verabredet gekommen sei. Als die edle Frauengestalt von der plötzlichen Erkrankung des Onkels vernahm, lächelte sie milde und erklärte, der Onkel sei durch ein Wunder genesen. Wie glaubhafte Dokumente aus dem 16. Jahrhundert berichten, soll dem auch wirklich so gewesen sein.

Knospen und Blüten

Juan Diego erhielt den Befehl, umgehend jene Stelle, an der er zum ersten Mal die Erscheinung gesehen habe, aufzusuchen und ganz bestimmte Knospen und Blüten einzusammeln. Am angegebenen Ort fand der Indio aztekischer Herkunft tatsächlich derartige Knospen und Blüten, obwohl es zu dieser Zeit gewöhnlich nichts Grünes, geschweige denn Knospendes oder gar Blühendes gab.

Gehorsam pflückte Juan die Knospen und Blüten, sammelte sie und suchte damit erneut den Bischof auf. Bei dieser Audienz waren auch andere kirchliche Würdenträger zugegen. Als Juan Diego seine Tilma, einen schürzenförmigen Umhang, öffnete, glitten die Knospen und Blüten zu Boden, und auf dem Umhang war ein wunderschönes Bildnis zu sehen – »das geliebte Bild der Vollkommenheit, der heiligen Jungfrau Maria, der Mutter Gottes«. Als der regierende Bischof und andere kirchliche Würdenträger das kostbare Bildnis sahen, knieten sie nieder und beteten es an. Der Bischof, der nun von der Authentizität der Marienerscheinung überzeugt war, ließ daraufhin an dem Erscheinungsort eine Kapelle bauen.

Historischer Überblick

- **1649:** Nican Mophua übersetzt ältere Beschreibungen der Ereignisse von Guadalupe ins mexikanische Nahuatl.
- **1695:** Die Kapelle am Erscheinungsort ist zu klein geworden, sie muss einer Kathedrale weichen.
- **1754:** Papst Benedikt erkennt das Wunder der Jungfrau von Guadalupe als echt an.
- **1970:** Die Kathedrale weist starke Schäden auf, Experten raten zu erheblichen Renovierungsarbeiten oder eventuell einem Neubau.
- **1976:** Eine Basilika wird neben die Kathedrale gebaut. Sie bietet 20000 Besuchern Platz.
- **1981:** Papst Johannes Paul II. besucht die Basilika.
- **1990:** Neuerlicher Besuch des Papstes in Guadalupe. Ein großes Denkmal erinnert an den höchsten Repräsentanten der katholischen Kirche am Erscheinungsort.

Mysteriöses Bildnis

Skeptiker halten die Überlieferung des Wunders von Guadalupe für eine Legende, die jeder historischen Grundlage entbehrt, und das Marienbildnis für ein Gemälde, das vor Jahrhunderten von einem unbekannten Künstler gemalt wurde, also ganz natürlichen Ursprungs sei.

Um diesen Sachverhalt zu prüfen, wurde die Tilma Juan Diegos einer genauen wissenschaftlichen Untersuchung unterzogen. Dabei stellte sich heraus, dass der Stoff tatsächlich aus dem Jahr 1531 stammt und aus Agavefasern gewebt ist. Unter normalen Umständen zerfällt ein solches Gewebe spätestens nach zwanzig Jahren. Wie also konnte die Tilma, in der keinerlei Konservierungsstoffe gefunden wurden, so lange Jahre unbeschadet überdauern?

Keine schlüssige Antwort

Rätselhaft ist nach wie vor auch das Bildnis selbst. Gründliche Analysen des Nobelpreisträgers Richard Kuhn ergaben: »Was es auch ist, es wurde nicht gemalt. Nicht die kleinste Spur eines Pinselstrichs ist ausfindig zu machen. Farbe befindet sich weder oberflächlich auf, aber auch nicht in den Fasern.«

Und das Resultat eines Experten der Firma Kodak lautet: »Das Bild ist seinem Wesen nach eine Fotografie.« Damit wurde eine Entdeckung bestätigt, die der mexikanische Fotograf Alfonso Gonzales bereits 1929 gemacht hatte. Auch er kam damals zu dem Schluss, dass sich irgendetwas in den Augen zwischen den teilweise geschlossenen Lidern widerspiegelt. Doch worum mochte es sich dabei handeln?

Verblüffende Entdeckung

Erst Jahrzehnte später konnte der Augenarzt Dr. Jorge Escalante Padilla darauf eine Antwort geben. Mit Hilfe von modernen Elektronikmikroskopen gelang es ihm, mikroskopisch kleine Details sichtbar zu machen. Das Ergebnis war erstaunlich: In den winzigen Pupillen der heiligen Jungfrau ist eine ergreifende Szene dargestellt! Dr. José Aste Tonsmann, Cornell-Universität, vergrößerte dieses unvorstellbar winzige Szenario auf das 2000fache, und dabei kamen auch noch so unscheinbare Einzelheiten zum Vorschein.

Die Jungfrau von Guadalupe, der jahrhundertealte Beweis für eine Marienerscheinung?

Man muss sich dabei vor Augen führen, dass das Bildnis der Jungfrau von Guadalupe nur 1,5 Meter groß ist – die Pupillen sind also weit kleiner als Stecknadelköpfe! Und doch spiegeln sie ein Szenario wider, als handele es sich um die Augen eines lebenden Menschen, der etwas betrachtet, und zwar einen älteren Mann im Profil. Vermutlich handelt es sich dabei um Bischof Zumarrage. Der ältere Herr spricht angeregt mit einer weiteren Person, wahrscheinlich mit dem Dolmetscher Gonzales. Am Boden schließlich kauert Juan Diego, der gerade seine Tilma aus-

Das Geheimnis der Tilma, des Umhangs von Juan Diego, wurde bis heute nicht gelüftet. Wie die Marienerscheinung selbst entzieht es sich einer rationalen Beurteilung.

Die Basilika von Guadalupe ist ein Brennpunkt religiösen Geschehens. Wie zahlreiche Pilger bestätigen, wurde ihnen durch das geheimnisvolle Marienbild Hilfe zuteil. Vielleicht erfüllt sich hier das Wort Jesu:»Es geschehe dir nach deinem Glauben.«

breitet. Einige unbekannte Personen sind Zeugen dieser Szene: eine indianisch wirkende Frau mit einem Baby auf dem Rücken, ein jüngerer Indio, bei dem es sich um den Mann der Frau handeln könnte, und ein kleiner Junge, vielleicht der Sohn der Eheleute.

Man mag zur Legende um die Maria von Guadalupe stehen, wie man will. Dieses Bildnis auf der Tilma Juan Diegos ist eine Sensation – der jahrhundertealte »Fotobeweis« für eine Marienerscheinung.

Expertenmeinung

Dr. Johannes Fiebag, international ausgezeichneter Experte, versucht dieses Mysterium zu verdeutlichen: »Der Vorgang der Bildentstehung war nicht wie bei einer Fotografie im herkömmlichen Sinne. Zum einen fungierte die Tilma Juan Diegos sowohl als Linse als auch als Farbfilm, zum anderen blieb das Objekt der Fotografie, nämlich die Mariengestalt, während des Vorgangs unsichtbar. Möglicherweise haben wir es mit einer Art Infrarotaufnahme zu tun, die mit dem Auge nicht wahrnehmbare Wellenlängen sichtbar machte. Fraglos muss sich irgendetwas im Raum befunden haben, andernfalls würden sich Juan Diego und die anderen Personen nicht im Auge der Gestalt widerspiegeln können.«

Man kann sich das Ganze etwa so vorstellen: Die Jungfrau von Guadalupe stand in einem Raum der Bischofsresidenz und beobachtete, wie Juan Diego seine Tilma ausbreitete. Dabei fielen die Knospen und Blüten zu Boden. In den Pupillen der Jungfrau spiegelte sich wider, was sie sah: Juan Diego sowie weitere Personen im Raum. Der Umhang fungierte wie ein Spiegel oder wie die Linse eines Fotoapparats und der Farbfilm zugleich. Die Tilma »fotografierte« sozusagen die Marienerscheinung, in deren Pupillen festgehalten wurde, was sie sah. Die Marienerscheinung selbst muss unsichtbar gewesen sein, denn keiner der Menschen, die sich beim Bischof aufhielten, nahm sie wahr.

Ahnungslose Pilger

In den ersten hundert Jahren wurde der Stoff völlig ungeschützt in einer feuchten Kapelle aufbewahrt. Ungezählte Male wurde die Tilma von der Wand genommen, Tausende, ja Zehntausende von Pilgern küssten sie ehrfurchtsvoll und rieben ihre Amulette und ihre Talismane an dem Bild, um so in den Besitz der wundersamen Kräfte zu gelangen.

Hunderttausende von Pilgern entzündeten jahrhundertelang Kerzen in unmittelbarer Umgebung des verehrten Bildnisses. Handelte es sich um ein herkömmliches Bild, hätte allein schon das Licht dieser Millionen von Kerzen es zum Verblassen bringen müssen. Im Grunde dürfte das Bildnis also schon längst nicht mehr existieren.

Millionen von Menschen besuchen Jahr für Jahr die Basilika von Guadalupe. Doch die meisten von ihnen haben keine Ahnung von den wissenschaftlichen Untersuchungsergebnissen, die das Geheimnis des Bildes nicht enträtseln konnten. Für sie ist das Bild auf der Tilma der Beweis eines Wunders, von dessen Realität sie überzeugt sind. Ärmlichst gekleidete Menschen beten in stiller Andacht, zerlumpte Bettler lagern sich um die Kirche, in der das verehrte Bildnis mit der lächelnden Maria hängt. Lächelt sie vielleicht auch über die Ignoranz des modernen Menschen, der die Kunst zu glauben gänzlich verlernt zu haben scheint? Das wäre vorstellbar, und vielleicht können wir angeblich so aufgeklärten Menschen sogar etwas von Guadalupe und den frommen Pilgern lernen.

Frankreich – die Seherin von Paris (1830)

Ende des 18. Jahrhunderts forderte die Revolution in Frankreich ihren blutigen Tribut, und es waren mehr als chaotische Zeiten, als bei den Vinzentinerinnen in der Rue du Bac in Paris etwas Wundersames geschah: Cathérine Labouré (1806–1876) hatte eine ganze Reihe von Marienvisionen, die höchst konkrete Vorhersagen beinhalteten, wie sich später herausstellte.
Cathérine, am 2. Mai 1806 in Fain-les-Moutiers bei Dijon geboren, war das 17. Kind. Bereits sehr früh wusste sie, dass sie Nonne werden wollte, und mit 24 Jahren wurde sie Novizin bei den Vinzentinerinnen. Schon damals hatte Cathérine geheimnisvolle Visionen. So hatte sie ein mystisches Erlebnis, als die sterblichen Überreste von St. Vincent de Paul, dem Gründer des Vinzentinerinnenordens, von Notre-Dame ins Kloster überführt wurden: »Ich sah das Herz des heiligen Mannes über einer Vitrine mit Reliquien schweben. Es glühte rötlich auf und strahlte helles Licht aus!«

Präzise Vorhersagen

Als sie über diese Vision sprach, tadelte ein Pater sie mit den Worten: »Es ist deine Aufgabe zu lernen, wie du den Armen helfen kannst, nicht zu träumen!« Jenem Pater zufolge betete die junge Frau inständig zu Gott, dass er ihr die Mutter Jesu zeigen möge. Am 18. Juli 1830, neun Tage vor Ausbruch der Juli-Revolution, wurde Cathérine in ihrer Klosterzelle geweckt. Es war eine halbe Stunde vor Mitternacht, und doch erleuchtete ein Licht den kleinen Raum. Es stammte von einem vier- oder fünfjährigen Mädchen mit leuchtendem goldenen Haar, das ganz in Weiß gekleidet und in goldenes Licht gehüllt war. Dieses Wesen führte Cathérine in die Klosterkirche, wo Maria auf sie wartete. Die Marienerscheinung offenbarte zahlreiche Zukunftsvisionen, wie etwa, dass der französische Thron erneut gestürzt werden würde. Diese Prophezeiung schien absurd, da doch soeben Karl X. zum König ernannt worden war, der die Wirren der Revolution beendet hatte. Tatsächlich aber wurde ebendieser König acht Tage später gestürzt.

Das am 21. September 1982 aufgetretene Bluten der rosafarbenen Madonna ist nicht zu erklären.

Als korrekt erwiesen sich auch die Aussagen über Barrikaden, die man neuerlich in Paris errichten, und Tumulte, die wiederum in Paris ausbrechen würden.
So unvorstellbar jene Prophezeiungen auch klangen, sie bewahrheiteten sich alle: »Es wird viele Opfer unter dem Pariser Klerus geben. Die Straßen werden rot vom Blut sein. Der Erzbischof von Paris wird seiner Kleidung beraubt werden …«. Tatsächlich wurde Erzbischof de Quellen geschlagen und gedemütigt. Man zwang ihn zudem, fast nackt durch die Straßen der Hauptstadt zu gehen.

Die Prophezeiungen der Cathérine Labouré in Hinblick auf die historischen Ereignisse in Frankreich klangen völlig unwahrscheinlich – und bewahrheiteten sich doch.

In allen Visionen wird die Mariengestalt als wunderschön und ergreifend beschrieben. Immer ist sie von einem Licht umgeben, dessen Glanz alles Irdische übertrifft und die Menschen überwältigt.

Kostbare Medaille

Maria erschien der frommen Nonne über eine lange Zeit hinweg immer wieder, stets in ein schlichtes weißes Gewand gehüllt. Cathérine beschrieb sie als mittelgroß und in der Luft schwebend: »Ihr Gesicht war genug erleuchtet, so dass ich es erkennen konnte. Es war so schön, dass es mir schien, ich könne es nicht in Worte fassen! Ihre Füße ruhten auf einer weißen Kugel. Ein Rahmen, leicht oval in der Form, bildete sich um die Gesegnete Jungfrau herum. Darauf stand in schönen goldenen Buchstaben: ›Oh Maria, empfangen ohne Sünde, bete für uns, die wir Zuflucht zu dir nehmen!‹«

In Lourdes soll Maria bereits zahlreiche Wunderheilungen vollbracht haben.

Die wunderbare Erscheinung gab Cathérine den Auftrag, nach genau definierten Anweisungen eine Medaille anzufertigen. Im Jahr 1832 wurden die ersten Exemplare geprägt, kurze Zeit später waren es bereits Millionen.

Cathérine starb 1876. Ihr Körper wurde in der Erscheinungskapelle aufgebahrt und dann in aller Stille bestattet. 1933 wurde ihr Leichnam exhumiert. Fast 60 Jahre nach der Stunde ihres Todes wirkte sie, als würde sie nur friedlich schlafen. Dabei wurde ihr Leib in keiner Weise präpariert oder gar mumifiziert. 1947 wurde Cathérine heilig gesprochen. Für Gläubige ist der wunderbar erhaltene Körper der Heiligen keine Überraschung, da sie davon überzeugt sind, dass der Tod einem heiligen Menschen nichts anhaben kann. Doch wie so oft stehen auch in diesem Fall die Wissenschaftler vor einem Rätsel. Dem Phänomen der Cathérine Labouré ist mit wissenschaftlichen Methoden einfach nicht beizukommen.

Wunderheilungen in den Pyrenäen

»Es muss Stätten geben, wo jeder Mensch, wer auch immer es sei, das Übernatürliche in dem Maße, wie Gott es will, mit Händen greifen kann. Es wird aber nie so deutlich geschehen, dass wir nicht mehr frei wären, es zu leugnen.« Diese Worte, die sich auf den welberühmten Wallfahrtsort Lourdes beziehen, stammen von dem französischen Schriftsteller François Mauriac, einem ausgezeichneten Kenner religiöser Wunderorte.

Jährlich pilgern Millionen Menschen nach Lourdes, viele aus Neugier, viele in der Hoffnung auf eine wundersame Genesung. Diese Hoffnung ist durchaus berechtigt, denn Wunderheilungen, die durch die Jungfrau Maria bewirkt wurden, gab es bereits unzählige. An diesem Ort, das muss ein unvoreingenommener Besucher zugeben, ist eine geheimnisvolle Kraft zu spüren, die leichter als anderswo den Zugang zu der Welt des Übersinnlichen ermöglicht. Obwohl die Behörden in der Vergangenheit versucht haben, die Menschen davon abzuhalten, diesen Ort der Marienerscheinung aufzusuchen, entwickelte sich Lourdes unaufhörlich zu einer der beliebtesten Wallfahrtsstätten unseres Planeten. Und dies mit gutem Grund: Nirgendwo sonst ereigneten sich so viele Wunder wie an diesem abgelegenen Ort in den Pyrenäen!

Weihwasserprobe

Am 18. Februar 1858 erschien Bernadette Soubirous (1844–1879) Maria erstmals in der Grotte von Massabielle. Das Mädchen war mit drei jüngeren Geschwistern und einer Freundin unterwegs, um Brennholz zu sammeln. Plötzlich erschien eine Dame in hellem Licht, forderte Bernadette auf, den Rosenkranz zu beten, und verschwand alsdann. Drei Tage später kam es zur zweiten Erscheinung. Bernadette hatte etwas Weihwasser mitgenommen, da sie die Erscheinung damit auf die Probe stellen wollte, falls sie noch einmal auftauchen sollte: »Wenn du von Gott bist, so nähere dich!«, forderte sie die Marienfigur auf. Ehrfürchtig sei die Gestalt näher getreten und habe sich dann vor dem Wasser verneigt. Dies wurde nur von der kleinen Bernadette wahrgenommen, die sie begleitenden Menschen konnten nichts sehen. Was sie allerdings alle bemerken konnten, war ein geheimnisvolles Licht, das Bernadettes Gesicht in mysteriösem Licht erstrahlen ließ.

Wenige Tage später, als Bernadette von einer erwachsenen Frau und deren Tochter zu der Grotte begleitet wurde, erhielt sie die Anweisung, sie möge doch nun zwei Wochen lang täglich zur Grotte kommen, und am 23. Februar bat die Erscheinung darum, dass eine Kapelle in der Nähe der Grotte errichtet werden sollte. Als dem zuständigen Pfarrer Peyermale dieser Auftrag übermittelt wurde, bat er – wie der ungläubige Thomas – um ein Wunder: Ein Rosenstrauch möge in der Grotte erblühen. Und es geschah!

Am 25. Februar grub Bernadette auf Geheiß der Erscheinung in der Grotte eine Vertiefung in den Boden. Plötzlich wurde die Erde feucht, und aus einer Quelle sprudelte Wasser. Schon nach wenigen Tagen war aus dem kleinen Rinnsal ein Fluss geworden, aus dem seither täglich mehr als ein Liter pro Sekunde strömt, das sind immerhin 122 400 Liter am Tag.

Erste Heilung

Am 26. Februar bejubelten die zahlreichen Zeugen die Heilung des Steinbrechers Bouriette. Er benetzte sein Gesicht mit dem Quellwasser, und schlagartig verschwand das Augenleiden, das ihn lange Zeit gequält hatte. Das Wunder ging als die erste Wunderheilung von Lourdes in die Geschichte ein. Doch dies war erst der Anfang. Am 2. März forderte die Erscheinung: »Ich wünsche, dass man in Prozessionen herbeiziehe!« Immer mehr Menschen folgten diesem Aufruf, immer mehr Kranke kamen. Am Abend des 4. März wurde ein zweijähriges sterbenskrankes Kind in der Quelle geheilt.

Auch die größten Zweifler wurden davon überzeugt, dass sich in Lourdes Wunderbares zutrug, als mit dem Wasser aus der neu entstandenen Quelle erste Heilungen geschahen, denen viele weitere folgten.

Die Behörden freilich freuten sich über diese Entwicklung nicht und erklärten Bernadette kurzerhand für geisteskrank, da von Wunderheilungen nicht die Rede sein könne. Vielmehr verfüge das Quellwasser über ganz natürliche heilende Kräfte. Am 8. Juni wurde ein hoher Zaun aus massiven Brettern errichtet und der Zugang zu der Grotte für illegal erklärt.

Doch das Schicksal wendete sich, als Ende September der Sohn Kaiser Napoleons III.

schwer erkrankte. War es göttliche Fügung, dass ausgerechnet Kräuter aus der Grotte von Lourdes ihn heilten? Jedenfalls ließ der dankbare Kaiser daraufhin den Zaun wieder entfernen.

Unbefleckte Jungfrau

Ob sich das heilende Wasser von Lourdes mit wissenschaftlichen Methoden analysieren lässt, sei dahingestellt. Sollten tatsächlich überirdische Kräfte durch es wirken, es gewissermaßen als Medium benützen, ist das materiell nicht nachweisbar.

Erst am 25. März gab sich die Erscheinung Bernadette mit den Worten: »Ich bin die Unbefleckte Empfängnis!« zu erkennen. War damit Maria, die Mutter Jesu, gemeint? Am 18. Januar 1862 bekundete jedenfalls der Bischof von Tarbes die Erscheinungen von Lourdes für echt. Seither strömen die Menschen zu Millionen nach Lourdes, darunter ungezählte Kranke. Tausende sind davon überzeugt, durch die Wirksamkeit des durch die Marienerscheinung geheiligten Ortes wieder gesund geworden zu sein. Welchen Grund hätten die Geheilten zu lügen?
Seit 1947 liegen 1200 Krankenakten von angeblich wundersam Geheilten vor. Die Berichte wurden von wissenschaftlichen Kommissionen geprüft, doch nur 56 wurden als Wunderheilungen anerkannt. Da Bernadettes Leib seit ihrem Tod im Jahre 1897 keinerlei Verwesungsspuren zeigt, wurde sie 1925 selig und 1933 heilig gesprochen.

Auftrag an die Wissenschaft

Ob Wunderheilung oder nicht: Dr. Carrel musste als Wissenschaftler und Rationalist von diesem Moment an zugeben, dass übersinnliche Kräfte existieren, die weit über die Erkenntnisse der orthodoxen Wissenschaft hinausgehen. Das Verdienst Dr. Carrels war es, dass er die Wissenschaftler anregte, diese Kräfte endlich ernst zu nehmen und genauso gewissenhaft mit wissenschaftlichen Methoden zu untersuchen wie natürliche Phänomene. Da dies auch schon einen gewissen Erfolg zeigte, haben sich seine Mühen gelohnt.

Die Seherkinder von Portugal (1917)

Am 7. Dezember 1996 traf um 15.00 Uhr Ortszeit auf dem Roten Platz in Moskau eine seltsame Prozession ein. Eine Statue wurde von neun Priestern getragen, die die Gottesmutter darstellte, wie sie sich nach kirchlicher Überzeugung 1917 in Fatima gezeigt hatte. Zigtausende strömten herbei, um dem Bildnis Ehre zu erweisen und sich im stillen Gebet bei Maria zu bedanken. Bis zum 10. Juli 1997 reiste die verehrte Statue durch Russland, überall von großen Menschenmengen sehnsüchtigst erwartet.

Das Archiv von Lourdes

► Das Ärztebüro von Lourdes sowie das internationale Komitee verfügen über ein großes Archiv, in dem unzählige spirituelle Heilungen festgehalten sind. Es umfasst Röntgenaufnahmen, Fotografien, Berichte über Biopsien und Ergebnisse von Labortests.
Ein Fallbeispiel berichtet von Alexis Carrel, einem amerikanischen Mediziner und Nobelpreisträger, der 1903 mehr als skeptisch nach Lourdes reiste. Doch seine Zweifel lösten sich bald auf: In einer Art Vision wurde er Zeuge, wie eine Frau, die einen Tumor im Bauch hatte und große Schmerzen litt, wie durch ein Wunder von dem Geschwür befreit wurde. Vor Carrels Augen wurde der riesige mit Eiter gefüllte Tumor auf unsichtbare Weise aus dem Bauch entfernt, und die Frau war plötzlich frei von jeglichen Schmerzen.

Erfüllte Prophezeiung

Noch vor wenigen Jahren wäre eine solche öffentliche Zurschaustellung des christlichen Glaubens im kommunistischen Russland unmöglich gewesen. Und doch wurde drei Seherkindern bereits 1917 in einer Vision mitgeteilt, Russland werde zum Glauben zurückfinden und eine neue religiöse Blütezeit erleben.

In jenem Jahr hatten drei Bauernkinder in Fatima eine ganze Reihe von Visionen. Wie nach Lourdes, so pilgern auch nach Fatima alljährlich Millionen von Menschen aus aller Welt, um die berühmte Stätte zu sehen, an der den Kindern Lucia dos Santos, ihrem Vetter Francisco und ihrer Cousine Jacinta Marta beim Schafehüten sechsmal die Mutter Gottes erschien.

Ein halbes Jahr lang sahen die drei Kinder himmlische Gesichte, und zwar immer am 13. jeden Monats: am 13. Mai, 13. Juni, 13. Juli, 13. August, 13. September und am 13. Oktober. Die Ereignisse von Fatima warfen freilich ihre Schatten voraus. Bereits im Sommer 1915 haben, wie glaubhaften Dokumenten entnommen werden kann, Lucia dos Santos, ihr Vetter Francisco und ihre Cousine Jacinta Marta eine seltsame weiße Wolke gesehen, in der sich eine überirdisch schöne Gestalt befand. Mehrfach schwebte diese Erscheinung über den Himmel. Ähnliches sahen die Kinder nochmals 1916, als sie auf freiem Felde in einer kleinen Mulde namens Cova da Iria spielten.

Gleißendes Licht

Am 13. Mai 1917 hüteten die drei Kinder wie immer ihre Schafe, als sie eine Art grelles Blitzen am Himmel zutiefst erschreckte. Staunend starrten die Kinder nach oben und erblickten eine liebliche Erscheinung, die ihnen mit sanfter Stimme kundtat, sie werde von nun an immer am 13. jedes Monats kommen. Tief ergriffen berichteten die Kinder von ihrem Erlebnis, doch niemand wollte ihnen so recht Glauben schenken. Doch am 13. Juni begleiteten immerhin an die fünfzig Erwachsene die Kinder zu besagtem Ort. Wieder kündigte das blitzähnliche Licht die nahende Erscheinung an, ohne dass dabei Donner zu vernehmen gewesen wäre. Lucia sank auf die Knie und bat die himmlische Erscheinung flehentlich darum, sie und die anderen beiden Kinder doch mit ins Paradies emporzunehmen.

Maria soll außerdem 1917 in Fatima/Portugal diesen drei Bauernkindern erschienen sein.

Die Antwort fiel, bedenkt man, dass sie Kindern gegeben wurde, erschreckend konkret aus: »Francisco und Jacinta Marta werde ich bald holen. Du, Lucia, aber wirst noch länger hier bleiben.« Bedeutete dies, dass Francisco und Jacinta bald sterben würden? Die Prophezeiung erwies sich als nur zu wahr: Am 4. April 1919 starb Francisco, etwa ein Jahr später Jacinta. Augenzeugen berichteten, dass beim Tod der Kinder unbegreifliche, rätselhafte Lichtphänomene zu sehen waren.

Sehr häufig ist die Jungfrau Maria Kindern erschienen und hat ihnen einen besonderen Auftrag übermittelt. Das könnte daran liegen, dass Kinder noch besonders empfänglich für übernatürliche Kräfte sind.

Adolf Hitler, der sich mit den Geheimwissenschaften beschäftigt hatte, war übernatürlichen Phänomenen gegenüber nicht verschlossen.

Gläubige in Scharen

Zum dritten Erscheinungstermin kamen bereits viertausend erwartungsfrohe Menschen. An jenem 13. Juli 1917 stimmte ein doppelter Donnerschlag auf die geheimnisvolle Vision ein. Zudem verbreitete ein überirdisch schöner Regenbogen rätselhaftes Licht. Es ist aus der Mythologie bekannt, dass das Erscheinen eines Regenbogens eine symbolische Bedeutung hat. Lucia war traurig darüber, dass die Erwachsenen die himmlische Erscheinung nicht sehen konnten. So bat sie flehentlich darum, dass ein Wunder geschehen möge, um die noch Ungläubigen zu bekehren. Die Erscheinung kündigte das gewünschte Wunder jedoch erst für den 13. Oktober an. Man musste sich also noch etwas gedulden.

Auch die am 13. August übermittelten Prophezeiungen erfüllten sich. Zwei dieser Vorhersagen waren von höchster Brisanz und machten ihre Runde in der ganzen Welt: Die erste Botschaft von Fatima war eine freudige, da sie das Ende des Ersten Weltkrieges vorhersagte und die Menschen tröstete. Die zweite Prophezeiung hingegen war weniger erfreulich, da sie den Ausbruch eines zweiten Weltkrieges zum Gegenstand hatte. Und damit die Welt gewarnt werde, würde ein Leuchtzeichen das bevorstehende große Sterben ankündigen. Im Originaltext hieß es ziemlich unmissverständlich: »Wenn ihr einmal die Nacht durch ein unbekanntes Licht erhellt sehen werdet, so wisst, dass dieses das große Zeichen sein wird, durch das Gott euch anzeigt, dass die Züchtigung der Welt wegen ihrer Verbrechen nahe ist, nämlich Krieg, Hungersnot und die Verfolgung der Kirche.« Auch dass im Jahr des Kriegsausbruchs ein Papst sterben werde, prophezeite die Mariengestalt. Alle diese Prophezeiungen trafen ein.

Zeichen am Himmel

Als Adolf Hitler zu nächtlicher Stunde auf seinem »Berghof« bei Berchtesgaden den mit Stalin geschlossenen Nichtangriffspakt feierte, geschah etwas Geheimnisvolles: Eine ganze Stunde lang wurde die Schwärze der Nacht von hellem rötlichen Lichtschein verdrängt. Hitler soll gesagt haben, vielleicht sogar in Kenntnis der zweiten Botschaft von Fatima: »Das sieht nach viel Blut aus. Diesmal wird es nicht ohne Gewalt gehen.« Am 2. März 1939, also im Jahr des Kriegsausbruchs, starb Papst Pius XI. Ein halbes Jahr später, am 1. September 1939, begann mit Hitlers Einmarsch in Polen der Zweite Weltkrieg – die Vorhersage hatte sich erfüllt.

Die dritte Botschaft von Fatima ist bis heute geheim geblieben. Nur die Päpste, die seither der katholischen Kirche vorstanden, und einige wenige hohe kirchliche Würdenträger durften sie lesen. Sie weigerten sich allerdings bis heute standhaft, diese Prophezeiung der Öffentlichkeit bekannt zu geben, was inzwischen aber inoffiziell doch geschehen ist.

Das Sonnenwunder

Für den 13. Oktober war von der wundersamen Erscheinung ein Wunder versprochen worden. 70 000 Gläubige fanden sich an diesem Tag in Fatima ein. Nicht wenige mögen zunächst enttäuscht gewesen sein. Denn es waren wiederum nur die Kinder, die die himmlische Erscheinung sehen konnten. Wie sollten dann die Ungläubigen überzeugt werden?

Von der Sonne, die sich hinter einem Schleier von Regen zu verstecken schien, ging ein geheimnisvolles Licht aus. Doch es war nicht blendend wie sonst, vielmehr erinnerte die Sonne an einen großen, matten Mond. Plötzlich begann sich die Sonnenscheibe, zunächst langsam, dann immer schneller um die eigene Achse zu drehen, und das Licht veränderte sich dabei. Aus dem zuvor matten, fahlen Schein wurde ein brillantes Funkeln in den Farben des Regenbogens.

Ungeklärt ist das von der Marienerscheinung vorausgesagte Sonnenphänomen.

Urplötzlich hielt die Sonne in ihren ungewöhnlichen Bewegungsabläufen inne, drehte und kreiste aber kurz darauf noch schneller als zuvor, sie vollführte geradezu einen verrückten Tanz. Ein zweites Mal hielt sie in dieser Bewegung inne, bevor ein drittes Mal das erstaunlich schwungvolle Kreisen begann.

Ein Journalist berichtete seinerzeit über dieses unglaubliche Geschehen: »Mit einem Male schien es, als ob die Sonne sich vom Firmament loslöse und in Zickzacksprüngen auf die Erde stürze … Als die Menge wieder zu sich gekommen war, bot sich eine neue Überraschung. Die von dem anhaltenden Regen völlig durchnässten Kleider waren in wenigen Minuten trocken geworden.«

Massenhysterie?

Was, so muss man sich fragen, hatten die Leute gesehen? Die Sonne kann es wohl nicht gewesen sein. Es sei denn, die Naturgesetze der Physik wären vorübergehend außer Kraft gesetzt worden. Es ist unmöglich, dass die Sonne in kreisende Bewegungen verfällt, zum Stillstand kommt, um von Neuem zu kreisen. Bei einem solchen Vorgang wäre das Zentralgestirn unseres heimatlichen Planetensystems von den Zentrifugalkräften zerrissen worden. Hätte sich die Sonne gar der Erde angenähert, wären weltweit entsetzliche Katastrophen die Folge gewesen.

Doch diese blieben aus. Gibt es dafür eine natürliche Erklärung? Sahen die Menschen bei Fatima einen Kugelblitz, den sie für die Sonne hielten? Oder wurden sie die Opfer einer durch Massenhysterie ausgelösten Halluzination?

Beide Erklärungen mögen dem Rationalisten vordergründig einleuchten, sind aber mit Sicherheit falsch! Denn das Sonnenwunder wurde auch von Beobachtern aus einer Entfernung von 160 Kilometern wahrgenommen. Derartig weit entfernte Zeugen können schwerlich das Opfer einer Hysterie geworden sein, hatten sie doch keinerlei Verbindung zu den Menschenmengen, die bei Fatima zusammengekommen waren. Auch ein Kugelblitz wäre, so er bei Fatima sein Unwesen getrieben hätte, aus so großer Distanz nicht wahrgenommen worden.

Was in Fatima geschah, entzieht sich jedem Versuch einer naturwissenschaftlich-rationalen Erklärung. Für die 70000 Anwesenden dürfte dies auch keine Rolle gespielt haben. Sie haben mit eigenen Augen das Unfassliche gesehen – und für viele war dies wohl der Beginn eines wahrhaft religiösen Lebens, eines Glaubens, der aus dem direkten Erleben entsprang.

Dritter Weltkrieg?

Der mexikanische Pater Fuentes enthüllte, dass der Menschheit ein dritter Weltkrieg bevorstehe, der mehr Menschenopfer fordern soll als alle bewaffneten Konflikte,

In manchen Mythologien gilt die Sonne als stoffliches Abbild des Lichtes des Göttlichen. Soll das Sonnenwunder von Fatima auf einen solchen Zusammenhang hindeuten? Man könnte es als ein äußeres Symbol für ein inneres Geschehnis deuten.

Wenn die dritte Botschaft von Fatima, die so lange geheim gehalten wurde, tatsächlich auf einen dritten Weltkrieg hinweist, sollte sie der Öffentlichkeit nicht verschwiegen werden.

die Menschen je miteinander ausgetragen haben. Angeblich heißt es wörtlich: »Viele Nationen werden vom Angesicht der Erde verschwinden. Die Völker ohne Gott werden die von Gott gewählte Geißel zur Bestrafung der Menschheit sein, wenn wir nicht durch Gebete und Sakramente ihre Bekehrung herbeiführen. Wir kommen zur Endzeit.«

Es existieren inzwischen glaubhafte Hinweise, wonach Papst Johannes I. die feste Absicht hatte, das letzte Geheimnis von Fatima zu lüften. Er starb freilich auf mysteriöse Weise. Noch bevor ein Nachfolger gewählt werden konnte, erschien in dem römischen Sonntagsblatt *L'Osservatore della Domenica* ein reißerisch aufgemachter Artikel, für den Monsignore Carrado Balducci verantwortlich zeichnete. Die Aussagen von Padre Fuentes wurden darin voll und ganz bestätigt: Gemäß der dritten Botschaft von Fatima werde eine große Bestrafung über die Menschheit kommen, und noch unter dem Pontifikat des jetzigen Papstes werde ein großer Krieg ausbrechen, dem Millionen Menschen zum Opfer fielen.

Erfüllte Apokalypse?

Jahrzehnte sind seit dem Jahr 1960 verstrichen, in dem eigentlich die dritte Botschaft von Fatima hätte bekannt gegeben werden müssen. Laut Kurienkardinal Josef Ratzinger hat freilich die Kirche auch heute nicht vor, den Schleier des Geheimnisses zu lüften. Die zurückgehaltene Botschaft enthalte nichts, was der Gläubige nicht auch der *Offenbarung des Johannes* entnehmen könne. Aber da ist bekanntlich vom Ende der Zeiten die Rede. Wollte die Kirche damit einen indirekten Hinweis geben? Vielleicht, doch wenn dem so wäre, warum wird die Wahrheit nicht unverblümt mitgeteilt?

Einige Fakten

► **1921** ging Lucia dos Santos in das Kloster der heiligen Dorothea in Oporto.

► **1939** brach der Zweite Weltkrieg aus, just so, wie das in Fatima 1917 bereits vorhergesagt worden war. Weltweit wuchs das Interesse an den Botschaften, von denen bisher nur zwei publik gemacht worden waren. Es wurde wild spekuliert, was denn die geheime, die dritte Botschaft besage. Lucia wurde mit Fragen bestürmt, schwieg aber eisern.

► **1948** Rückzug Lucias in das Karmeliterinnen-Kloster von Coimbra, wo sie seither in strenger Klausur lebt. Vollzog sie diesen Schritt freiwillig? Oder übte die Kirche Druck auf sie aus? Sollte so verhindert werden, dass etwas über die ominöse dritte Botschaft von Fatima bekannt würde? Noch gab es Hoffnung: Die Maria von Fatima hatte nämlich befohlen, dass eben diese Botschaft im Jahre **1960** öffentlich bekannt gegeben werden müsse.

► **1957** wurde sie in einem versiegelten Brief von Josef Alvas Cerreida de Silva, dem Erzbischof von Leiria, dem Vatikan übergeben. War dies ein Hinweis darauf, dass drei Jahre später die Welt erfahren sollte, was bisher streng geheim gehalten worden war?

► **1957** Am 26. Dezember sprach Pater Augustin Fuentes aus Mexiko mit Lucia und behielt, was ihm anvertraut wurde, bis zum 22. Mai 1958 für sich. Dann aber trat er an die Öffentlichkeit, und bis heute wurde von kirchlicher Seite weder bestätigt noch dementiert, was er enthüllte.

Heroldsbach – das deutsche Fatima (1949)

Ein Wunder, das dem von Fatima in verblüffender Weise ähnelt und ebenfalls mit konkreten Anweisungen verbunden war, ereignete sich auch in Deutschland. Rund 8000 Menschen waren Zeugen dieses Ereignisses, das die Naturgesetze außer Kraft zu setzen schien. Die konkrete Warnung, die in diesem Fall ausgesprochen wurde, wies auf die Gefahr einer möglichen radioaktiven Verseuchung und deren tödlichen Folgen hin.

Paranormale Kommunikation

Am 9. Oktober 1949 sammelten vier Mädchen bei Heroldsbach in Unterfranken bunt gefärbte Herbstblätter. Kuni Schleicher, Grete Gügel, Erika Müller und Marie Heimann waren damals zwischen zehn und elf Jahre alt. Da erschien über einem Birkenwäldchen plötzlich ein Schriftzeichen am Himmel: IHS, das griechische Kürzel für Jesus. Dann lösten sich die Buchstaben auf, und an ihrer Stelle erschien eine weiß gekleidete Frau. Die Mädchen waren fest davon überzeugt, dass es die Mutter Jesu, die Heilige Maria, war. Vier Tage später stand ihnen die gleiche transparente Gestalt erneut gegenüber. Die Mädchen stellten fest, dass sie sich mit der Erscheinung verständigen konnten. Doch zu ihrem großen Erstaunen mussten sie dazu nicht laut sprechen, vielmehr wurden ihre Gedanken verstanden und beantwortet.

Die Kunde von der Marienerscheinung breitete sich aus wie ein Lauffeuer, und Tag für Tag soll es weitere Erscheinungen gegeben haben. Immer mehr Gottessucher machten sich nach Heroldsbach auf, um mit eigenen Augen das Wunder zu sehen. An einem einzigen Tag im Herbst 1949 wurden 60000 Besucher gezählt.

Schriftlich dokumentiert

Das »Sonnenwunder von Heroldsbach« ereignete sich am 8. Dezember 1949. Johannes Gailer, Pfarrer von Heroldsbach, legte seine Beobachtungen schriftlich nieder: »Am 8.12. waren etwa 8000 Menschen da. Ich habe eine Prozession gehalten. Auf einmal gab es eine Unruhe. Was war los? Ich kam bis zum Birkenwald und hielt dort eine Andacht. Da riefen die Leute: ›Pfarrer, hör auf und schau, was da ist!‹ Die Sonne kam auf uns zu und knisterte ganz gewaltig. Ich sah darin einen zwanzig Zentimeter breiten Kranz von Rosen. Antonie Sam sah in der Sonne die Muttergottes mit Kind. Wir waren zu fünf Geistlichen oben. Solange ich lebe, werde ich das bezeugen. Die Sonne hat geschienen eine halbe bis dreiviertel Stunde. Sie kam vor und ging wieder zurück. In 45 Kilometer Umkreis wurde es gesehen. Wir haben uns an die Wetterwarten gewandt und die Auskunft bekommen, dass am 8.12. keinerlei Sonneneinstrahlung einsetzte. Eben deshalb ist es ein Wunder, weil es natürlich nicht zu erklären ist.«

Die Karmeliterin Lucia de Jesus widmete ihr Leben nach einer Marienerscheinung Gott.

Glaubwürdige Augenzeugenberichte bestätigen das Sonnenwunder von Heroldsbach. Wie viele Menschen dadurch eine Bekehrung erlebten, ist nicht bekannt. Doch die Menschen zu bekehren, war der eigentliche Sinn des Wunders.

8000 Menschen bezeugten dieses unglaubliche Sonnenphänomen in Heroldsbach. Doch wie in Fatima konnten auch hier nur die Kinder die Mutter Gottes in der herumsausenden Sonne erkennen. Und sie erhielten von Maria die Botschaft, dass die Sonne derart tanze, um die Ungläubigen durch ein solches Wunder zu bekehren. Im Gegensatz zu Fatima sind die übersinnlichen Erscheinungen in Unterfranken bislang von der Kirche nicht als echt anerkannt worden.

Die Jungfrau Maria in New York (seit 1970)

Die Marienerscheinungen in New York führten zu handfesten Auseinandersetzungen zwischen den Gläubigen, die die Welt um sich herum vergaßen, und normalen Bürgern, die sich dadurch gestört fühlten.

Wer glaubt, Marienerscheinungen seien nur in abgeschiedenen ländlichen Gefilden registriert worden und gehörten längst der Vergangenheit an, der irrt gewaltig. Mitten in der geschäftigen Weltmetropole New York, davon sind Zigtausende von Menschen überzeugt, offenbarte sich die Mutter Gottes einer einfachen amerikanischen Hausfrau. Auch sie enthüllte konkrete Gefahren, indem sie auf die Gefahr von Erdbeben hinwies, und gab Ratschläge, wo am besten Massenveranstaltungen durchgeführt werden sollten.

Prophetische Ankündigung

Das Telefon klingelt. Ingo Swann, ein Journalist und Buchautor, der sich seit Jahrzehnten mit paranormalen Phänomenen auseinander setzt, hebt den Hörer ab. Aufgeregt meldet eine weibliche Stimme: »Heute ist der 6. Oktober 1985. Die Maria, Mutter Gottes, hat bei einer Erscheinung in Bayside, Queens, New York, verkündet, dass es sehr bald ein Erdbeben in New York geben wird!«

Ingo Swann notiert sich die Prophezeiung und gibt sie noch am gleichen Abend an die Presse weiter, wo die Notiz auch in diversen seriösen Lokalzeitungen erscheint. Journalistenkollegen lächelten über Swanns Naivität und konnten sich hämische Bemerkungen nicht verkneifen. Doch sie wurden eines Besseren belehrt: Am 19. und 21. Oktober 1985 wurde New York City von zwei Erdbeben erschüttert, das Epizentrum lag zwanzig Kilometer nördlich von Manhattan. Die Prophezeiung hatte sich also bewahrheitet.

Begonnen haben die Visionen am 18. Juni 1970 in Bayside, New York. Vor der altehrwürdigen Kirche von St. Robert Bellar-

Veronika Lueken empfängt seit 30 Jahren regelmäßig Botschaften der Gottesmutter.

mine, Bayside Hills, Queens, stand eine Marienstatue, die angeblich die Lippen bewegte und forderte, dass genau an dieser Stelle eine Kapelle zu Ehren »Unserer Lieben Frau von den Rosen, Hilfe der Mütter« gebaut werden müsse.

Moderne Seherin

Bei der Empfängerin dieser Visionen handelt es sich um Veronika Lueken, wohnhaft in New York, Long Island, eine fromme Hausfrau mit fünf Kindern, die täglich vor einem Kruzifix den Rosenkranz betet.

Ende der 60er Jahre vernahm sie in der Nacht häufig eine sanfte Stimme. Wie unter Zwang stand sie dann auf und brachte hastig zu Papier, was ihr eine innere Stimme diktierte. So entstanden Tausende Seiten, die bald in Buchform unter dem Titel *Rufe aus Bayside* erschienen.

Ab dem 18. Juni 1970 hatte Veronika Lueken immer mehr Marienerscheinungen – und dies mitten in New York! Bald wusste ganz Amerika davon, und immer mehr Menschen strömten nach Bayside, um Veronika zu sehen. Veronika hielt auf der Straße öffentliche Gebetsgottesdienste für die vielen Pilger. Doch den Einheimischen war dies ein Dorn im Auge, und so kam es im Mai 1975 zu einer Demonstration, die beinahe gewalttätig geendet hätte: Die New Yorker Luft roch nach Benzin, Taxifahrer schimpften, röhrend stiegen Flugzeuge in den Himmel. Männer in korrekten Anzügen mit Aktentaschen unter den Armen hasteten auf Bürgersteigen entlang, auf denen Hunderte von Menschen knieten und beteten.

Polizeieinsatz

Als die Situation kritisch zu werden schien, trat die Polizei in Aktion. Mit Mühe konnten sie verhindern, dass Pilger und Demonstranten erbost aufeinander einschlugen. Was mit Fäusten nicht entschieden worden war, versuchte man jedoch gerichtlich zu klären: Dürfen Pilger zu Tausenden und Abertausenden auf Marienerscheinungen warten? Das Gericht wusste auf diese prekäre Frage keinen Rat. Doch da erhielt Veronika von der Gottesmutter die Botschaft, den Vorschlag des Polizeipräsidenten zu akzeptieren. Interessanterweise kam ein solcher Stunden später tatsächlich auf den Tisch – und wurde sofort akzeptiert. Die Pilger bekamen den »Vatikan Pavillon« zur Verfügung gestellt.

Fotografische Beweise

In der Folgezeit kam es zu vielen Heilungen. Am 1. November 1975 wurde eine Dame aus Massachusetts geheilt, die sich ohne Erfolg wegen ihrer schlimmen Rückenschmerzen mehreren Operationen unterzogen hatte und mittlerweile nur noch auf Krücken gehen konnte. Ingo Swann: »Als sie ihre Krücken wegwarf und ohne fremde Hilfe aufrecht ging, klickten zahlreiche Kameras. Auf einem der Bilder konnte man eine leuchtende weiße Form sehen, die für die Jungfrau Maria gehalten wurde.«

Ingo Swann berichtet weiter, dass viele der Tausenden und Abertausenden Pilger, die nach New York kamen, um der Erscheinung von Maria näher zu sein, Polaroidkameras mit sich führten. Auf nicht wenigen der Aufnahmen, die bei Zusammenkünften zu Ehren Marias aufgenommen wurden, sah man Geheimnisvolles. Auf vielen der Fotos war Veronika im Zentrum zu sehen. Aus dem Nichts irgendwoher über ihr kamen Lichtstrahlen. Auch ein Experte bestätigte, dass auf den Polaroidfotos Dinge zu sehen waren, die beim Vorgang des Fotografierens nie bemerkt worden waren. Ingo Swann versichert, dass diese Fotos in der Tat als wundersam und übernatürlich angesehen werden können. Bis zum heutigen Tage erhält Veronika regelmäßig Botschaften. Viele sind verschlüsselt und erinnern an die Vorhersagen des Nostradamus, die ebenfalls nicht leicht zu interpretieren sind. Nach verschiedenen Quellen soll die Zahl 666 aus der Apokalypse in den Worten der Seherin Veronika bedeuten: »6 für sechs, die da noch kommen, 6 für sechs Zeiten, die sie dann bleiben, 6 für sechs, die dann sterben.« Auch über UFOs hat Veronika bereits Informationen erhalten. Demnach sind es Botschafter des Teufels!

Die Botschaften, die Veronika erhält, erstrecken sich auch auf Außerirdische. Im Gegensatz zu anderen Angaben, die davon ausgehen, dass die Außerirdischen den Menschen beistehen, glaubt Veronika, dass sie mit dem Teufel im Bunde stehen.

»Halt Wacht,
Dich selbst betracht.
Wirst dich nicht
fleißig baden,
Die Hochzeit kann
dir schaden.
Schad hat, wer hier
verzeucht,
Hüt sich, wer ist
zu leicht.«

(Chymische Hochzeit des Christian Rosencreutz, anno 1459)

Geheime Gesellschaften

Geheimgesellschaften hat es schon immer gegeben, und seit jeher ranken sich die wildesten Gerüchte um sie. Erst in unserer Zeit sind die verschiedenen Gemeinschaften erstmals auch einer breiteren Öffentlichkeit zugänglich und nicht nur Eingeweihten.

Vor noch nicht allzu langer Zeit wurde geheimes Wissen nur innerhalb von Geheimgesellschaften weitergegeben. War man nicht Mitglied einer solchen Gemeinschaft, gehörte man nicht zu den Esoterikern, die innerhalb dieser Gemeinschaft waren, sondern war ein Exoteriker – einer der außerhalb stand. Doch in unseren Tagen hat sich dies grundlegend geändert. Heute erfolgt die Einweihung nicht mehr in exklusiven Geheimbünden, sondern sie ist für jedermann zugänglich, sofern er dies wirklich will. Die moderne Einweihung vollzieht sich im gelebten Leben. Die Quellen sind vorhanden für diejenigen, die »Augen haben, um zu sehen« und »Ohren haben, um zu hören«, wie es bereits in der Bibel beschrieben ist.

Die Freimaurer

Im Frühjahr 1997 brachten Großbritanniens große Tageszeitungen immer wieder Schlagzeilen mit ein und derselben Meldung: »Englands Polizei ist von Freimaurern durchsetzt!« Im Gespräch war insbesondere die »Freimaurerloge Nr. 9179«, auch bekannt als »Manor of St. James«, die am 27. Januar 1986 gegründet worden war. Als Mitglieder wurden ausschließlich Offiziere von Scotland Yard aufgenommen. Noch im Frühjahr 1985 hatte der Polizeibeauftragte Kenneth Newman den dringenden Rat erteilt, Polizeibeamte sollten sich unbedingt von Freimaurern und Logen überhaupt fernhalten. Doch das kümmerte die Beamten wenig. Ganz offensichtlich gehören Angehörige der englischen Polizei vom einfachen Bobby bis hin zum hochrangigen Chef diversen Freimaurerlogen an.

Martin Short, ein englischer Journalist und Fachautor, legte unlängst das Ergebnis einer umfassenden Studie zu diesem Thema vor. Demnach gehört jeder fünfte Londoner Polizeibeamte einer Freimaurerloge an. Mit solchen Zahlen versucht man, in der Bevölkerung Misstrauen zu säen. Selbst in seriösen Tageszeitungen wird suggeriert, dass Polizeibeamte, die Freimaurer sind, verstärkt für Korruption anfällig seien, da sie über ihren Orden in Kontakt mit zwielichtigen Gestalten gerieten. Daraus könne ein Konflikt entstehen, der sie in ihrer Arbeit behindern könne. Dieser Konflikt wäre ein ethischer: Wem fühlen sich Freimaurerpolizisten mehr verpflichtet? Ihren dubiosen Mitbrüdern in der Loge? Oder den britischen Bürgern, für deren Sicherheit sie sorgen sollen?

Erfahrene Baumeister

Der Name »Freimaurer« gibt einen deutlichen Hinweis auf die Ursprünge dieser Geheimbünde. Am Anfang waren es Steinmetze, die in England als Bauexperten begehrt waren. Sie reisten durch die Lande, bauten hier eine Kathedrale, dort ein imposantes städtisches Gebäude. War

Im Verlauf ihrer Geschichte sind die Freimaurer immer wieder in das Kreuzfeuer der Kritik geraten. Das liegt auch daran, dass die meisten Menschen nur ungenaue Vorstellungen über den Sinn und Zweck dieser Gemeinschaft haben und nicht genügend informiert sind.

ein Werk vollendet, zogen sie weiter. Ihre Mahlzeiten nahmen sie unweit von den Baustellen in einem Verschlag ein. Diese meist recht einfache Hütte, die auch als Unterkunft für die Nacht diente, wurde als Loge bezeichnet. Als eine Loge bezeichnete man schließlich auch eine Gruppe von mehreren Steinmetzen.
Diese einzelnen Logen konkurrierten stark miteinander. Man entwickelte besondere Arbeitstechniken, die streng geheim gehalten wurden. Fremden gegenüber hegte man Argwohn, da man fürchtete, dass sich Spione von anderen Logen einzuschleichen versuchten. Aus diesem Grunde hatte jede Loge spezielle Losungsworte, die keinem Fremden anvertraut wurden.

Historische Entwicklung

Größter Verdienst der Freimaurerlogen war es, dass sie Vorläufer der Demokratie waren. Gleichzeitig lebten die Freimaurer auch nach dem christlichen Prinzip von Freiheit, Gleichheit und Brüderlichkeit.

Steinmetzlogen wurden erstmals 1375 in amtlichen Dokumenten als »freemasons« erwähnt. In den ersten Jahrhunderten waren sie ausschließlich Berufskollegen vorenthalten. Doch zu Beginn des 17. Jahrhunderts änderte sich das. Von nun an konnten auch Ehrenmitglieder aufgenommen werden. Grundsätzlich war es also jedem Engländer möglich, einem Orden beizutreten. Das führte zu wachsenden Mitgliederzahlen und immer mehr Logen. 1717 wurde schließlich eine »Großloge« als eine Art Dachorganisation geschaffen. Was einst als Steinmetzgruppe begonnen hatte, wandelte sich im Lauf der Geschichte zusehends. Beibehalten wurden lediglich die alten Symbole aus der Anfangszeit, die sich bis heute nicht geändert haben: Winkel, Zirkel und Senkblei. Beibehalten wurde aber auch die Loge als sichere Stätte, zu der Uneingeweihte keinen Zutritt hatten. Das machte sie insbesondere für Freidenker sehr attraktiv, die sich in den verschiedenen Freimaurerorganisationen vor staatlicher Verfolgung sicher fühlten. Die verschiedenen Logen setzten sich schon sehr früh für allgemeine Brüderlichkeit und Aufhebung der Standesunterschiede ein und waren damit Vorläufer unserer heutigen Demokratie. Paradoxerweise drängten sich aber dennoch auch Angehörige des Adels in die Logen, deren Machtansprüche im krassen Widerspruch zum Freidenkertum der Logen stand.

Sorgfältige Auswahl

Die Freimaurer freilich waren wählerisch und überprüften genau, wen sie in die Loge aufzunehmen gedachten oder nicht. Leider blieb auch der Missbrauch des Freimaurertums nicht lange aus. 1751 gründete Reichsfreiherr Karl Gotthilf, der vorgab, von Wissenden in rätselhafte Mysterien eingeweiht worden zu sein, in Frankreich einen Freimaurerorden. Riesige Summen wurden für die Aufnahme in diese Loge, die in Wirklichkeit gar keine war, gezahlt.
Die echten Freimaurer priesen ihre Logen nicht öffentlich an, sondern wirkten im Geheimen. So ist auch heute nur wenig Konkretes über die reale Geschichte der Ordensbrüder bekannt. Wir wissen beispielsweise, dass 1766 vom Benediktinerpater Joseph Pernetty ein eigenes Freimaurersystem gegründet wurde. Hauptanliegen war es, mit Hilfe von geheimwissenschaftlicher Forschungsarbeit zu bahnbrechenden Erkenntnissen zu gelangen. Man wollte die Wirklichkeit in ihren Wurzeln ergründen. Doch Pernetty musste schon bald aus Frankreich fliehen. Friedrich der Große nahm ihn mit offenen Armen auf und verschaffte ihm Zugang zu seiner umfangreichen Bibliothek.

Rückkehr zu den Wurzeln

Kaum war 1717 die Großloge gegründet, setzte ein emsiges Treiben ein. Zunächst versuchte man, die eigene Geschichte zu ergründen. Seit wann mochte es wohl Freimaurer geben? Die Historiker waren sich rasch darüber einig, dass es den Begriff der Freimaurer zwar erst seit dem frühen 14. Jahrhundert gab, dass aber das Freimaurertum wesentlich älter sein müsse. Als Freimaurer sah man Menschen an, die über geheimes hochmagisches Wissen verfügten, das nur sie selbst anzuwenden verstanden.

Rückwirkend wurde in der legendären Anderson-Chronik des Freimaurertums, die 1723 von Dr. James Anderson verfasst wurde, auch Moses zum Freimaurer erklärt, da er ja von Gott selbst geheimes Wissen offenbart bekommen und nach dessen Anweisungen die heilige Bundeslade habe bauen lassen.

Freimaurer war nach dieser Definition auch der weise König Salomo, der durch den Bau des Großen Tempels auf dem Berg Maria berühmt wurde. Das geheimnisvolle Bauwerk, lange Zeit Hort der legendären Bundeslade, wurde 587 v. Chr. geplündert und 536 v. Chr. neu aufgebaut. Auch hier sollen Freimaurer am Werk gewesen sein.

Eignete sich Nebukadnezar, Eroberer von Jerusalem, das geheime Wissen der Juden an? Freimaurerhistoriker wie Anderson zählen auch ihn zu den frühen Vertretern ihrer mysteriösen Zunft.

Immer wieder tauchten im Verlauf der Menschheitsgeschichte geniale Denker scheinbar aus dem Nichts auf und errichteten erstaunliche Bauwerke. So entstanden in Kleinasien 352 v. Chr. prunkvolle Grabstätten für Mausolos und seine Gemahlin Artemisia.

Waren die Architekten Freimaurer? Dieser Gedanke ist nicht abwegig. War etwa der Baumeister des Leuchtturms von Pharos Angehöriger oder Großmeister einer Loge, lange bevor es diesen Ausdruck überhaupt gab? Jedenfalls wirkten damals nicht nur in Griechenland Menschen, die in Geheimnisse eingeweiht gewesen sein müssen, die nur sehr wenigen Wissenden zugänglich waren, sondern auch in anderen Ländern der Erde.

Schloss Rosenau: Statue des heiligen Johannes, Patron der Freimaurer.

Geheimnisvoller Spiegel

Der Leuchtturm von Pharos war steingewordenes Dokument unglaublichen Wissens. Vom ersten vorchristlichen Jahrhundert an leitete er mit seinem Feuer Schiffe sicher in den Hafen, wobei ein genial konstruierter Hohlspiegel zum Einsatz kam. Dieses Wunderwerk vorchristlicher Technik konnte jedoch auch als gefährliche Waffe eingesetzt werden. Man konnte damit feindliche Schiffe aus großer Distanz in Flammen aufgehen lassen.

In der Architektur der Freimaurer spiegelt sich ein gewaltiges Wissen wider. Bis heute üben die Bauwerke, die von Freimaurern errichtet wurden, eine gewaltige Faszination auf die Menschen aus – man denke nur an die wunderbare Kathedrale von Chartres.

Die berühmte »Bostoner Tea Party« wurde von Freimaurern inszeniert, was damals kaum jemand wusste. Die praktische Anwendung ihrer hohen Ideale war ein besonderes Anliegen der Freimaurer.

Ein ganz ähnlicher Spiegel gehörte auch zu einem der rätselhaftesten Weltwunder unseres Planeten, zum Koloss von Rhodos. So schreibt Guillaume Boucher Sieru de Brocourt – vielleicht war er ein Freimaurer – in einer wissenschaftlichen Abhandlung über das Sehen: »Die Bewohner von Rhodos konnten die Schiffe, die nach Syrien oder Ägypten segelten, in einem Spiegel sehen, der am Hals ihres Sonnenkolosses hing.«

Die Freimaurer sind heute weltweit in über 40000 Logen wie der Bruderschaft Absalom (Abbildung) organisiert.

Der Ausdruck »Spiegel« ist in diesem Zusammenhang irreführend. Denn das Objekt vom Pharos-Turm soll noch Ende des 17. Jahrhunderts in Griechenland aufbewahrt worden sein. Der Naturforscher Burattini will es mit eigenen Augen gesehen haben. Seine Beschreibung lässt vermuten, dass es sich um ein Spiegelteleskop handelte. Die Vermutung wird fast zur Gewissheit, liest man die Beschreibung von Dr. Gisgoni, Leibarzt der Kaiserin Eleonore: »Der Apparat hatte die Form einer Trommel, die nur einen Boden hat, und man sah von der Seite hinein.«

Gewaltiger Einfluss

Es gibt keinen Zweifel: Bereits vor rund zweieinhalb Jahrtausenden gab es in Europa ein erstaunliches Wissen, das nur sehr wenigen Eingeweihten zugänglich war. Es führte zu Wunderwerken der Technik, die von der breiten Masse eindeutig mit Magie in Verbindung gebracht wurden. Gehörten auch diese Wissenden schon streng geheimen Freimaurerbünden an, wie gewisse Chroniken behaupten, oder hat man ihnen dieses Etikett erst später angesteckt? Über diese Frage kann man endlos diskutieren. Fest steht in jedem Fall, dass Freimaurer die Entwicklung der westlichen Welt vor Jahrhunderten stark beeinflussten. Hätte es keine Freimaurer gegeben, sähe unsere Welt heute mit Sicherheit ganz anders aus.

Aufbruch in die neue Welt

Freimaurer waren es auch, die im 18. Jahrhundert nach Amerika auswanderten. Es war der Freimaurer Daniel Coxe, der 1732 damit begann, die verschiedenen europäischen Kolonien im Kampf um ein von der Alten Welt unabhängiges Amerika zu vereinen. Zwischen 1760 und 1770 traten die führenden Politiker Amerikas, etwa George Washington und Benjamin Franklin, dem Geheimbund der Freimaurer bei.

Die entscheidende Aktion in Sachen Freiheit von Europa war die so genannte »Bostoner Tea Party«. Am 16. Dezember 1773 überrumpelten einige Dutzend als Mohawk-Indianer verkleidete weiße Männer drei englische Schiffe im Hafen von Boston und warfen rund 400 Teekisten über Bord. Diese Protestaktion gegen zu hohe von Europa aus auferlegte Steuern unter Leitung von Samuel Adams war von Freimaurern vorbereitet worden.

In England sah man diese Entwicklung mit großer Sorge. Die Politiker wie Militärs erkannten, dass die Aufständischen zur Vernunft gebracht werden mussten, wenn Amerika nicht verloren gehen sollte. Deshalb sollten die Unabhängigkeitskämpfer in Lexington militärisch vernichtend geschlagen werden. Man ging davon aus, dass die Stadt in wenigen Tagen eingenommen wäre. Dann würden Schauprozesse gegen die Aufwiegler durchgeführt, und Amerika könnte wieder am europäischen Gängelband geführt werden. Doch es kam ganz anders: Paul Revere (1735–1818), Silberschmied und Graveur von Beruf, warnte die Bürger von Lexington vor der bevorstehenden Attacke. Er war Freimaurer. Ihm verdanken die Briten letztlich ihre Niederlage und die Amerikaner ihre Freiheit. Als am 4. Juli 1776 die amerikanische Unabhängigkeitserklärung von 56 Personen unterzeichnet wurde, waren mindestens fünfzehn davon bekennende Freimaurer.

Moderne Freimaurer

Heute leben in mehr als 130 Ländern unserer Erde Freimaurer, die sich in weit mehr als 40000 Logen organisiert haben. Insgesamt gehören ihnen wohl etwa sechs Millionen Menschen an. Die in England erhobenen Vorwürfe, dass von ihnen eine Gefahr für unsere Gesellschaft ausgehen könnte, sind vollkommen spekulativ und in keiner Weise begründet. Ganz im Gegenteil: Bei den heutigen Freimaurern handelt es sich um liberal denkende Menschen, die die Vision von einer besseren Welt haben und sich dafür auch einsetzen möchten. Toleranz ist eine ihrer wichtigsten Maximen. Und sie sind davon überzeugt, dass Menschen, die die geheimen Zusammenhänge der Wirklichkeit erkennen, also das, »was die Welt im Innersten zusammenhält« im Sinne Goethes, potenziell bessere Menschen sind.

Die Rosenkreuzer

Der Ursprung des Rosenkreuzerordens ist bis ins letzte Detail beschrieben. Alten Überlieferungen zufolge wurde die geheime Gesellschaft von Christian Rosencreutz (1378–1484) gegründet. Das Glaubensbekenntnis der Rosenkreuzer ist in der »Fama Fraternatis« niedergeschrieben, die von Johann Valentin Andreae (1586–1654) verfasst und zunächst als handgeschriebener Text verbreitet wurde. In gedruckter Form erschien sie erst 1614 in Kassel. Die »Fama« schildert den Lebenslauf des Christian Rosencreutz, die Gründung der Bruderschaft der Rosenkreuzer und formuliert darüber hinaus deren genaue Zielsetzung.

Die »Confessio«, ein weiteres grundlegendes rosenkreuzerisches Werk, das ebenfalls Andreae zugeschrieben wird – was jedoch nicht ganz gesichert ist –, entwickelt insbesondere prophetische Vorstellungen und knüpft an die Gedanken einer »neuen Philosophie« an, die bereits der bedeutende Arzt Paracelsus (1493–1541) formuliert hatte.

Christian Rosencreutz

Der Biografie nach waren die Eltern von Christian Rosencreutz verarmte deutsche Adelige, die ihren Sprössling als fünfjährigen Buben in die Obhut eines Klosters geben mussten. Dort studierte er Griechisch und Latein und entwickelte sich zu einem Experten auf dem Gebiet der Pflanzen- und Naturheilkunde. Gemeinsam mit einem Klosterbruder durfte er bereits als junger Mann auf seine flehentlichen Bitten hin eine Pilgerfahrt nach Jerusalem antreten. Nach dem überraschenden Tod seines Reisegefährten musste sich Christian Rosencreutz dann ganz auf sich gestellt durch die Welt schlagen. Unerschrocken machte er sich auf den Weg.

Geheimgesellschaften haben von jeher im Verborgenen gewirkt. Dies war notwendig, da die Mehrheit der Menschen noch nicht so weit entwickelt war, dass sie die Lehren solcher Gesellschaften hätten verstehen, geschweige denn umsetzen können.

Während Martin Luther 1517 nur eine Reformation innerhalb der korrupten katholischen Kirche anstrebte, ging es Christian Rosencreutz um die Reformation der ganzen Welt, wie es in der »Fama« und »Confessio« dargelegt ist.

Reise nach Damaskus

In Damaskus traf er mit den besten Wissenschaftlern seiner Zeit zusammen. Sie unterrichteten ihn in Mathematik und lehrten ihn geheimes Wissen. Als Gegenleistung vermittelte er ihnen seine Kenntnisse der Naturheilkunde. Rosencreutz wurde schließlich die Weiterreise nach Damkar empfohlen, einer Stadt, die auf keiner Landkarte existiert. Dort wurde er in die tiefsten Geheimnisse des Lebens eingeweiht. Ihm wurde Einblick in das *Liber Mundi*, das »Buch der Welt«, gewährt. Dieses Buch offenbarte in klarer Sprache »sämtliche Geheimnisse des Universums«. Unverzüglich machte sich Rosencreutz an die Übersetzungsarbeit und übertrug das Buch ins Lateinische.

Die Reise wurde fortgesetzt und führte Rosencreutz nach Ägypten, wo er das Wissen der alten Geheimgesellschaften studierte und magische und kabbalistische Studien betrieb. In der arabisch-afrikanischen Welt fühlte er sich überaus wohl. Er schätzte, ja verehrte seine Lehrmeister, die ihn ihrerseits nur zu gerne unterrichteten. Für sie war er ein nach Wissen Suchender, dem geholfen werden musste, ungeachtet dessen, welcher Herkunft er war.

Zurück in Europa

Herb war freilich die Enttäuschung bei seiner Rückkehr nach Europa. In Spanien empfing man Rosencreutz, der in einzigartiger Weise östliche und westliche Weisheit miteinander zu vereinen wusste, mit

Die grundlegenden Ordensregeln

► **1** Kein Ordensbruder darf einen anderen Beruf ergreifen als den des Arztes. Patienten sind ausnahmslos unentgeltlich zu behandeln.

► **2** Jeder Ordensbruder muss sich so unauffällig wie nur möglich verhalten. Er muss sich den örtlichen Gepflogenheiten anpassen. Ein Mönchsgewand darf nicht getragen werden.

► **3** Alle Ordensbrüder treffen sich einmal im Jahr am »Tag C« im Ordenstempel. (Bis heute ist unklar, welcher Tag damit gemeint ist. Es könnte sich um Fronleichnam handeln. Dieser Feiertag wird in Latein, der Kirchensprache, als »Corpus Christi« bezeichnet.)

► **4** Jeder Bruder muss dafür Sorge tragen, dass sein Wissen seinen Tod überdauert. Er muss bereits zu Lebzeiten einen Nachfolger bestimmen, der nach seinem Tode an seine Stelle treten und ausschließlich für den Orden leben wird.

► **5** Der Name des Ordens ist in Ehren zu halten. Die Initialen »RC« sind das Siegel der Bruderschaft.

► **6** Das Wissen der Ordensbrüder muss geheim gehalten werden. Die Gemeinschaft muss im Verborgenen arbeiten. Irgendwann wird die Zeit dafür reif sein, dass die Brüder die Existenz ihres Ordens bekannt geben und das angesammelte Wissen offenbaren.

Nach dem Tode von Christian Rosencreutz wartete man sehnsüchtig auf geheime Zeichen. Denn der Ordensgründer hatte festgelegt, dass der Orden sich erst dann öffentlich als Gemeinschaft zu erkennen geben und Würdige in das Geheimwissen einweihen dürfe. Die sterbliche Hülle des Ordensgründers wurde von zwei verschwiegenen Dienern an geheimer Stelle beigesetzt. Niemand in der kleinen Ordensgemeinschaft wusste, wo das war.

Hohn und Spott. Niemand zeigte Interesse an seinem umfangreichen Wissen, die gelehrte Welt gab sich arrogant und ablehnend. Daraus zog Rosencreutz seine Konsequenzen. Er tat sich mit drei Freunden zusammen, die einst mit ihm im gleichen Kloster studiert hatten, um gemeinsam mit ihnen das auf seinen Reisen erworbene Wissen schriftlich niederzulegen. Vier weitere Mönche kamen hinzu, und man gründete den Orden vom Rosencreutz. Ganze Bände wurden in unermüdlicher Arbeit mit esoterischem Wissen gefüllt. Gleichzeitig war Rosencreutz auch als Arzt tätig. Sein Ruf als begnadeter Heiler lockte Scharen von Hilfesuchenden an. Niemand wurde abgewiesen, doch gleichzeitig arbeitete man auch an der Niederschrift des geheimen Wissens weiter.
Als diese umfangreiche Arbeit abgeschlossen war, stand eine wichtige Entscheidung an. Sollte man ein beschauliches Klosterleben führen oder direkt in der Welt wirken? Man entschied sich für das Letztere: Die Ordensbrüder würden sich trennen und die Welt bereisen. Dabei würden sie stets sechs grundlegende Ordensregeln befolgen (siehe Kasten).

Erfüllte Prophezeiung

1604 stießen einige Rosenkreuzer in Deutschland beim Ausheben einer Baugrube auf ein steinernes Mausoleum. Über der Tür war in lateinischer Sprache eingemeißelt: »Nach 120 Jahren werde ich wieder erscheinen.« Genau dies hatte Christian Rosencreutz prophezeit!
Ehrfürchtig öffneten sie das eindrucksvolle Mausoleum. Es hatte einen sechseckigen Grundriss, im Zentrum befand sich ein wuchtiger Altar. Um den Hauptraum gruppierten sich zahlreiche Kammern. Die Räumlichkeiten hatten keinerlei Fenster – und doch war alles von einem geheimnisvollen Licht erfüllt. Nach einem Sarkophag suchte man zunächst vergeblich. Doch schließlich wurde er unter dem Altar gefunden. Am Leichnam des Ordensgründers waren keinerlei Spuren von Verwesung auszumachen. Der Körper sei schön und ruhmwürdig gewesen, so hieß es. In

Der Theologe Johann Valentin Andreae gilt als Gründer des Ordens der Rosenkreuzer.

den Händen hielt der Tote das kostbare Buch »Liber T.«, das noch mysteriöseres Wissen als das »Liber M.« enthielt.
Mit dem Auffinden der verborgenen Gruft anno 1604 hatte sich aufs Jahr genau eine Prophezeiung des Christian Rosencreutz erfüllt. War das das angekündigte Zeichen? Im gleichen Jahr machte der Astronom Johannes Kepler eine Entdeckung: Er registrierte bis dahin unbekannte Sterne in den Sternbildern des Schwan und der Schlange. Für die wenigen Ordensbrüder war damit die entscheidende Wende in der Geschichte der Gemeinschaft gekommen: Endlich durfte die Botschaft vom Orden des Christian Rosencreutz öffentlich verkündet werden. Und endlich war es auch erlaubt, neue Mitglieder aufzunehmen.

Christian Rosencreutz war zu seiner Zeit deshalb so populär, weil er eine Figur war, die die Ideale einer ganzen Epoche in sich vereinte: die Vereinigung von Gottes- und Naturerkenntnis sowie eine christozentrische Spiritualität, die pansophische Züge aufwies.

Der Name »Rosenkreuz« hat eine doppelte Bedeutung. Zum einen bezieht er sich auf den Stifter Christian Rosencreutz. Zum anderen beinhaltet er den rosenkreuzerischen Weg: das Sterben der niederen Natur (Kreuz) und das Auferstehen der höheren Natur (Rose).

Legende oder Realität?

Skeptiker wenden heutzutage ein, dass die historische Existenz des Christian Rosencreutz äußerst fragwürdig ist. Es ist nicht bewiesen, dass er tatsächlich gelebt hat. Vielmehr nimmt man an, dass es sich bei Christian Rosencreutz um eine Idealgestalt, eine große geistige Figur handelt, die der am 17. August 1586 geborene Johann Valentin Andreae entworfen hat, um durch sie seine utopischen Vorstellungen einer neuen Gesellschaft auszudrücken. Doch auch dies ist im Grunde nur eine Spekulation, die nicht nachweisbar ist.

Valentin Andreae war eine der interessantesten Gestalten seiner Zeit. Rein äußerlich erfüllte er seine Pflichten als protestantischer Pfarrer, doch innerlich verspürte er ein großes Unbehagen über die Erstarrung und Dekadenz der Kirche zu seiner Zeit. Sein Hauptanliegen war es, wiederum an das wahre Christentum anzuknüpfen: Die Lehre Christi und das Leben der Christen sollte nicht länger auseinander klaffen, sondern wieder übereinstimmen. In seinem utopischen Werk *Christianopolis* entwarf er seine Sicht eines wahren christlichen Lebens in einem christlichen Idealstaat. Dazu gehörte für ihn eine entschiedene Abwendung von der Welt und die absolute Hinwendung an Christus. Dies, so glaubte er, könne man nur in einer wahren christlichen Gemeinschaft vollbringen. Die Schriften Valentin Andreaes, die man als rosenkreuzerische Zeugnisse bezeichnen kann, übten einen nachhaltigen Einfluss aus.

Auszüge aus der Verfassung von Christianopolis

- Wir streben mit allen Kräften danach, Gott, dem Schöpfer und einzigen Herren des Menschengeschlechts, in aller Verehrung und Anbetung zu dienen, ihm nichts Himmlisches oder Irdisches vorzuziehen, unser Leben und alle unsere Handlungen seiner Herrlichkeit zu widmen und mit seiner Hilfe gelingen zu lassen.
- Wir streben danach, für unseren Gott Muße zu haben und der Unrast des Fleisches zu entsagen, der Dreieinigkeit ein stilles Heiligtum, dem Nächsten eine reine Wohnung und der Kreatur Erholsamkeit zu bieten und uns einzig dem göttlichen Wort zu widmen.
- Wir streben danach, unseren Zorn zu bändigen, die hitzige Ungeduld abzukühlen, den Wert des Menschenbluts zu achten, die Rache zu vergessen, den Neid zu verabscheuen und sorgfältig dem mildesten Herzen Christi nachzueifern.
- Wir streben danach, die uns von Gott anvertrauten Güter so sorgfältig und friedfertig wie möglich, angemessen und unter Danksagung zu genießen, ihre Verteilung so gerecht, ihre Verwendung so bescheiden und ihre Bewahrung so sicher wie möglich zu gestalten.
- Wir streben danach, das Licht der Wahrheit, die Reinheit des Gewissens und die Unbeflecktheit des Zeugnisses recht und frei weiterzugeben, jederzeit und überall die Gegenwart Gottes zu verehren, die Unschuldigen zu beschützen und die Schuldigen auf den rechten Weg zu führen.
- Wir streben danach, niemandem zu nahe zu treten, Göttliches und Menschliches nicht miteinander zu vermischen, mit unserem Los zufrieden zu sein, unsere Häuser still zu bewohnen und die vergängliche Herberge dieser ganzen Welt von Herzen zu verachten.

Alchimistische Umtriebe

In jener Zeit entstand eine ganze Reihe so genannter »Rosenromane«. Die Autoren wagten in verschleierter Form Kritik an der Obrigkeit und spielten auf Gemein-

Angeblich gelang es Wenzel Seiler 1677 mit dieser Brosche, Blei in Gold zu transformieren.

schaften an, in denen verbotene alchimistische Studien betrieben wurden. Die Alchimisten versuchten Metalle, insbesondere Blei, in reines Gold zu verwandeln. Bis heute sind viele der alchimistischen Praktiken unbekannt geblieben. Doch einzelne Praktiken konnten enträtselt werden. So wurde häufig »jungfräulicher Tau« eingesetzt, der von Blüten und Blättern gesammelt werden musste. Wichtige Substanzen durften nur bei Sonnenlicht gewonnen werden. In der alchimistischen Symbolschrift war das Kreuz das Zeichen für das Wunder wirkende Licht. Tau heißt auf Lateinisch »ros«, Kreuz »crux«. Sollte eine Verbindung dieser beiden Worte der wahre Ursprung des Begriffs »Rosenkreuzer« sein?
Auch in der Alchimie gibt es, wie bei der Figur des Christian Rosencreutz, mehrere Ebenen. Vordergründig sollte mit Hilfe der Alchimie Blei in Gold umgewandelt werden, also etwas kostbares Materielles hergestellt werden. Doch hintergründig war die Alchimie ein Symbol für eine spirituelle Entwicklung. Der normale Mensch war das Blei, der Werkstoff, der durch die alchimistische Bearbeitung – das war das Ersterben des alten Menschen in dem Feuer Christi – zu einem neuen Menschen werden sollte. Dieser transfiguristische Prozess soll das geheime Wissen des Christian Rosencreutz ausgemacht haben.

Confessio Fraternitatis

1615 erschien eines der wichtigsten Rosenkreuzerwerke: die *Confessio Fraternitatis R.C. Ad Eruditos Europae*, in deutscher Sprache als »Confession oder Bekandnuß der Societat und Brüderschaft R.C. an die Gelehrten Europae«. Mit diesem Werk wollte man in erster Linie Gerüchten entgegentreten, wonach es sich bei den Rosenkreuzern um eine nichtchristliche Vereinigung handele. Betont wurde, dass christlicher Glaube das Fundament der Bruderschaft sei. Deutlich auch der Hinweis darauf, dass die Gemeinschaft jedem würdigen Menschen offen stehe, ungeachtet des gesellschaftlichen Standes.

Die mittelalterlichen Rosenkreuzer sind dafür bekannt, dass sie Blei zu Gold umwandeln wollten, also alchimistisch tätig waren. Man kann diesen äußeren Vorgang aber auch als ein Symbol für ein inneres Geschehen betrachten.

Mikrokosmos und Makrokosmos

Was aber machte das »hohe Studium« der Rosenkreuzer aus? Welche Erkenntnisse konnte der Rosenkreuzer erlangen, über die er Stillschweigen zu wahren hatte?
Rosenkreuzer waren davon überzeugt, dass es eine Übereinstimmung zwischen Makrokosmos und Mikrokosmos gibt, also zwischen dem Universum in seiner unvorstellbaren Größe und den Atomen, aus denen sich jeder lebende Organismus, aber auch scheinbar tote Materie zusammensetzt. Durch Beeinflussung des Kleinen, so war man sich sicher, könne man auch das Große verändern. Erstaunlicherweise ist dieses Gedankengut seit Ende des 20. Jahrhunderts fester Bestand-

Die wahren Rosenkreuzer strebten nach der Wiedergeburt aus dem Heiligen Geist. Dazu mussten sie ihre niedere Natur ans Kreuz heften, das heißt dem Weg Jesu folgen, auf dass die Rose, die neue Seele, erblühen konnte.

teil der modernen Chaosforschung. Demnach bleibt selbst die kleinste Aktion nicht ohne Reaktion: Der Flügelschlag eines Schmetterlings in Lügde-Niese kann unter Umständen auf Neuseeland einen Gewittersturm verursachen.

Die Rosenkreuzer betonten nach außen hin, dass es in ihrer Gemeinschaft nicht um schnöden Mammon gehe. Man praktiziere komplizierte alchimistische Rituale, weil man auf diesem Wege das Wesen des Menschen veredeln wolle. Solchen Erklärungen, die immer wieder publiziert wurden, zum Trotz beschäftigten sich eingeweihte Rosenkreuzer intensivst mit der Frage, ob man Blei in edles Gold verwandeln könne.

Künstliches Gold

Die modernen Autoren Jacques Bergier und Louis Pauwels, die sich mit okkulten Phänomenen befassen, kamen zu dem Ergebnis, dass die wirklich Wissenden der Rosenkreuzer bereits vor Jahrhunderten dazu in der Lage waren, die Atomstruktur der Materie zu manipulieren und tatsächlich Gold aus Blei herzustellen. Diese Vorgänge, die im wahrsten Sinne des Wortes lebensgefährlich waren, wurden daher nur den Eingeweihten der höchsten Stufe zugänglich gemacht. Diese Geheimhaltung hatte freilich nicht nur humanitäre Gründe. Einerseits wollte man Laien nicht in Lebensgefahr bringen, andererseits wollte man natürlich auch nicht den bestehenden Goldpreis gefährden.

Einige Forscher sind davon überzeugt, dass der Graf von Saint Germain ein eingeweihter Rosenkreuzer war, nicht zuletzt wegen seines legendären Reichtums. War er imstande, Blei zu Gold zu veredeln?

Rosenkreuzer der Gegenwart

Geheimnisumwittert ist die Geschichte der Rosenkreuzer. Wann genau begann sie? Gibt es heute noch echte Rosenkreuzer? Wenn ja, wie kann man hier die Geister unterscheiden? Denn Gruppen gibt es auch in der Gegenwart viele, die unter dem Namen »Rosenkreuzer« auftreten. Der Leitsatz der klassischen Rosenkreuzer war der Spruch:

Ex deo nascimur
In Jesu morimur
Per Spiritum sanctum reviviscimus

Aus Gott geboren
In Jesus gestorben
Durch den Heiligen Geist wiedergeboren

Symbolhaftes Kreuz

Der emblemhafte Schmuck, der das geheimnisvolle Kreuz der Rosenkreuzer ziert, hat eine ganz bestimmte Bedeutung, die nur Eingeweihte kennen:

- In der Mitte des Kreuzes: ein Diamant als Zeichen der Weisheit.
- Auf dem oberen senkrechten Balken: grüner Jaspis (Licht), gelber Hyazinth (Liebe) und weißer Chrysolith (Reinheit).
- Auf dem rechten Querbalken: Saphir (Wahrheit), grüner Smaragd (Stein des Lebens), goldener Topas (Harmonie).
- Auf dem linken Querbalken: hellgrüner Chrysopras (Kraft des Gesetzes), ein Sardonyx (Glück) und ein Chalzedon (Sieg).
- Auf dem unteren Teil des senkrechten Balkens: violetter Amethyst (Gerechtigkeit), farbiger Beryll (Demut) und ein hellroter Sarder (Glaube).

Wer diesem Motto folgte und auch heute noch folgt, kann als wahrer Rosenkreuzer gelten. Wie das Sterben in Jesu erfolgt und die anschließende Wiedergeburt durch den Heiligen Geist, ist Bestandteil der geheimen Lehren des Ordens der Rosenkreuzer.

Helena P. Blavatsky (1831–1891) war erste Vorsitzende der Theosophischen Gesellschaft.

Die Theosophische Gesellschaft

Die Wissenschaftler der NASA arbeiten gerade an einem phantastischen Projekt: In der Erdumlaufbahn sollen riesige rad- oder röhrenförmige Weltraumstationen gebaut werden, die die Ausmaße von gewaltigen Städten haben. Sie werden um die eigene Achse kreisen und so künstlich Schwerkraft erzeugen. Das Leben an Bord wird sich nicht von dem auf der Erde unterscheiden. Irgendwann einmal werden solche Weltraumstädte die Umlaufbahn der Erde verlassen und mit Tausenden von Menschen an Bord in die Weite des Kosmos vordringen.

Verwirklichte Utopie

So neu sind solch utopisch anmutende Projekte nicht. Der »Vater der Weltraumfahrt«, Prof. Dr. Dr. Ing. Hermann Oberth, entwickelte bereits vor Jahrzehnten Raumschiffstädte bis in kleine Details. Bereits 1954 schrieb er: »Man könnte sich vorstellen, dass Menschen ferne, unbekannte Planeten anderer Sonnen erreichen. Sie würden sich in Wohnwalzen als auf sich selbst gestellte Gemeinschaften auf den ungeheuer weiten Weg machen und nach Tausenden von Jahren ans Ziel kommen. Am Ziel würden die Nachfahren der einst von der Erde ausgezogenen Menschen neue Planeten erforschen und für ihre Nachkommen erschließen.« Derlei grandiose Visionen sind theoretisch schon heute machbar.

Auch die wissende Helena P. Blavatsky versicherte, dass die ersten Lebewesen, die die Erde besiedelten, aus den Tiefen des Weltraums kamen. Und in ferner Zukunft, wenn es auf Erden kein Leben mehr gibt, würden unsere Nachkommen wieder in die Tiefen des Alls aufbrechen. Diese Erkenntnis habe sie nach dem Studium uralter geheimer Texte gewonnen.

Spiritismus und Medien

Gegen Ende des 19. Jahrhunderts hatten in den USA Medien Hochkonjunktur. Überall im Lande bildeten sich spiritistische Zirkel, die mit Hilfe medial veranlagter Menschen Kontakte mit dem Jenseits knüpfen wollten. Reges Interesse lösten Horatio und William Eddy aus. Aus den Brüdern, die auf einem Bauernhof in Chittenden im Staate Vermont lebten, sprach ein ganzes Heer von Totengeistern. Davon waren zumindest die zahlreichen Anhänger der beiden überzeugt.

1874 erhielt der New Yorker Rechtsanwalt und Journalist Henry S. Olcott den Auftrag, die beiden Brüder zu besuchen und einigen spiritistischen Sitzungen beizuwohnen. Tatsächlich erlebte Olcott Geheimnisvolles. Da ertönten dumpf und hohl die Stimmen von Soldaten, die in Gemetzeln mit Indianern ums Leben gekommen waren. Da beschwerten sich Bauern,

Madame Blavatsky reiste ein Vierteljahrhundert lang quer durch die Welt, um das Geheimnis des menschlichen Daseins zu erforschen. Ihre Reisen führten sie unter anderem nach Indien, Ägypten, Tibet und Afrika.

die im amerikanischen Bürgerkrieg zwischen die Fronten gekommen und getötet worden waren. Und verschiedene Indianer stimmten monotone Gesänge an, in denen sie das Land ihrer Väter mit unendlichem Reichtum an Büffeln priesen. Der weiße Mann hatte die Herden abgeschlachtet, die roten Brüder gemordet und ihr Land unrechtmäßig geraubt.

Begegnung mit Folgen

Ihr Werk »Enthüllte Isis« schrieb Madame Blavatsky in kürzester Zeit. Es setzt sich mit den Weltreligionen auseinander und gipfelt in der Einsicht, dass es viele Wege gibt, die zur Wahrheit führen.

Henry S. Olcott war alles andere als beeindruckt, denn ähnliche Seancen gab es überall im Lande. Enttäuscht wollte er wieder abreisen. Doch da lernte er eine geheimnisvolle Dame kennen: Helena Petrowna Blavatsky (1831–1891). Olcott beschrieb sie folgendermaßen: »Sie war von großer, kräftiger Gestalt und trug zu ihrem Kostüm ein rotes Hemd nach Art der italienischen Revolutionäre unter Garibaldi. Sie hatte ein flächiges, mongolenhaft geschnittenes Gesicht und kurzes, krauses blondes Haar.«
Bald gehörte Olcott zum inneren Kreis um Helena Petrowna Blavatsky. Er verließ sogar seine Frau und zog in Blavatskys kleine Wohnung in Manhattan. Regelmäßig nahm er an ihren sonntäglichen Gesprächsrunden teil, bei denen sie eine unglaubliche Fülle an geheimem Wissen enthüllte, das ihr auf ihren Reisen durch Indien anvertraut worden war. Häufig zitierte sie aus einem tibetischen Werk, aus dem *Buch von Dzyan*, das vor vielen Jahrhunderten entstanden und immer wieder kopiert worden sei, wie sie versicherte. Über Jahrtausende hinweg sei so uraltes, geheimes Wissen von Generation zu Generation weitergegeben worden.

Menschheitsentwicklung

Wie die Bibel beschreibt das Opus die Geschichte der Menschheit. Es beginnt in grauer Vorzeit, als es auf Erden noch gar keine Menschen gab. So heißt es in Strophe I: »Es gab keine Zeit, denn sie lag schlafend im unendlichen Schoße der Dauer. Dunkelheit allein erfüllte das unendliche All. Das Leben pulsierte unbewusst im Weltenraum. Die sieben erhabenen Beherrscher und die sieben

Lebensdaten der Helena Petrowna Blavatsky

- Am **31.7.1831** in Jekatarinoslaw (heute: Dnjepropetrowsk, Ukraine) geboren.
- **1848** Heirat mit dem russischen General N.V. Blavatsky, von dem sie sich bald wieder trennte. Flucht in die Türkei. Beginn intensiver Reisetätigkeit. Studierte in Kairo bei einem koptischen Magier namens Paulos Metamon.
- **1851** Indische Behörden verboten ihr die Einreise nach Indien.
- **1855** versuchte sie in Männerkleidern nach Tibet zu gelangen.
- **1858:** Aufenthalt in Deutschland und in Frankreich. Rückkehr nach Russland.
- **1863:** Ägyptenaufenthalt. Anschließend Reisen durch Europa.
- **1873:** Reise nach Amerika. Durch den in Amerika blühenden Spiritismus hatte Madame Blavatsky rasch sehr viel Zulauf.
- **1875:** Gründung der Theosophischen Gesellschaft mit dem Ziel der Erforschung magischer indischer Praktiken.
- **1878:** Übersiedlung nach Indien.
- **1884:** Reise nach Europa. Rückkehr nach Indien.
- **1885:** Europareise. Deutschlandaufenthalt.
- **8.5.1891:** Tod in London.

Wahrheiten hatten aufgehört zu sein.« Die Strophe II lautet: »Wo waren die Bauleute, die leuchtenden Söhne, die Hervorbringer der Form aus der Nichtform, der Wurzel der Welt? Die Stunde hatte noch nicht geschlagen. Der Strahl war noch nicht in den Keim geblitzt.« In Strophe III wird erklärt: »Die letzte Schwingung der siebenten Ewigkeit durchdringt die Unendlichkeit. Die Schwingung breitet sich aus, sie berührt mit ihrem raschen Flügel das ganze Weltall und den Keim, der in der Dunkelheit wohnt, über den schlummernden Wassern atmet. Die Wurzel des Lebens war in jedem Tropfen des Ozeans der Unsterblichkeit enthalten, und der Ozean war strahlendes Licht, welches Feuer, Wärme und Bewegung war. Das Dunkel verschwand und war nicht mehr. Siehe der helle Raum, welcher der Sohn des dunklen Raumes ist, er scheint fortan wie die Sonne. Er ist der feurige göttliche Drache der Weisheit. Wo war der Keim, und wo war jetzt die Finsternis? Der Keim ist die Tat, und die Tat ist das Licht, der weiße strahlende Sohn des dunklen, verborgenen Vaters.«

Das Göttliche war für Madame Blavatsky eine besonders weit entwickelte Form des Seins, zu der sich letztlich jedes Leben entwickeln konnte. Aus diesem göttlichen Dasein hatten sich alle Formen des Lebens entwickelt. Die Grenzen zwischen einfachen und höchst entwickelten Lebensformen war fließend. Es gab keine unüberwindbaren Hindernisse, jeder Mensch konnte sich nach Ansicht Madame Blavatskys zum Göttlichen hin entwickeln.

Sieben Rassen

Blavatsky ging von sieben so genannten Wurzelrassen aus, die einander ablösten. Die erste stammte vom Mond und lebte auf Erden auf einem Kontinent namens »Unvergängliches Heiliges Land«. Die zweite Wurzelrasse, die der Hyperboräer, fristete vor 18000000 Jahren ein eher kärgliches Dasein auf einem riesigen Kontinent in der Nähe des Nordpols. Diese Geschöpfe, die sich durch Zellteilung vermehrten, waren knochenlos, gummiartig und ohne jede Intelligenz.

Die Hyperboräer wurden von der dritten Rasse, einem Volk von Riesen, abgelöst. Sie hausten auf dem Kontinent Lemuria.

Die Gründung der Theosophischen Gesellschaft kam insbesondere auf das Betreiben Mr. Olcotts zustande, der von Anfang an ein ergebener Anhänger Madame Blavatskys war.

Henry S. Olcott (Mitte) war erster Präsident der Theosophischen Gesellschaft. Annie Besant wurde später als Nachfolgerin Blavatskys Vorsitzende.

Dieses Reich befand sich südlich von der Wüste Gobi im Indischen Ozean. Eine entsetzliche Weltkatastrophe ließ Lemuria in den Fluten des Meeres versinken. Gleichzeitig stieg im Atlantik Atlantis empor, die Heimat der vierten Wurzelrasse. Nach Helena Blavatsky sind wir Menschen der Gegenwart Angehörige der fünften Wurzelrasse. Unsere Ahnen kamen demnach aus Nordasien, besiedelten nach und nach, in Richtung Süden und Westen ausschwärmend, den Erdball.

Die Menschen sind im Weltbild von Madame Blavatsky keineswegs die Krone der

Auch Rudolf Steiner war ein Mitglied der Theosophischen Gesellschaft, bevor er sich aus weltanschaulichen Gründen von den Theosophen abwandte und die Antroposophische Gesellschaft gründete, die bald viele Anhänger hatte.

Schöpfung. Vielmehr wird die Menschheit, so wie wir sie heute kennen, wie alle Rassen vor uns, dereinst vom Erdboden verschwinden, um der Rasse sechs und sieben Platz zu machen. Erst dann ist ein großer Zyklus beendet und ein neuer könne beginnen. Künftige Generationen werden dann die Erde verlassen und sich in den Weiten des Alls eine neue Heimat aussuchen. Und auch in dieser neuen Heimat irgendwo im All soll es wiederum eine Abfolge von sieben Rassen geben.

Verbreitung des Wissens

Helena P. Blavatsky betonte stets, dass sie keine eigenen Ideen vortrage, sondern lediglich uraltes Geheimwissen enthülle. Mr. Olcott freilich war der Ansicht, dass derlei Informationen nicht nur einem kleinen Kreis von Eingeweihten vorenthalten bleiben dürfe. Auf seinen Vorschlag hin wurde am 8. September 1875 die »Theosophische Gesellschaft« gegründet mit Mr. Olcott als Präsidenten und Madame Blavatsky als Vorsitzender.

Madame Blavatsky veröffentlichte ihr umfangreiches Wissen 1888 in ihrem Hauptwerk *Die Geheimlehre*. Zwei weitere Bücher, die sie bereits angekündigt hatte, in denen sie weitere geheime Quellen allgemein zugänglich machen wollte, sind nie erschienen, da sie bereits drei Jahre später verstarb. Die Theosophische Gesellschaft indes lebte weiter.

Nachfolgerin wurde auf Blavatskys Wunsch Annie Besant (1847–1933), eine bekannte Frauenrechtlerin, die mit beiden Beinen auf dem Boden stand. Intensive Auseinandersetzungen mit den wichtigsten Religionen unserer Erde brachten sie zur Überzeugung, dass die Lehre von der Wiedergeburt zutreffen müsse. Annie Besant machte sich auf nach Indien und gründete dort eine neue Geheimgesellschaft, den »Theosophical Order of Service«. Außerdem rief sie auch das »Central Hindu College« ins Leben, zu dessen berühmtesten Studenten Mahatma Gandhi und Jawaharal Nehru gehörten.

Politische Aktivitäten

In eigenen Zeitungen, die sich riesiger Auflagen erfreuten, kritisierte Annie Besant immer konkreter das Verhalten der britischen Kolonialmächte. Sie wurde schließlich sogar verhaftet, musste aber nach gewaltigen Demonstrationen wieder auf freien Fuß gesetzt werden. 1917 wurde sie, inzwischen 70-jährig, Präsidentin des »Indian National Congress«. Damit war sie die weltweit politisch mächtigste Vorsteherin einer mystischen Geheimgesellschaft. So wie in Amerika Freimaurer die Unabhängigkeit der einstigen europäischen Kulturen durchsetzten, so war es in Indien die Theosophin Annie Besant, die den Riesenkontinent auf die politische Freiheit vorbereitete.

Doch so erfolgreich Annie Besant auf der politischen Bühne war, so halsstarrig verhielt sie sich in Sachen Theosophische Gesellschaft.

Kommender Messias?

Charles Webster Leadbeater (1847–1934) brachte große Unruhe in die Theosophische Gesellschaft. Behauptete er doch, in einem 14-jährigen Knaben den Messias selbst erkannt zu haben. Für Leadbeater stand fest, dass sich noch im 20. Jahrhundert die nächste Wurzelrasse heranbilden würde. Und Jiddu Krishnamurti, Sohn eines indischen Beamten, werde die Menschheit darauf vorbereiten.

Diese Ansicht teilten allerdings nur wenige Mitglieder der Geheimorganisation. Annie Besant sah sich deshalb genötigt, einen neuen Orden zu gründen, den »Order of the Star in the East«. Der Protest der Theosophen der alten Schule war begründet. Helena P. Blavatsky hätte nie und nimmer geduldet, dass aus der von ihr ins Leben gerufenen Gesellschaft eine neue

Ist Jiddu Krishnamurti der neue Messias? Diese Frage spaltete die Theosophische Gesellschaft.

Religion wurde, denn sie war der festen Überzeugung, dass keine Religion der Welt höher als die Weisheit sei.
Und so kam es zu dementsprechenden Reaktionen: Rudolf Steiner (1861–1925), als Leiter der deutschen Abteilung der Theosophischen Gesellschaft in weiten Kreisen hoch angesehen, verließ die Gemeinschaft, die ihm bislang so viel bedeutet hatte, und gründete daraufhin die »Anthroposophische Gesellschaft«.
Indessen bereiteten Annie Besant und Charles W. Leadbeater Jiddu Krishnamurti weiter auf seine künftige Rolle des Messias vor. Krishnamurti ließ sich zwar in die Geheimnisse des Ordens einweihen, erklärte jedoch 1929 vor einer Versammlung von 3000 Menschen zum Entsetzen seiner Förderer: »Ich bin weder der künftige Messias noch sein Sprachorgan!« Mit diesen Worten löste er den Orden souverän auf. Doch bis zu seinem Tod im Jahre 1986 hielt er philosophische Vorträge und Seminare und veröffentlichte mehrere Bücher.
Der Streit um Krishnamurti führte dazu, dass viele Mitglieder der Theosophischen Gesellschaft den Rücken kehrten, doch die Krise wurde bewältigt, und die Theosophische Gesellschaft existiert noch heute in Adyar in Indien. Sie hat sich die Verbrüderung der ganzen Menschheit zum Ziel gesetzt. Das mag angesichts des Zustandes der heutigen Welt utopisch, wenn nicht gar naiv klingen. Doch schließlich hatte Indien den revolutionären Aktivitäten Annie Besants zum großen Teil seine Unabhängigkeit zu verdanken. Warum sollte es ihren Nachfolgern nicht gelingen, eine ähnlich revolutionäre Entwicklung in Gang zu bringen? Dies insbesondere, da die esoterischen Lehren von einer theokratischen Weltregierung berichten, die irgendwann nach dem Jahre 2000 die Geschicke der Welt lenken soll?

Golden Dawn – Magie und Unsterblichkeit

»Durch Magie zur Unsterblichkeit«: So lautete das Motto der vielleicht exklusivsten geheimen Gesellschaft, die je gegründet wurde. 1888 wurde der »Hermetische Orden der goldenen Dämmerung« ins Leben gerufen. Grundlage war der in einer Geheimschrift verfasste Text *Cypher*, der damals auftauchte. Der Freimaurer Gregor Mathers hatte die mysteriöse Abhandlung von William W. Westcot erhalten und mit

Zwar erfüllte Krishnamurti nicht die hohen Erwartungen, die die Theosophische Gesellschaft in ihn gesetzt hatte, dennoch übte er als spiritueller Lehrer weltweit einen großen Einfluss aus, insbesondere dadurch, dass er die Menschen zur Freiheit im Denken ermutigte.

Auch die Mitglieder des Golden Dawn Orden hatten die geistige Wiedergeburt zum Ziel. Doch, im Gegensatz zu den Rosenkreuzern, setzten sie insbesondere magische Mittel – darunter auch Drogen – ein, um ihr Ziel zu erreichen.

großem Aufwand übersetzt. Wenn je eine Bruderschaft die Bezeichnung geheim verdient hat, dann war es der Golden Dawn. Es war mehr als schwierig, ja beinahe unmöglich, Mitglied zu werden. Die Eingeweihten suchten sich selbst die geeigneten Kandidaten aus. So kam es, dass nie mehr als dreihundert Mitglieder der exklusiven Gemeinschaft angehörten.

Ein berühmtes Mitglied des Ordens war William Butler Yeats (1865–1939), der 1923 den Nobelpreis für Literatur erhielt.

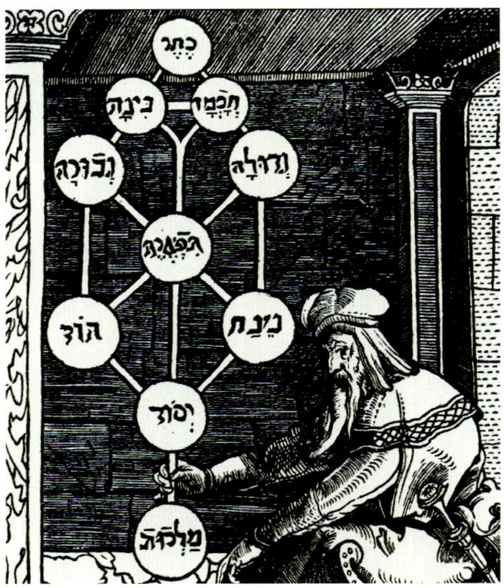

Der Konstruktion des sefriotischen Lebensbaumes aus der Kabbala liegt die Zahl Zehn zu Grunde.

Geistige Wiedergeburt

1903 zerbrach der Orden. Vermutlich hätte die breite Öffentlichkeit nie von seiner Existenz erfahren, hätte es nicht eine Art Verräter gegeben. 1937 legte Israel Regardie (1907–1985) gleich vier voluminöse Bände vor, in denen er die magischen Praktiken des Golden Dawn offenlegte. So wissen wir heute, dass jeder Kandidat einer besonderen Aufnahmezeremonie unterzogen wurde. Vermutlich wurden dabei Drogen verabreicht, die zu Halluzinationen führten. Ziel war die geistige Wiedergeburt der Mitglieder. Um dies zu erreichen, mussten Tod und Auferstehung so physisch wie nur möglich erlebt werden. Wie Aleister Crowley, eines der berühmtesten Mitglieder des Ordens, immer wieder betonte, müsse der Mensch durch die Hölle gehen, um den Himmel zu erreichen. Der geistig Wiedergeborene sollte durch Magie wiederum neu erschaffen werden, und zwar als mächtiges Wesen, das im Zentrum eines ganz persönlichen Universums stand.

Sonderbare Riten

Im Zentrum der Gemeinschaft, dem »Isis-Urania-Tempel«, wurden seltsame Riten gefeiert. Da wurden grässliche Zaubertränke angerührt, zu deren Ingredienzen, um nur ein Beispiel zu nennen, eine speziell zubereitete Schlange gehörte.

Wozu waren diese Zeremonien gut? Die Mitglieder des Golden Dawn sehnten sich danach, auf okkult-magischem Wege allmächtig wie Gott zu werden. Heute sind einst streng geheime Riten bekannt, die nur ganz wenige Eingeweihte kannten. So lautete eine der wichtigsten Zeremonien:

»Berühre die Stirn und sprich ›Ateh‹ (Dein ist), die Brust und sprich ›Malkuth‹ (das Reich), die linke Schulter und sprich ›ve-Gedulah‹ (und die Herrlichkeit). Lege die Hände über der Brust zusammen und sprich ›le Olam‹ (in Ewigkeit, Amen). Ziehe danach ein Pentagramm (einen fünfzackigen Stern) nach Osten, deute kraftvoll in seine Mitte und rufe den Gottesnamen ›JHVH‹ (Jahwe). Ziehe danach ein Pentagramm nach Süden und rufe den Gottesnamen ›Adonai‹. Ziehe dann ein Pentagramm nach Westen und rufe den Gottesnamen ›Eheie‹. Ziehe dann ein Pentagramm nach Norden und rufe den Gottesnamen ›Agla‹. Vollende den Kreis im Osten. Stelle dich sodann mit ausgebreiteten Armen in Kreuzform hin und sprich: ›Vor mir Rafael, hinter mir Gabriel, zu meiner Rechten Michael, zu meiner Linken Uriel.‹ Dabei stelle dir die riesigen Gestalten der Erzengel vor, die dich schützen und dir Kraft geben. Sprich dann: ›Um mich flammende Pentagramme, und über mir leuchtet der sechsstrahlige Stern.‹ Schlage dann wie zu Anfang das kabbalistische Kreuz.«

Beherrschen der Naturgesetze

Als dieses streng geheime Ritual zu Zeiten des Golden Dawn praktiziert wurde, galt es als streng gehütetes Geheimnis, das keinem Uneingeweihten anvertraut werden durfte. Heute sind die genauen Abläufe der mystischen Übung bekannt. Wichtige Details aber werden wir wohl nie erfahren: Die magischen Worte mussten in einer exakt festgelegten Weise ausgesprochen werden unter Anwendung einer bestimmten Atemtechnik.

Magie war für die Angehörigen des Golden Dawn nichts Übernatürliches. Es galt nicht, Naturgesetze aufzuheben. Magie wurde vielmehr als optimaler Umgang mit den Naturgesetzen angesehen, die der Wissende zu seinem eigenen Vorteil nutzte. Die Vorstellung, man könne durch das Aussprechen von irgendwelchen Zauberworten Wünsche wahr werden lassen, wurde mit Sicherheit im Golden Dawn als lächerlich abgetan. Doch man glaubte durchaus, dass man durch Anwendung von Magie Wünsche erfüllen könne. Der einzig magische Akt darin war, dass die Willenskraft des Menschen auf ein ganz konkretes Ziel gelenkt wurde, denn ein echter Magier ist Herrscher seiner selbst.

Kabbalistische Magie

Über den Ursprung des Manuskripts *Cypher*, das die Grundlagen des Golden Dawn zusammengefasst haben soll, existieren heute geteilte Meinungen. Doch mit Sicherheit praktizierten die Golden-Dawn-Mitglieder die aus dem Mittelalter stammende Kabbala-Magie.

Der Magier sah in allem eine Realität, in der sich auch das Göttliche spiegelte. Nach dem Buch *Sohar*, das im Mittelalter in Eingeweihtenkreisen kursierte, strömte zu Anbeginn der Zeiten ein enormer Energiestrahl aus Gott und teilte sich in neun Lichter. Diese insgesamt zehn Kräfte waren durch zweiundzwanzig Wege miteinander verbunden.

Sphärenlehre

Die Seele des Menschen ging von Gott aus und sank zur Erde nieder. Ihr stetes Trachten war, die Rückkehr zum Ursprung, zu Gott, zu vollziehen. Der Magier ging von einem Universum aus, das aus zehn ineinander liegenden Kugeln bestand, die als Sphären bezeichnet wurden. In diesem System war Gott die äußerste Sphäre. Auf der nächstniedrigen befanden sich die Fixsterne, dann kamen die sieben bekannten Planeten. Zur tiefsten Sphäre gehörten Mond und Erde.

Wurde ein Mensch auf der Erde geboren, musste zunächst seine Seele von der göttlichen, also der äußeren Sphäre zur Erde, also zur tiefsten inneren Sphäre hinabsteigen. Anfangs bestand sie nur aus Licht. Nach und nach baute sie sich jedoch zu einem körperlichen Lebewesen auf. Beim Durchschreiten der einzelnen Kugeln bekam der Mensch die entsprechenden Eigenschaften mit, die man diesen Sphären zuschrieb. Von Venus erhielt der Mensch die Fähigkeit zur Liebe, von Merkur zum Denken. Seine irdische Erscheinungsform wurde dem Menschen auf der Erde zugeteilt. Die Menschwerdung war für die Seele alles andere als ersprießlich, musste sie

Der Abstieg der Seele von der Welt des Lichtes in die Welt der Dunkelheit ist insbesondere in gnostischen Texten anschaulich beschrieben. Sie alle rufen die Seele auf, wieder in ihr ursprüngliches Reich zurückzukehren.

Die gnostische Lehre ist eine streng dualistische. Es gibt in ihr die Welt des Lichtes und die Welt der Finsternis, die von so genannten Demiurgen – Mittler-Gottheiten zwischen der reinen Geistigkeit Gottes und der »bösen« Materie – beherrscht wird.

doch die reine höchste Sphäre verlassen und in die niedrigste hinabsteigen.

So war das einzig vernünftige Streben in den Augen des Magiers der allmähliche Wiederaufstieg nach Kether, die Rückkehr in das Reich des Lichts. Doch dies war nicht einfach, und man musste sich bereits zu Lebzeiten darauf vorbereiten, da die Seele bei ihrer Rückkehr unterschiedliche Welten passieren muss.

Wanderung durch die Sphären

Zunächst galt es, die neunte Sphäre zu durchdringen, die als Ursprung aller Schöpfungskraft angesehen wurde. Neun war ihre magische Zahl. Auf dem Mond hauste Yesod, der Magier. Sphäre acht – Yesod – wurde als weibliche Kraft angesehen, die für die Intuition zuständig war. Die Astrologen setzten sie mit dem Planeten Merkur gleich, der die Gabe des logischen Denkens beeinflusst. Sphäre sieben, Nezach, steuerte die männliche Potenz in der Pflanzen-, Tier- und Menschenwelt. Astrologen setzten sie mit dem Planeten Venus gleich, der die Liebe und Triebwelt regiert.

Nezach und Hod konkurrierten miteinander. Yesod, der Mondmagier, wusste die Spannung zwischen beiden Polen zu nutzen und schöpfte daraus Kraft für seine Zauberei.

Sphäre sechs, Tiferet, war in der astrologischen Sprache die Sonne. Verschiedene Symbole versinnbildlichten diese Welt der Schönheit, etwa das Bild des »geopferten Kindes«. Wohl auch deshalb wurde Tiferet mit Jesus identifiziert, der nach der christ-

Manichäische gnostische Texte

► Wunderbar ausgedrückt ist die gnostische Lebenshaltung in den »Perlenliedern« Manis, die die Sehnsucht der gefallenen Seele nach der Lichtwelt in hymnischer Form beschreiben.
Hier ein Beispiel:

O Seele, wach' auf!
Erinnere dich deiner Äonen.
Woher kommst du?
Du bist von der Höhe.
Du bist ein Fremdling in dieser Welt,
ein Gast auf der Erde der Menschen.

Du hast dein Haus in der Höhe, deine Zelte der Freud,
dein wahres Vater-Mutter, deine wahren Brüder.
Du bist ein Kämpfer.
Du bist das Schaf, das in der Wüste wandert.
Dein Vater, der Hirte, sucht nach dir.
Erinnere dich deiner Äonen.

O Seele, erhebe dein Haupt in diesem Haus voller Täuschung
durch arglistige Dämonen, Fallstricke und Räuber.
Vergiss nicht dein wahres Selbst.
Denn alle jagen sie dir nach,
voran die Jäger des Totenreichs.
Sie fangen die Vögel und brechen ihre Schwingen,
damit sie nicht zu ihren Taubenschlägen zurückfliegen können.

O Seele, erhebe dein Haupt
und kehre zu deinem ursprünglichen Land zurück,
das voller Freude ist.
Du bist ein Kind des Lichtes von Ewigkeit zu Ewigkeit.

lichen Erlösertheologie als Sohn Gottes für die Sünden der Menschen starb. Der Ursprung dieser Gleichsetzung geht aber mit Sicherheit in Zeiten lange vor der christlichen Ära zurück, als hohen Göttern und auch der Sonne noch Menschenopfer dargeboten wurden. Auf Erden hatte Tiferet ein magisches Tier – den Löwen.
Sphäre fünf, Geburah, war im astrologischen Weltbild mit Mars identisch und galt als Ursprung alles Bösen. Wollte man eine bildliche Darstellung dieser Welt erstellen, dann wählte man einen Furcht einflößenden Soldaten in einem brausenden Streitwagen. Hauptgegner von Geburah war Hesed, die vierte Sphäre. Sie war die Liebe, eine positive Kraft, die alles ordnete. Tiferet war stets darum bemüht, die beiden gegensätzlichen Welten wenn doch nicht zu versöhnen, so doch einander in Harmonie näher zu bringen. Hesed galt als feminine Kraft. Ihr wurden magische Fähigkeiten zugesprochen.
Binah, die dritte Sphäre, galt als die Mutter des Universums. Ihre Symbole waren Schlüssel, Kreis, Oval und Diamant, ihre magische Zahl die Drei. Lange bevor das Christentum seinen Siegeszug antrat, herrschten Frauen über die Geschicke der Menschen. An diese Epoche des Matriarchats erinnert die Figur Binah, die in Abbildungen als reife Frau gezeigt wird.

Der Glanz Gottes

Chokhmah war die einzige Sphäre, auf die direkt der Glanz Gottes fiel. Deshalb galt sie als besonders begünstigt. Nicht zuletzt wegen dieser Gottesnähe war sie die personifizierte Weisheit. Neben dem Phallus war der Turm ihr Symbol. Eingeweihte Magier waren deshalb davon überzeugt, dass die Beschreibung des Turmbaus zu Babel eine symbolische Darstellung des ständigen Ringens der Menschen ist, zur höchsten Sphäre, zu Gott selbst vorzudringen – und zwar zu Lebzeiten.
In der zweiten Sphäre wachen nach Überzeugung alter Magier vier Engel. Chokhmah Darstellungen in der Kunst kommen uns seltsam vertraut vor. Er wurde häufig als greisenhafter Mann mit wallendem

Der Turmbau zu Babylon gilt als Rückkehrbemühung des lebenden Menschen zu Gott.

Rauschebart gezeigt. Auf genau die gleicheWeise wurde auch der »liebe Gott« in Bibelillustrationen personifiziert.
Die höchste Sphäre, die jede Seele nach dem Tod der irdischen Persönlichkeit zu erreichen strebte, war Kether, die Krone. Sie war das Licht, aus der sich jede Seele einst gelöst hatte. Von dieser Welt war alles, was das menschliche Leben wirklich ausmacht, hinabgestiegen, hatte die Sphären nach und nach durchschritten. Hierhin wollte jede Seele zurückkehren. Diese Vorstellung von dem Aufstieg der gefallenen Seele in das ursprüngliche Lichtreich Gottes war auch in den gnostischen Schulen verbreitet, die einige Jahrhunderte lang nach Christi Tod in Kleinasien existierten.

In dem Lebensbaum der Kabbala existieren unterschiedliche Bereiche. Er reicht von der höchsten göttlichen Sphäre bis zur tiefsten Sphäre. Aufgabe des Menschen ist es, bewusst wieder in die höchste Sphäre zurückzukehren.

Gnostisches Gedankengut

In einem der ältesten gnostischen Texte heißt es: »Er (Gott) erinnert die Seinen an ihre himmlische Heimat und belehrt sie über den Rückweg. Er überliefert ihnen vor allem die heiligen Formeln, die sie kennen müssen, um beim Aufstieg die sieben verschiedenen Planetensphären, die kosmischen Mächte, zu passieren.«

Das Weltbild mit den zehn Sphären war für die Mitglieder der Geheimbünde des frühen Mittelalters eine Wegbeschreibung für verstorbene Seelen zurück zu Gott – ähnlich dem Tibetanischen Totenbuch. Für die Anhänger des Ordens Golden Dawn freilich standen weit profanere Überlegungen im Vordergrund. Ihr Ziel war es, auf magische Weise irdische Träume zu verwirklichen. Inwieweit den Mitgliedern dies gelungen ist und welche Einsichten sie dabei gehabt haben mögen, entzieht sich leider unserer Kenntnis.

Rätselhafte Voodoomagie

Die Voodooriten vereinen afrikanische Magie und Religion mit Elementen des westlichen Okkultismus und des Katholizismus. Insbesondere die »Zombies«, aus dem Reich der Toten zurückgeholte Verstorbene, spielen eine große Rolle.

Das Lagerfeuer flackert knisternd auf. In seinem gespenstischen Schein ist eine Gestalt zu sehen, die am Boden kauert. In der einen Hand hält der Voodoomagier eine Puppe, in der anderen eine Nadel. Ruckartig sticht er sie der Puppe ins Herz und gleichzeitig sinkt Hunderte oder Tausende Kilometer entfernt ein Mensch zu Boden. Es ist genau jener Mensch, dessen Ebenbild soeben am flackernden Feuer symbolisch getötet wurde. Dies ist das Bild eines Voodoomagiers, wie es uns durch die Medien vermittelt wird. Doch was ist Voodoomagie wirklich?

Mächtiges Feuer

Die Voodoopriester gehören dem wohl kleinsten magischen Geheimbund an, über den im Grunde sehr wenig bekannt ist. In den Bergen Haitis, im Norden des Landes, bei Port-de-Paix gelegen, liegt Ville Aux Camps, »die himmlische Stadt des mächtigen Feuers«. Hier soll eine der mysteriösesten Geheimgesellschaften ihr geistiges Zentrum haben: das der weltweit agierenden Voodoomagier. Ob hier der Voodooglaube wirklich erstmals aufkam, muss allerdings bezweifelt werden, denn bereits im *Ägyptischen Totenbuch* gibt es eindeutige Hinweise darauf, dass auch im Alten Ägypten eine Art Voodoozauber praktiziert wurde.

Im Voodoo sind die Grenzen zwischen Diesseits und Jenseits während der Zeremonie aufgehoben.

Hier, an diesem mystischen Ort, soll in grauer Vorzeit Unfassliches geschehen sein: Sonne und Mond sollen sich hier stellvertretend für Geist und Materie vermählt haben. Aus dieser Verbindung ging Legba hervor, der Spender jeglichen Lebens. Legba war es auch, der der Erde das lebensspendende Wasser schenkte.

In der heutigen Voodooterminologie ist Legba eines der mächtigsten Symbole. Es steht für die männliche Kraft. Sein Gegenpart, das Weibliche, ist Erzulie. Soll eine Voodoozeremonie gelingen, dürfen diese beiden Symbole nicht fehlen: Wasser (Legba) und Feuer (Erzulie). Beide sind mächtiger als alle anderen Kräfte, auch als alle anderen Geister.

Hineinsehen in das Unbekannte

Wie alt der Voodooglaube ist, lässt sich nicht mehr feststellen. Doch bereits frühe Missionare trafen in Haiti viele Mitglieder dieser Glaubensgemeinschaft an. Eifrig versuchten die Missionare, die Bevölkerung vom christlichen Glauben zu überzeugen und ihre heidnischen Voodoopraktiken zu beenden. Doch obwohl einige Insulaner sich sogar taufen ließen, blieb man skeptisch. Jedoch wurde das christliche Gedankengut allmählich in die Welt des Voodoo miteinbezogen. Man setzte Legba ganz einfach mit Jesus Christus gleich. Andere biblische Gestalten tauchten plötzlich als Voodoogötter auf. Selbst christliche Heilige wurden problemlos in Voodooüberlieferungen integriert.

Wurde aber der eine oder andere Europäer zu einer Voodoozeremonie zugelassen, verstand er in der Regel alles falsch. Er vermeinte primitive Rituale wahrzunehmen, irgendwelchem faulen Zauber zu erliegen. Mit Zauber im europäisch-christlichen Sinne jedoch hat Voodoo überhaupt nichts zu tun. Den Voodooanhängern geht es um ein höheres Maß an Einsicht in die Dinge, das verrät schon der Name selbst: »Voo« lässt sich mit »Hineinsehen«, »doo« mit »das Unbekannte« übersetzen. »Voodoo« ist demnach »Hineinsehen in das Unbekannte«.

Wenn ein Voodoomann Magie betreibt, ist das keine Veränderung von Naturgesetzen, sondern vielmehr eine genaue Beobachtung ebendieser Gesetze und deren Anwendung auf das tägliche Leben. Für einen Voodoopriester ist – seinem Verständnis nach – eine Blutuntersuchung bei einem Kranken und eine anschließende Behandlung mit modernen Arzneimitteln nichts anderes als eben Voodoo.

Komplizierte Regeln

Die ersten Voodoomagier kamen aus Haiti. Doch da viele haitianische Einwohner als Sklaven in alle Welt verfrachtet wurden, breitete sich damit der Voodookult auch in Nordamerika, Brasilien und Kuba aus. Dabei passte sich der Voodoo den jeweiligen örtlichen Glaubenswelten an. Kompliziert und von Region zu Region

Viele Haitianer sind fest davon überzeugt, dass sie Verwandten und Freunden, die längst gestorben sind, später als Zombies wieder begegnen. Für sie gehört das zum alltäglichen Leben.

Schema einer weißmagischen Übung

► Der Magier zeichnet um sich einen weißen Kreis, der böse Geister abhalten soll. Dann stellt er sich in das Zentrum und stellt sich vor, dass eine weiß leuchtende Wolke über seinem Kopf schwebt (Kether!). Er ruft »Malkuth, Din und Hesed« und entnimmt der Wolke etwas Energie. Sie soll ihm helfen, seinen Wunsch zu verwirklichen.

Demütig wendet er sich sodann an einen Erzengel, etwa Gabriel, und bittet ihn um seine Hilfe. Mit Unterstützung dieses mächtigen Himmelsboten reist er zu einer der Sphären, die er je nach Art seines Wunsches auswählt. Welche dafür am geeignetsten ist, hat der Magier vor Beginn des Experiments durch meditatives Lesen der Beschreibungen der verschiedenen Sphären ermittelt.

Er bringt so viel wie möglich von der Kraft dieser Sphäre mit zurück auf die Erde. Dann atmet er kraftvoll aus und schickt somit diese Energie los. Wie ein dienstbarer Geist soll sie seinen Wunsch in Erfüllung gehen lassen. Schließlich löscht der Magier den Kreidekreis und kehrt in seinen Alltag zurück, ohne weiter an das vollbrachte Ritual zu denken.

Einem Voodoozauber kann man sich nur dadurch entziehen, dass man sich auf einer Schwingungsebene befindet, die weit über der des ausgeübten Zaubers liegt. Denn die niedrigeren Energien können den höheren nichts anhaben.

verschieden sind die Grundregeln des Voodoo. Und doch gibt es konkrete Übereinstimmungen. So steht im Zentrum der Tempel, »Oumphor« genannt. Das Allerheiligste wird vom profaneren Bereich gewöhnlich durch einen Vorhang getrennt, den symbolische Darstellungen wichtiger Gottheiten zieren. Der Sakralbereich ist dem Priester selbst vorbehalten.

Während der Voodoopriester am meist steinernen Altar hantiert, warten auf der anderen Seite des Vorhangs die Bittsteller, die sich nach strengen Vorschriften auf das Ritual vorbereiten mussten. So durften sie einige Zeit lang nur ganz bestimmte Kost zu sich nehmen. Nur dem Priester sind die heiligen Zeremonialgeräte zugänglich wie beispielsweise die Ritualrassel, »Asson« genannt. Sie wird gewöhnlich aus einem Flaschenkürbis hergestellt und gilt als Machtsymbol des Voodoopriesters. Im Inneren der Rassel sind auf einer Schnur perlenartig die Wirbelknochen einer Schlange aneinander gereiht.

Energie von Toten

Das Geräusch der Rassel setzt die Magie der Ahnen in wahrnehmbare Klänge um. Und wenn die Macht der Toten durch die Rassel verdeutlicht wird, deutet der Priester auf heilige Zeichnungen, etwa die von Totengeistern. Die Seelen der Verstorbenen lösen sich nach dem Voodooglauben von den Körpern und steigen empor, um zu Sternen zu werden. Verschiedene Voodoorituale sollen nun diese Geister zurück auf die Erde rufen, auf dass sie Voodoopriestern Kraft zur Verfügung stellen. Wozu diese Kräfte verwendet werden, liegt alleine in der Hand des Wissenden. Er kann damit Kranke heilen, aber auch gesunde Menschen krank machen, sie also sowohl positiv als auch negativ anwenden.

Der Priester deutet auf Totenbilder und lässt dazu die heilige Rassel erklingen. Durch dieses Geräusch ist die Energie der Toten gegenwärtig, konkret dort, wo die Zeremonie abgehalten wird. Auf die Ras-

Die Ausübung weißmagischer Rituale erfreut sich heute wieder wachsender Beliebtheit.

selklänge folgen Trommeln. Die größere Trommel stellt den Himmel und den Donner dar, die kleinere die Erde – präziser: die Stelle, an welcher der Blitz einschlägt. Beide Trommeln werden heftig geschlagen und damit Donner und Blitz imitiert. Der Tempel stellt dabei jene geheimnisvolle Grenze zwischen Diesseits und Jenseits dar, die von den Geistern der Verstorbenen als Tor zu unserer Welt benutzt werden kann.

Übersinnliche Vermögen

Für die Mitglieder des Voodookults werden also durch den magisch-rituellen Dienst die Grenzen zwischen Diesseits und Jenseits aufgehoben, die für den normalen Menschen bestehen. Einst, als noch paradiesische Zustände auf Erden herrschten, soll die überirdische Welt allen Menschen zugänglich gewesen sein. Doch durch den Sündenfall der Menschen kam ihnen diese Fähigkeit abhanden, und die göttliche und irdische Welt wurden streng voneinander geschieden.

In der Vorstellung des Voodoo gehen jedoch diese beiden so unterschiedlichen Welten ineinander über. In seinem Alltagsleben vermag auch ein Voodoopriester nur die stoffliche Welt zu erkennen. Versetzt er sich aber in Trance, wobei er altehrwürdigen, geheimen Vorschriften folgt, erweitert sich seine Wahrnehmungsfähigkeit. Er stellt seinen Körper vorübergehend für einen der Voodoogötter zur Verfügung, auf dass er sich daran offenbaren möge. Der Voodoopriester hat dann sein eigenes Ich aufgegeben, er ist nur noch ein Gefäß für eine andere Energie. Welchen Gott oder Geist er dabei repräsentiert, hängt von der Abfolge von Riten ab, die es dem jeweiligen Priester ermöglichen, einen ganz bestimmten Geist oder Gott herbeizuzitieren.

Um den anwesenden Geist möglichst lange zu halten, werden ihm Opfergaben dargebracht: Speisen, Getränke und verschiedene Drogen wie Tabak und Alkohol.

In diesem Zustand kann der Priester die Wünsche der Bittsteller entgegennehmen und mit der Kraft der in seinem Leibe wohnenden Gottheit auch erfüllen. Meist geht es dabei um Linderung von Schmerzen und um Heilung von Krankheiten.

Grobe Verfälschung

Die Praktiken des Voodoozaubers wurden in den vergangenen Jahrhunderten von Missionaren und weltlichen Forschern aufgezeichnet. Dabei wurden sie leider stark verfälscht. Dies geschah nicht einmal mit böser Absicht, sondern entstand dadurch, dass hier völlig unterschiedliche Vorstellungswelten aufeinander trafen. Voodooanhänger sehen Gott nicht als eine Einzelperson, nicht als ein konkretes, klar umrissenes Wesen. Sie sind Anhänger des Pantheismus und verstehen Gott als ein Prinzip, dass sich in unserer Welt in jeder Form offenbaren kann. Gleichzeitig ist man aber von der Existenz von Götterindividuen, so genannten Loa, fest überzeugt. Sie zeigen sich in unserer Welt auf recht unscheinbare Weise, etwa als Steine, Pflanzen, Tiere, aber auch als Menschen.

Die allerersten Loa entstanden durch einen göttlichen Schöpfungsakt auf der Insel Haiti, in der himmlischen Stadt des Feuers. Dort sind sie auch heute noch zu Hause. Wo immer in der Welt Voodoozeremonien stattfinden, stets müssen Loa herbeigerufen werden. Da diese unterschiedlich schnell oder langsam reisen, bedeutet das, dass die Wartezeit entsprechend länger oder kürzer ausfällt. Daher können manche Voodoozeremonien unter Umständen sehr lange dauern. Auch der Voodoopriester kann das nicht beeinflussen.

Der Voodookult spielte auch im Kampf gegen die französischen Kolonialherren eine große Rolle. 1971 führte der Voodoopriester Boukman ein Ritual durch, das letztendlich zur Befreiung Haitis geführt haben soll.

»Es gibt mehr Ding' im Himmel und auf Erden als Eure Schulweisheit sich träumt.«

Shakespeare, Hamlet

Geheimnisse der Meere und Seen

Faszinierend sind die rätselhaften Ereignisse, die sich immer wieder in Meeren und Seen zutragen. Sind dabei vielleicht übersinnliche Kräfte im Spiel? Wenn ja, wird es gelingen, die damit verbundenen Geheimnisse eines Tages zu enträtseln?

Sowohl über als auch unter Wasser kam und kommt es heute noch zu den erstaunlichsten Vorkommnissen, die längst nicht alle an die Öffentlichkeit gelangen. Ganz gleich, ob es sich auf geheimnisvolle Weise untergegangene Schiffe, unerklärliche Flugzeugabstürze oder bedrohliche Tiere aus der Tiefe handelt – die Berichte darüber sind faszinierend und erschreckend zugleich.

Das unheimliche Bermudadreieck

»Hier Flug 19! Wir rufen Kontrollturm, dies ist ein Notruf ... scheinen vom Kurs abgekommen zu sein ... wir können kein Land sehen ... ich wiederhole ... wir können kein Land sehen!« Dieser Funkspruch sorgte am 5. Dezember 1945 im Marineluftstützpunkt in Fort Lauderdale, Florida, für große Aufregung. Charles C. Taylor, Chef einer Gruppe von fünf Torpedobombern, hatte diese verzweifelte Meldung durchgegeben. Es war der Beginn eines bis heute nicht geklärten Dramas, das sich im Bermudadreieck abgespielt hat. Verbindet man auf der Landkarte Miami, Florida, Kingston, Jamaika und die Bermudas, ergibt sich daraus das legendäre »Bermudadreieck«. Mehr als einhundert Flugzeuge sind vorsichtigen Schätzungen zufolge in diesem Gebiet spurlos verschwunden. Der bekannteste aller Fälle war der Flug Nr. 19 vom 5. Dezember 1945.

Taylors Meldung verursachte Panik in dem Marinestützpunkt, und man appellierte dringend an die Crew von Flug 19, doch die Position durchzugeben. Die Antwort war mehr als befremdlich. »Wir sind uns unserer Position nicht sicher!« Flug 19 war in Florida gestartet mit Kurs auf die Chicken-Sandbänke auf den Bahamas. Dort sollten Anflugübungen auf ein Schiff trainiert werden. Danach war geplant, 60 Kilometer nach Norden zu fliegen und dann in südwestlicher Richtung zum Ausgangspunkt zurückzukehren. Zunächst war alles planmäßig verlaufen, doch dann erfolgte der seltsame Hilferuf von Flug 19.

Verlust jeglicher Orientierung

Vom Tower des Marinestützpunkts kam der strikte Befehl: »Nehmen Sie Kurs West!« Doch der erfahrene Pilot Leutnant Taylor gab die erschreckende Antwort: »Können nicht feststellen, wo Westen ist. Nichts stimmt mehr. Erkennen die Richtung nicht mehr. Nicht einmal das Meer sieht so aus wie sonst!«
Warum war es den Piloten nicht möglich zu erkennen, in welcher Richtung Westen lag? Sollte durch einen unglaublichen Zufall an Bord eines jeden der fünf Avenger der Kompass ausgefallen sein? Wenn ja, warum orientierten sich die Männer nicht an der Sonne? Beim Start war das Wetter doch ideal gewesen. Sollte Flug 19 in eine Schlechtwetterfront geraten sein? Und wie

Die meisten Schiffsunglücke im Bermudadreieck trugen sich in der Sargasso-See zu, einem riesigen Meeresgebiet im Westatlantik, das nach der Meeresalge Sargassum benannt ist, die dort in Mengen im Wasser treibt. Als Kolumbus dieses Gebiet durchquerte, nahm er deshalb irrtümlicherweise an, dass sich Land in der Nähe befände.

sollte man die Bemerkung verstehen, dass der Ozean anders aussah als sonst?
Was auch geschehen sein mochte, eine natürliche Erklärung gab es dafür nicht. Atmosphärische Störungen erschwerten es den Piloten zusehends, weitere Funksignale zu empfangen. Auf dem Tower jedoch konnten die Funkgespräche zwischen den fünf Maschinen genau verfolgt werden. Daher ist bekannt, dass die Instrumente aller fünf Maschinen wie wild ausschlugen, dass die Kompasse verrückt spielten und die Männer zusehends in Panik gerieten.
Vermutlich befanden sich die Flugzeuge über den Keys, einigen kleineren Inseln, die vor der Südspitze Floridas wie Perlen auf einer Kette aneinander gereiht liegen. Mit Kurs auf Norden hätte bald Festland in Sicht sein müssen. Doch dies war leider nicht der Fall!

Trotz einer intensiven Suchaktion, bei der 240 Flugzeuge, 67 zusätzliche Maschinen des Flugzeugträgers »Solomon«, vier Zerstörer, mehrere U-Boote sowie Einheiten der britischen Flotte und Luftwaffe der Bahamas zusätzlich eingesetzt wurden, fand man nicht die geringste Spur des Fluges Nr. 19.

Kommandoübergabe

Ganz offensichtlich sah sich Leutnant Charles C. Taylor außerstande, klare Entscheidungen zu treffen. Deshalb übergab er das Kommando an Marinekapitän Stiver, der jedoch alles andere als ein erfahrener Pilot war. »Wir sind nicht sicher, wo wir uns befinden. Wir müssen Florida überflogen haben und jetzt über dem Golf von Mexiko sein!« war einer seiner letzten Funksprüche, die aufgefangen werden konnten. Dann wurden die statischen Störungen stärker, und die Stimmen der Piloten waren kaum noch zu hören.
Der allerletzte Funkspruch soll gewesen sein: »Wir geraten in weißes Wasser.« Dann folgte eine große Stille. Vermutlich sind die fünf Bomber kurze Zeit später in das aufgewühlte Meer gestürzt.
Da man die vierzehn Männer in den fünf Bombern keinesfalls ihrem Schicksal überlassen wollte, schickte man ein Flugzeug mit einer Besatzung von dreizehn Mann auf den Weg, um die Vermissten zu suchen. An Bord befanden sich die modernsten Rettungsutensilien, mit denen man im Meer treibende Überlebende hätte retten können. Das Rettungsflugzeug startete Richtung Norden. Doch bereits zwanzig Minuten nach dem Start riss der Funkkontakt unerklärlicherweise ab.
Schiffe der Küstenwache wurden ausgesandt, und man suchte den Himmel nach Leuchtkugeln ab, die eventuelle Überlebende abschießen würden. Doch nichts dergleichen geschah. Im Morgengrauen wurde eine gewaltige Rettungsaktion gestartet. Acht Boote der Küstenwache, vier Zerstörer, mehrere U-Boote und ein unübersehbares Heer von mehreren hundert Privatjachten suchten das Meer ab. Zweihundert Flugzeuge, die bereits in der Luft waren, wurden schließlich von weiteren sechzig Flugzeugen vom Flugzeugträger »Solomon« unterstützt. Doch man fand nicht die geringste Spur eines Wracks. Die fünf Maschinen von Flug 19 sowie das Rettungsflugzeug blieben für immer im Bermudadreieck verschollen.
Zwar tauchten in der Folgezeit gelegentlich Meldungen auf, wonach die Wracks von Flug 19 endlich auf dem Meeresgrund gefunden worden seien, doch sie erwiesen sich stets als falsch.

Teufelsinseln

Lange Zeit wurde die Authentizität des letzten Funkspruchs angezweifelt, bis die Besatzung von »Apollo 12« im November 1969 dasselbe seltsame Phänomen in der Region des Bermudadreiecks vom Weltraum aus beobachtete. Worum es sich dabei allerdings handelte, ist nicht klar.
Das tragische Schicksal von Flug 19 ist alles andere als ein Einzelfall. Man vermutet, dass bis heute an die tausend Menschen in diesem Gebiet ihr Leben lassen

mussten! Es ist, als laste ein Fluch auf dem Bermudadreieck – und dies schon seit vielen Jahrhunderten. Denn kaum war Amerika entdeckt worden, wagten sich Seeleute nur höchst ungern in die Nähe der Bermudas. Sie nannten die dortigen Eilande »Teufelsinseln«, da dort auffällig viele Schiffe auf rätselhafte Weise verschwanden. Sind sie untergegangen? Oder stimmt vielleicht die kühne Behauptung Dr. Manson Valentines: »Sie sind noch hier, aber in einer anderen Dimension eines magnetischen Umfelds, das von einem UFO errichtet worden sein könnte.«

Bereits Christoph Kolumbus notierte am 1. Oktober 1492 seltsame Phänomene in dem Gebiet des Bermudadreiecks. Von Bord der »Santa Maria« aus wurde zunächst eine Feuererscheinung am Himmel beobachtet. Als das unheimliche Etwas verschwunden war, spielte der Kompass verrückt, und ein eigentümliches Licht versetzte die gewöhnlich furchtlosen Matrosen in Angst und Schrecken.

Magnetische Störungen vermeldete auch Rekordflieger Charles Lindberg, als er mit seiner »Spirit of St. Louis« die rätselhafte Region am 2. Januar 1928 überflog.

Kette von Unglücksfällen

Was geschah mit der britischen Fregatte »Atlanta«, deren Spur sich im Januar des Jahres 1880 im Bermudadreieck verliert? Sie war mit einer Besatzung von fast dreihundert jungen Seekadetten unterwegs. Mehrere Monate lang, bis in den Mai, wurde zunächst nach möglichen Überlebenden eines Unglücks, dann nach Toten und Wrackteilen gesucht. Doch auch in diesem Fall fand sich nicht der geringste Hinweis auf das Verschwinden des Schiffes, obwohl die gesamte Route genauestens abgesucht wurde.

Spurlos verschwunden ist im Winter 1924 auch der japanische Frachter »Raifuku Maru« zwischen den Bahamas und Kuba. Hier lautete der letzte Funkspruch: »Die Gefahr kommt jetzt wie ein Dolch auf uns

Die britische Fregatte »Atlanta« verließ mit 290 Passagieren an Bord die Bermudas, um in ihre Heimat nach Großbritannien zurückzukehren. Sie verschwand vermutlich nicht weit von den Bermudas und wurde nie wieder aufgefunden.

Viele Schiffe verschwanden spurlos im Bermudadreieck; so auch im Jahr 1880 die Fregatte »Atlanta«.

zu. Kommt schnell zu Hilfe. Wir können nicht ausweichen.«
Dieser mysteriöse Hilferuf wurde von einem Schiff, das in der Nähe auf ähnlichem Kurs war, aufgefangen. Als dieses die letzte Position von »Raifuku Maru« erreicht hatte, war das Schiff verschwunden. Nichts deutete jedoch auf ein Unglück hin: Weit und breit waren keine Trümmer, nicht eine einzige Schwimmweste, nicht ein einziger Toter, nicht der kleinste Ölfleck zu entdecken.
Mehr als seltsam ist auch das Verschwinden der »Marine Sulfur Queen«. Am 2. Februar 1963 stach der 120 Meter lange Frachter vom Hafen Beaumont in Texas aus in See. Doch er kam niemals in seinem Zielhafen in Norfolk, Virginia, an. Problemlos passierte das Schiff den Golf von Mexiko und die Südspitze von Florida. Doch als das Schiff in das Bermudadreieck kam, teilte es das Schicksal vieler unglücklicher Vorgänger.

Sofortige Suchaktion

Der 129 Meter lange Frachter »Marine Sulfur Queen« war auf dem Weg von Beaumont, Texas, nach Norfolk in Virginia. Die letzte Meldung kam von einer Position in der Nähe der Dry Tortugas, danach war er samt Mannschaft spurlos verschwunden. Es wurde nie ein Wrackteil gefunden.

Die Katastrophe wurde schnell bemerkt, da einer der Matrosen kurz vor Auslaufen des Schiffs einem Makler den Auftrag gegeben hatte, für ihn ein Börsengeschäft vorzunehmen. Als der Kauf getätigt war, versuchte der Makler dies dem Matrosen per Funk mitzuteilen, konnte ihn aber nicht erreichen. Sofort wurde eine Suchaktion gestartet. Vom 6. bis zum 15. Februar suchten mehrere Schiffe der Küstenwache die Strecke zwischen Virginia und Key West ab. Wieder fand sich zunächst keine Spur. Doch fünf Tage nach Abbruch der Hilfsaktion fand man auf dem Meer einen Rettungsring, eine Schwimmweste und ein Männerhemd dahintreiben.
Gab es vielleicht doch eine natürliche Erklärung für das Verschwinden des Schiffes, das 15 000 Tonnen flüssigen Schwefel in Spezialtanks aus Stahl geladen hatte? Waren diese Behältnisse explodiert? Das war unwahrscheinlich, da keine Wrackteile oder Überbleibsel von den Spezialtanks gefunden wurden. Auch ein Brand konnte ausgeschlossen werden: Weder der Rettungsring noch die Schwimmweste noch das Männerhemd wiesen irgendwelche Brandspuren auf. Man reiht daher die »Marine Sulfur Queen« in die lange Reihe der Opfer des Bermudadreiecks ein.

Schwarzes Loch als Galaxiezentrum. Verschlang ein ähnlicher Meeressog die Schiffe?

Nur knapp entronnen

1966 war der Besitzer einer Bergungsfirma in Florida mit dem Schlepper »Good News« unterwegs. Er wollte ein leeres Lastschiff von Puerto Rico nach Fort Lauderdale schaffen. Kaum war das Gebiet des Bermudadreiecks erreicht, geschah Gespenstisches: Die Kompassnadel drehte sich wie wild im Kreis. War das Wetter eben noch bestens, so brach urplötzlich ein gewaltiger Sturm aus. »Wir sahen den Horizont nicht mehr! Wasser, Himmel und Horizont gingen ineinander über«, berich-

tete der Kapitän, der diese Horrorszene überlebte.
Eine unbekannte Kraft wirkte auf die elektrischen Geräte im Kommandostand des Schiffes ein, die daraufhin alle außer Kontrolle gerieten. Und eine unsichtbare Kraft zerrte wie verrückt an dem leeren Lastschiff im Schlepptau. Außerdem legte sich ein gespenstischer, unnatürlich wirkender Nebel wie ein Leichentuch über das Lastschiff. Der Kapitän beobachtete, wie das Schleppseil in einer Art Nebelbank verschwand. Unheimlich an dieser Szene war vor allen Dingen, dass dieser Nebel nur das abgeschleppte Schiff umhüllte, ansonsten die Sicht jedoch gut war. Der Kapitän wollte schon das Schleppseil kappen, da löste sich die Nebelwolke urplötzlich wieder auf, und die Motoren seines Schleppers, die zuvor gestreikt hatten, funktionierten wieder normal. Kapitän Henry atmete erleichtert auf. Einen Moment lang war er versucht, umzukehren und zu erforschen, welcher gewaltigen Kraft er mit knapper Not entkommen war. Doch dann verzichtete er lieber darauf und ließ diesen Ort des Schreckens eilends hinter sich.

Das Geheimnis der »Mary Celeste« (1872)

Eines der größten Rätsel der Seefahrt stellt die »Mary Celeste« dar, die am 7. Dezember 1872 menschenleer auf offenem Meere dahintreibend angetroffen wurde. Die »Mary Celeste«, die ursprünglich einmal »The Amazon« hieß, war von Anfang an vom Pech verfolgt. Der Schiffsbauer Spencer wollte das Schiff möglichst rasch loswerden, da der Zweimaster angeblich von einer unheimlichen Atmosphäre umgeben war. Damit lag er offensichtlich nicht ganz falsch, wie sich bald zeigte. Bereits wenige Tage, nachdem das Schiff in das amtliche Register eingetragen worden war, verstarb der Kapitän ganz unerwartet. Wenig später lief das Schiff bei bestem Wetter und ohne ersichtlichen Grund auf ein Riff auf. Außerdem rammte es eine Schleuse auf einer Fahrt zwischen Nova Scotia und Maine. Dazu kam ein nie geklärter Brand, der eines Tages beim Reparieren des Rumpfes ausbrach.

Erste Atlantiküberquerung

1863 stand »The Amazon« vor der ersten Überquerung des Atlantiks. Viele Seeleute lehnten es entschieden ab, auf dem Unglücksschiff in See zu stechen. Und tatsächlich: Nach ruhiger Fahrt stieß das Schiff im Ärmelkanal mit einem anderen Schiff zusammen, wobei schwerste Schäden verursacht wurden.
Daraufhin herrschte vier Jahre lang Ruhe. 1867 jedoch lief das Schiff erneut auf ein Riff auf. Hätte es nicht einen gewissen Mr. McBean gegeben, wäre dies wohl das Ende des Schiffes gewesen. Doch McBean zahlte die Bergungskosten für das Wrack und ließ es neu herrichten. Den weiteren Verlauf der Unglücksserie erlebte er allerdings nicht mehr, da er bankrott machte und sich erhängte. Wieder einmal wechselte »The Amazon« den Besitzer. Der neue Schiffseigner gab nicht viel auf das Gerede über das Unglücksschiff, taufte es aber doch vorsichtshalber in »Mary Celeste« um. Als er jedoch Matrosen anheuerte, schlugen diese selbst hohe Heuern ab, als sie erfuhren, wer sich hinter dem neuen Namen verbarg.
1872 erwarb Spooner Briggs, der inzwischen fünfte Kapitän, einen Anteil an der »Mary Celeste«. Im November desselben Jahres schloss er in New York ein Geschäft ab, wobei er sich bereit erklärte, eine Ladung Alkohol von New York nach Genua in Italien zu liefern.

Am 7. Dezember wurde die »Mary Celeste« etwa 950 Kilometer westlich von Gibraltar von Kapitän Moorhouse gesichtet. Die Segel waren gesetzt, doch da das Schiff offenbar steuerlos segelte, schickte der Kapitän Männer aus, die nach dem Rechten sehen sollten. Diese fanden das Schiff völlig verlassen vor.

Die Ladung des Schiffes, etwa 1700 Fässer Alkohol, war unbeschädigt, und es war noch genügend frisches Wasser sowie Proviant für sechs Monate an Bord. Selbst die Pfeifen und der Tabak der Männer waren noch vorhanden.

Ungünstige Vorzeichen

Wetterunbilden zögerten den Start zur Überquerung des Atlantiks um Tage hinaus. Doch am 7. November war es dann endlich so weit: Das Schiff stach in See. Doch bereits einen Monat später trieb die »Mary Celeste« ohne Besatzung vor der Küste Portugals.

Dort wurde sie von dem Schiff »Dei Gratia« gesichtet, das das Geisterschiff nach Portugal schleppte. Am 13. Dezember wurde eine Sonderkommission damit beauftragt, diesen Fall zu klären. Fünf Tage lang suchten Experten das Schiff Zentimeter für Zentimeter ab, ohne auch nur die geringsten Hinweise darauf zu erhalten, was sich hier zugetragen haben könnte. Keine der zahlreichen Fragen, die sie stellten, konnte beantwortet werden.

Ganz offensichtlich hatten der Kapitän und die Mannschaft das Schiff fluchtartig verlassen, da sie ihr gesamtes Habe zurückgelassen hatten. In der Küche stand sogar noch das Essen auf dem Tisch. Offenbar war keine Zeit mehr gewesen, es aufzuessen.

Warum hatten sich die Männer in einem einzigen Rettungsboot auf und davon gemacht? Diese Frage wurde nie geklärt. Der Raum wäre für die Mannschaft, den Kapitän, seine Frau und ihr zweijähriges Töchterchen Sophia mehr als knapp gewesen. Die »Mary Celeste« war noch vollkommen seetüchtig. Es gab also keinen Grund, sie so überstürzt zu verlassen.

Theorien gab es viele: War es vielleicht zu einer Meuterei gekommen? Auch dafür gab es keinerlei Hinweise. Selbst wenn der Kapitän entmachtet und eventuell auf freiem Meer ausgesetzt worden wäre, warum hätte dann auch die gesamte Mannschaft das Schiff verlassen sollen?

Oder hatten die Matrosen sich sinnlos betrunken und den Kapitän im Vollrausch ermordet? Waren sie dann mit einem Rettungsboot geflohen? Dieser Verdacht kam auf, da das Schiff riesige Mengen von Alkohol geladen hatte. Doch auch das war nur eine Spekulation.

Schon bald nach dem Auftauchen des Geisterschiffs kam ein Gerücht auf: Zwei Unholde hätten sich unter der Mannschaft befunden, die Diebesgut an Bord geschmuggelt hätten. Ihre Absicht sei es gewesen, der Polizei, die ihnen auf den Fersen war, zu entkommen. Schließlich hätte die Mannschaft die Verbrecher erkannt, sie erschlagen und ihre Leichen über Bord geworfen. Warum verließ dann aber die Mannschaft das Schiff? Etwa um mit der Beute der Räuber das Weite zu suchen? Und zwar zusammen mit dem Kapitän, dessen Frau und einem kleinen Kind? Wäre das nicht ein viel zu großes Risiko gewesen?

Rätsel über Rätsel

Zahlreiche Detektive wurden eingesetzt, Versicherungsspezialisten bissen sich an dem rätselhaften Fall die Zähne aus. Man suchte bis zum März des Jahres 1873 nach Zeugen. Doch kein einziger Matrose tauchte je wieder auf, der nachweislich zur Besatzung gehört hatte.

Je mehr sich die Experten in den geheimnisvollen Fall vertieften, desto mehr Fragen ergaben sich: Wann genau verschwand die Mannschaft vom Schiff? Konnte man sich auf die Eintragungen im Logbuch verlassen? Wenn das Schiff nach der letzten Eintragung aufgegeben worden war, dann muss es etwa fünfhundert Meilen führerlos getrieben sein, bis es am 7. Dezember menschenleer gefunden wurde. Das war eigentlich unmöglich, da die »Mary Celeste« den korrekten Kurs genau beibehalten hatte. Und dies trotz häufig unruhiger See und mehrfachen Stürmen.

Auch war das Steuerrad nicht fixiert worden, was ein Dahintreiben auf Kurs ohne Besatzung möglich gemacht hätte.
Je mehr Zeit verstrich, ohne dass das mysteriöse Ereignis geklärt werden konnte, desto phantastischer wurden die Erklärungsversuche. Wurden etwa alle Menschen an Bord Opfer eines Tiermonsters, etwa eines Riesenkraken oder eines gigantischen Tintenfischs? Für solche katastrophalen Vermutungen gab es allerdings keinerlei Hinweise.

Angeblicher Zeuge

Erst 1929 schien es so, als könne die Akte »Mary Celeste« endlich geschlossen werden. Da tauchte nämlich ein Seemann namens Pemberton auf, der behauptete, er sei ein Überlebender des Unglücksschiffes. Er diktierte einem Mitarbeiter des *Evening Standard*, einem der angesehensten Blätter Londons, eine sensationelle Geschichte, die auch Wort für Wort abgedruckt wurde.
Folgendes hätte sich nach dieser Version auf der »Celeste« zugetragen. Angeblich kam die Frau des Kapitäns im Musikzimmer an Bord ums Leben. Bei einem Unwetter sei sie zwischen Klavier und Schiffswand geraten und zerquetscht worden. Ob dieses Unglücks habe der Kapitän den Verstand verloren. »Ohne meine geliebte Frau kann und will ich nicht mehr leben!«, habe er immer wieder gerufen. Dann habe er sich wie von Sinnen ins Meer gestürzt und sei ertrunken.
Diese beiden Todesfälle hätten auf dem Schiff zu chaotischen Verhältnissen geführt. Blutige Gemetzel seien ausgebrochen, und die Matrosen hätten sich in blinder Wut gegenseitig umgebracht. Die Toten habe man ganz einfach über Bord geworfen, so dass die Mannschaft sich immer mehr dezimiert habe.

Seemann Pemberton erklärt weiter: »Wir waren schließlich nur noch wenige Überlebende. Das Schiff war zu groß für uns, wir konnten es nicht steuern. Wir mussten an unsere Sicherheit denken und wagten die Flucht mit dem Rettungsboot.«
Mr. Pembertons Geschichte scheint doch nicht so ganz hieb- und stichfest zu sein: Wenn es mehrere Überlebende gab, wieso tauchte nie auch nur ein zweiter auf? Außerdem waren die Namen der Besatzungsmitglieder bekannt. Ein Mr. Pemberton hatte sich aber nicht an Bord befunden.

Die einzigen Hinweise auf ungewöhnliche Ereignisse auf dem Schiff waren, dass die vordere Luke offen stand und sich auf beiden Seiten des Vorschiffes zwei seltsame Furchen befanden, die ewa zwei Meter lang waren und genau oberhalb der Wasserlinie verliefen.

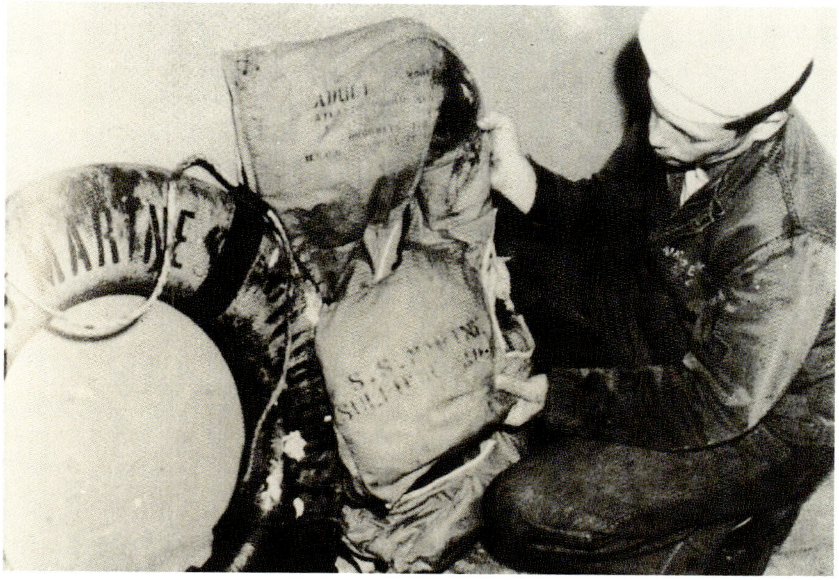

Das sind die spärlichen Überreste, die von dem Schiff »Sulfur Queen« im Februar 1963 im Bermudadreieck geborgen wurden.

Massensterben

Im April des Jahres 1873 übernahm Kapitän Blatchford die »Mary Celeste«. Er erreichte Genua ohne weitere Schwierigkeiten und lieferte dort die sehnlichst erwartete Ladung ab. Zurück in New York verkaufte der Kapitän im Auftrag des Besitzers das Schiff. Doch auch der siebte Kapitän hatte wenig Glück. Bei der ersten Fahrt kam er in einen Sturm, der die gesamten Aufbauten des Schiffs zertrümmerte. Auf der zweiten Fahrt waren Esel

Es gibt viele Spekulationen um das ungewöhnliche Schicksal der »Mary Celeste«. Man kann nicht einmal ausschließen, dass die Mannschaft vielleicht von Außerirdischen entführt wurde. Doch die realistischste Theorie geht von einer schrecklichen Katastrophe auf hoher See aus.

und Pferde geladen. Die Tiere wurden unterwegs von einer seltsamen Krankheit befallen und verendeten kläglich. Wenige Tage nach diesem Massensterben an Bord kam auch der Kapitän um.

Selbst bei notorischen Skeptikern und eingefleischten Rationalisten hinterlässt das Schicksal der »Mary Celeste« ein gewisses Unbehagen. Zu viele unerklärliche Phänomene sind damit verbunden. Bestsellerautor Charles Berlitz jedenfalls ist davon überzeugt, dass das Schiff »unbekannten geheimnisvollen Kräften« zum Opfer gefallen sei. Und zwar jenen unfassbaren Energien, die auch im Bermudadreieck wirken.

Sagenumwobene Geisterschiffe

1680 geriet ein holländischer Ostindienfahrer vor Kap Horn in ein schlimmes Unwetter. Die erfahrenen Seeleute mussten tatenlos zusehen, wie ihr Schiff, dessen Ruder beschädigt war, willenlos durch die aufgepeitschte See dahintrieb.

Es war ein gigantisches Inferno: Meer und Wind schienen ineinander überzugehen, die Wassermassen des tosenden Meeres waren nicht mehr von der Pechschwärze des Himmels zu unterscheiden. Wie Totenkreuze ragten die Masten, an denen die letzten Fetzen der Segel zuckten, in den Himmel. Immer heftiger blies der Wind aus Südost. Es gab nur eine Hoffnung auf Rettung: Der Kapitän musste den Kurs ändern!

Doch während die hartgesottenen Matrosen Stoßgebete gen Himmel schickten, fluchte der Kapitän auf gotteslästerliche Weise. Er werde diesen Kurs, den er einmal gewählt habe, fortsetzen, da könne ihn selbst Gott nicht davon abhalten. Er werde auf diesem Kurs bleiben, selbst wenn er bis in alle Ewigkeiten segeln müsse. Und so soll es dann auch gekommen sein: Seit jenem entsetzlichen Fluch segelt er wie ein Phantom über die Meere: der »Fliegende Holländer«.

Legende oder Wirklichkeit?

Man könnte die Geschichte vom »Fliegenden Holländer« als mehr oder minder gut gelungenes Stück Literatur ad acta legen, gäbe es nicht seit Jahrhunderten eine Fülle konkreter Hinweise, die die Existenz des Schiffes glaubhaft machen.

1881 fuhr der spätere König von England, Georg V., zur See. Er war damals Leut-

Versicherungsbetrug?

Im Jahr 1885 steuerte die »Mary Celeste« ein fernes Ziel an: Port-au-Prince auf Haiti. Doch dieses Ziel erreichte sie nie, da sie am 3. Januar 1885 wieder einmal auf ein Riff auflief. Gilman C. Parker, der das Schiff gekauft hatte, klagte eine hohe Versicherungssumme ein. Doch die Versicherungsgesellschaft war misstrauisch und beauftragte einen Detektiv zur Klärung dieses dubiosen Falles. Dabei kam zum Vorschein, dass die »Mary Celeste« mit Müll beladen war und nicht mit der angeblich kostbaren Ladung, für die Parker eine hohe Versicherung abgeschlossen hatte.

Parker und seine Mannschaft wurden vor einen Bundesgerichtshof in Boston gestellt, doch man konnte ihnen nichts nachweisen. Auffällig ist immerhin, dass Gilman Parker kurz danach bankrott ging, einer seiner Komplizen Selbstmord beging und ein anderer in einer Irrenanstalt landete. Fluch der »Mary Celeste«?

nant, und sein Kurs führte ihn auf der »Bachante« am Kap der Guten Hoffnung vorbei. Plötzlich tauchte, etwa 80 Kilometer vom Kap entfernt, eine Erscheinung

Auch König George V. von England behauptete, den Fliegenden Holländer gesehen zu haben.

aus dem Nichts auf. Der spätere König beschrieb es folgendermaßen: »Es war einerseits durchsichtig, andererseits doch ein sehr real wirkendes Schiff.« War der Kronprinz etwa einer Halluzination erlegen? Das gespenstische Schiff stammte – was an der Takelage zu erkennen war – eindeutig aus dem 17. Jahrhundert!

Auch im Jahre 1942 wurde ein Geisterschiff aus dem 17. Jahrhundert in der so genannten Tafelbucht bei Kapstadt gesichtet. Vier ernst zu nehmende Männer entdeckten es hinter der Robbeninsel – es kam geradewegs auf den Strand zu! Was ist nun wirklich von diesen Berichten zu halten? Es scheint doch blanker Unsinn zu sein, dass ein Schiff aus dem 17. Jahrhundert noch heute auf den Weltmeeren treibt. Waren die Menschen, die dieses Schiff gesichtet haben, vielleicht paranormal begabt und konnten sich deshalb in das 17. Jahrhundert zurückversetzen? Dies wäre vielleicht noch bei einzelnen Personen vorstellbar, nicht aber bei ganzen Schiffsbesatzungen.

Probe aufs Exempel

So wurde von der Besatzung des Schiffes »Frederico Katalin« 1914 auf der Fahrt nach Montevideo ein Geisterschiff gesichtet. Der Kapitän befahl, das Beiboot zu Wasser zu bringen und das gespenstische Schiff zu erkunden.

Was diese verwegenen Matrosen entdeckten, konnten sie selbst kaum glauben, oder besser: sie wollten es nicht. Denn das vor ihnen liegende Schiff war nach amtlichen Angaben bereits im Jahre 1909 gesunken! Wie konnte es dann wieder aufgetaucht sein? Entsetzt verließen die Matrosen das menschenleere Schiff und suchten schleunigst das Weite.

Dasselbe Schicksal teilte auch das deutsche Schiff »Pamir«. Es wurde 1905 von Blohm und Voss gebaut und tat Dienst als Segelschulschiff der Marine. Am 21. September 1957 war das Schiff mit einer Ladung Getreide von Buenos Aires nach Hamburg unterwegs. Das stolze Schiff mit einer Länge von 112 Metern und einer Breite von 14 Metern geriet etwa 600 Meilen südlich der Azoren in einen fürchterlichen Orkan. Man versuchte alles Mögliche, um das Schiff zu retten, doch es versank in den Fluten des Meeres. 80 von 86 Seeleuten kamen bei dieser Katastrophe ums Leben. Die sechs Überlebenden wurden zwei Tage später aus dem aufgewühlten Meer gefischt.

»Keine Zeit mehr, Boote zu setzen«, lautete der letzte Funkspruch des deutschen Marine-Segelschulschiffs »Pamir«. Von den insgesamt 86 Menschen, die sich an Bord befanden, darunter an die 60 Seekadetten, gab es nur sechs Überlebende.

Häufige Sichtungen

Aber die »Pamir« schien doch noch zu existieren. 27 Jahre später war das norwegische Schulschiff »Christian Radich« vor der englischen Küste in Bedrängnis geraten. Mächtige Winde peitschten mit 150 Stundenkilometern gewaltige Wellen gegen das Schiff. Offizier Jarie Flatebo berichtete darüber: »Plötzlich zerriss das Grau aus Wasser, Gischt und Himmel in jener fürchterlichen Spätherbstnacht des

Die Erscheinung der Geisterschiffe ist bisher ungeklärt. Möglicherweise werden die Schiffwracks während eines Sturms wieder an die Wasseroberfläche gehoben.

Für die Geisterschiffe gibt es keine natürliche Erklärung. Es wäre aber denkbar, dass sich an bestimmten Orten und zu bestimmten Zeiten die Atmosphäre so verändert, dass ein Blick in die ätherische Welt möglich ist, in der die Schiffe gewissermaßen noch als Abbilder existieren.

Jahres 1984. Gespenstisch hob sich der massive Rumpf eines Segelschiffes vor dem fahlen Mondlicht ab. Es war die ›Pamir‹!«

Fast eine Stunde begleitete das Geisterschiff die »Christian Radich«. Deutlich waren die Matrosen auf dem Segler zu sehen, die mit weißen Hemden bekleidet waren und mit roten Laternen winkten. Und genauso plötzlich, wie das Schiff, das fast drei Jahrzehnte zuvor gesunken war, aufgetaucht war, verschwand es im Nichts. Doch das Unglaubliche ist, dass es bis heute rund 25-mal erneut gesichtet wurde!

Wie ist das zu erklären?

Der britische Medizinprofessor Edmund Coag wühlte sich durch Tausende von Akten und überprüfte zahlreiche Zeugenaussagen. Immer wieder stieß er auf die Meldung, dass die »Pamir« gesichtet worden sei! So hatte das chilenische Schiff »Esmeralda« eine Begegnung mit dem deutschen Geisterschiff, ebenso die japanische »Nippon Miru« und die französische Fregatte »La Corse«. Diese Fülle von Berichten stimmt nachdenklich, auch wenn man diese angeblichen Sichtungen grundsätzlich in Zweifel zieht.

Lediglich Luftspiegelungen?

Gibt es eine natürliche Erklärung für das Phänomen der Geisterschiffe? Manche Sichtungen des »Fliegenden Holländers« lassen sich vielleicht auf Luftspiegelungen zurückführen. Wenn dem so wäre, müssten allerdings irgendwo reale ehemalige Segelschiffe die Meere kreuzen. Wie sonst sollten ihre Spiegelbilder andernorts auftauchen? Für das Auftauchen längst gesunkener Schiffe könnten eventuell starke Unterwasserströmungen verantwortlich sein, die die Wracks an die Oberfläche des Meeresspiegels befördern. Diese Erklärungsversuche sind jedoch nicht sehr befriedigend – und keinesfalls beweisbar.

Menschen und Schiffe – spurlos verschwunden

Ein Zweimaster wie die »Mary Celeste« war die »J.C.Cousins«. Ihre Mannschaft löste sich in Nichts auf – und das nicht irgendwo auf hoher See, sondern sozusagen vor Zeugen. Und auf dem Mississippi verschwanden zwei Schaufeldampfer spurlos.

Mitte Oktober 1883 hatte Kapitän H.A. Zeiber einen neuen Auftrag erhalten. Alles verlief zunächst nach Plan: Die »J.C. Cou-

sins« hatte den heimatlichen Hafen von Astoria in Oregon verlassen. Bei Fort Stevens musste eine Zwangspause eingelegt werden, da man die Ebbe abwarten musste, um dann aufs offene Meer hinauszufahren und eine französische Barke in Empfang zu nehmen. Sie sollte durch gefährliche Untiefen geleitet werden.
Routinemäßig wurde die »J.C.Cousins« vom Ausguck von Cape Disappointment aus beobachtet. Sie wurde auch vom Schlepper Mary Taylor aus gesehen. Gegen 17 Uhr nachmittags lichtete man den Anker. Die »J.C.Cousins« nahm Fahrt auf. Sie beschleunigte und strebte, zum Entsetzen zahlreicher Beobachter, nicht in Richtung hohe See, sondern auf die Küste zu. Es geschah, was geschehen musste: Sie lief auf die gefürchtete, dem Kapitän aber wohl bekannte Sandbank von Clatsop Spit auf.
Zahlreiche Zeugen hatten diesen unbegreiflichen Vorfall beobachtet. Durch Feldstecher und Fernrohre hofften sie erkennen zu können, was sich an Bord abspielte, bevor die Küstenwache zur Stelle war. Gewiss würde ein emsiges Treiben an Bord einsetzen. Matrosen würden an Deck umherhasten, Rettungsboote absetzen. Der umsichtige Kapitän würde anordnen, den Schiffsrumpf auf eventuelle Schäden hin zu untersuchen. Doch nichts dergleichen geschah. An Bord war keine Menschenseele auszumachen.

Ergebnislose Suche

Endlich war die Küstenwache vor Ort, und die Rettungsmannschaft erklomm das festgefahrene Schiff. Doch ihre Rufe blieben ohne Antwort: Es war keine Menschenseele mehr an Bord! Dabei konnten zahlreiche Augenzeugen bestätigen, dass kein einziger Mensch beim Verlassen des Schiffs beobachtet worden war. Die Küstenwache suchte das Schiff von oben bis unten ab. In der Kombüse war soeben noch gekocht worden, und der Ofen verbreitete eine wohlige Wärme. Auch die Kartoffeln auf der Herdplatte verbreiteten einen appetitanregenden Duft. Ein ähnliches Bild bot der Kommandostand: In einem Aschenbecher lag noch eine glimmende Zigarette.
Der Fachautor Viktor Farkas kommentiert dieses Geschehen mit den Worten: »Es konnte niemals auch nur andeutungsweise geklärt werden, was sich an diesem Tag ereignet hatte. Ein kleines Schiff, das vom Moment seines Auslaufens unter ständiger Beobachtung stand, wurde plötzlich herrenlos, ohne dass eine einzige Person ins Wasser sprang oder eine andere Art von Verlassen bemerkt wurde. Der Kapitän und seine Crew hatten sich buchstäblich in Luft aufgelöst. Weder Zeiber noch ein anderes Besatzungsmitglied tauchte je wieder auf, tot oder lebendig.«

Dass Schiffe ohne ersichtlichen Grund plötzlich verschwinden, ist seltsam genug. Noch beunruhigender ist jedoch das Phänomen, dass das Schiff selbst zwar noch vorhanden, die Besatzung aber auf rätselhafte Weise spurlos verschwunden ist. Und dies sogar in mehreren Fällen!

Unglaubliches Verschwinden

Spurlos verschwunden ist auch die Mannschaft eines Schiffes namens »Iron Mountain«. Im Juni 1872 stach der riesige Heckraddampfer bei Vicksburg in See. Das mächtige Schiff, sechzig Meter lang und zehn Meter breit, hatte vierhundert Ballen Baumwolle geladen, die nach Louisville geschafft werden sollten. Im Schlepptau wurden einige Kähne mitgeführt. Der Kapitän und die Mannschaft waren bester Laune, denn man feierte den achten Geburtstag des Schiffes. Die 55 Passagiere an Bord waren ebenfalls guter Stimmung. Sie genossen die Fahrt bei herrlichem Sonnenschein und tummelten sich an Deck. Vermutlich waren die Passagiere darauf aufmerksam gemacht worden, dass sie bald einen anderen Heckraddampfer treffen würden, der ihnen mit

Sollte das Verschwinden von Menschen und Schiffen wirklich mit höheren Mächten zusammenhängen, wie manche Forscher vermuten, könnte man sich fragen, warum gerade diesen Schiffen und diesen Menschen ein solches Schicksal widerfährt.

Zielrichtung Vicksburg entgegenkommen würde: die »Iroquois Chief«. Und auf diesem Schiff machte man sich wohl ebenfalls dafür bereit, die »Iron Mountain« gebührend zu begrüßen. Doch dazu kam es nicht, denn die »Iroquois Chief« musste mehreren Frachtkähnen, die ihr herrenlos entgegenkamen, ausweichen. Diese hatten sich ursprünglich im Schlepptau des Dampfers »Iron Man« befunden. Eine Untersuchung ergab, dass das Tau nicht, wie zunächst angenommen, gerissen, sondern durchschnitten worden war. Das ließ darauf schließen, dass sich ein Notfall ereignet hatte. Niemand konnte sich allerdings vorstellen, was geschehen sein mochte.

Unterschiedliche Theorien

Der Dampfer »Iron Man« tauchte nie wieder auf. War er untergegangen? Dann hätte man den verschwundenen Riesen eigentlich in dem Fluss finden müssen. Außerdem wären die an Deck festgezurrten Ballen Baumwolle losgerissen und irgendwo am Flussufer angespült worden. Oder war vielleicht ein Feuer ausgebrochen? War das Schiff gar explodiert? Das war unvorstellbar, denn erstens wäre eine solche Katastrophe mit Sicherheit bemerkt worden, und zweitens hätte man auf Wrackteile stoßen müssen. Es gab aber nicht die geringste Spur: kein Wrackteil, kein Stück Ladung, kein totes Besatzungsmitglied. Der Dampfer hatte sich auf dem Mississippi buchstäblich in Nichts aufgelöst.

Schicksalhafter Luxusdampfer

Das gleiche unbegreifliche Schicksal widerfuhr der »Mississippi Queen«. Sie war am 17. April 1873 Richtung New Orleans unterwegs. Der luxuriöse Dampfer lockte unzählige Neugierige an, die an beiden Ufern auf ihn warteten. Begeisterte Massen jubelten, winkten den Passagieren zu. Noch um Mitternacht waren alle Anlegestationen pünktlich erreicht und plangemäß wieder verlassen worden. Doch irgendwann kurz nach Mitternacht muss die Königin des Mississippi ihr böses Schicksal ereilt haben.

Schon am nächsten Morgen begann eine groß angelegte Suchaktion. Sie führte zu keinem greifbaren Resultat. Noch Wochen und Monate später hoffte man, eine Erklärung für dieses Rätsel zu finden. Niemand hatte eine Explosion beobachtet, niemand hatte ein Feuer bemerkt. War das stolze Schiff gesunken? Man suchte gezielt den Grund des Flusses ab. Boote fuhren die gesamte Strecke ab, schleppten

Charles Hoy Fort – Pionier des Okkultismus

Zu Beginn dieses Jahrhunderts war Charles H. Fort einer der wenigen Forscher, die sich ernsthaft mit paranormalen Phänomenen beschäftigten. In seinen Büchern schrieb er über die verschiedensten Themen, so etwa über Levitationen, Teleportationen, unbekannte Flugobjekte, Geisterraketen, Stigmata, spurlos verschwundene Schiffe, Blutregen und vieles mehr. Wie sein Biograph berichtet, verbrachte Fort viel Zeit im Lesesaal des Britischen Museums in London. Im Laufe seines Lebens sammelte er Tausende von Berichten über rätselhafte Phänomene und veröffentlichte mehrere Bücher. 1919 erschien *Das Buch der Verdammten*, in dem er insbesondere die beschränkte Sicht der zeitgenössischen Wissenschaft anprangerte. Als »Verdammte« bezeichnete Fort Fakten, die von der Wissenschaft verkannt wurden.

schwere Eisenketten hinter sich her. Doch sie wurden nicht fündig. Nie wurde auch nur das kleinste Wrackteil angeschwemmt. Keines der Besatzungsmitglieder und nicht einer der 55 Passagiere tauchte jemals wieder auf.

Der okkulte Forscher Charles Hoy Fort (1874–1932) beschäftigte sich intensiv mit der Frage, wohin Menschen und Schiffe spurlos verschwinden können. In seinem Buch *Lo*, das 1923 erstmals erschien, spekulierte er: »Mannschaften von Schiffen sind verschwunden, Schiffe sind verschwunden. Es mag sein, dass etwas, wovon die Bewohner dieser Erde nichts wissen, dafür verantwortlich ist.« Auch heute noch, rund 75 Jahre später, wissen wir noch nicht viel mehr über diese Vorgänge.

Das Monster von Loch Ness

Wirklich große Geheimnisse unseres Planeten erscheinen umso mysteriöser, je intensiver man sich mit ihnen auseinander setzt. Dazu gehört auch das legendäre Monster vom schottischen Loch Ness.

»Nessie«, das Ungeheuer von Loch Ness, tauchte keineswegs erst in unserem Jahrhundert erstmals aus den Fluten auf. Bereits im 6. Jahrhundert n. Chr., so wird berichtet, erschien es »schreiend und brüllend« an der Wasseroberfläche. Um 565 war ein Schüler des irischen Heiligen Columbanus des Älteren in den See gestiegen, um ein erfrischendes Bad zu nehmen. Als er ans andere Ufer schwimmen wollte, um seinem Meister ein Boot zu holen, tauchte das schreckliche Monster vor ihm auf.

Während der junge Mönch zutiefst erschrak, verlor der fromme Columbanus nicht die Ruhe. Vielmehr befahl er dem Untier mit fester Stimme, sich zu entfernen – was dieses unverzüglich tat.

Denkwürdiges Ereignis

Wie oft sich das rätselhafte Wesen in den folgenden Jahrhunderten zeigte, wissen wir nicht. Doch am 22. Juli 1933 kam es zu einer erschreckenden Begegnung. Das Ehepaar George Spicer wollte einen Ausflug nach London unternehmen und fuhr im Auto am Südufer des Sees entlang. Plötzlich machte Frau Spicer eine merkwürdige Beobachtung: Unweit der Straße hatte sich etwas im dichten Farnkraut bewegt. Bei näherem Hinsehen entdeckten sie ein seltsames Wesen, das einer Schlange ähnelte. Sein kleiner Kopf saß auf einem langen, dünnen Hals, der in einen massigen Leib überging. Außerdem hatte es weder Füße noch Arme, dafür aber riesige Schwimmflossen.

Das bizarre Aussehen des Ungeheuers von Loch Ness fasziniert Presse und Publikum.

Das undefinierbare Lebewesen war etwa acht bis zehn Meter lang und schien sehr schwer zu sein. Trotz dieser Masse, und obwohl es vom Aussehen her einem Tier ähnelte, das im Wasser lebte, konnte es sich an Land erstaunlich schnell fortbewegen. Starr vor Schreck beobachteten die

In unserer Zeit wurde Nessie 1933 erstmals gesichtet. Doch es gibt bereits Berichte von einem Monster, das im Loch Ness hausen soll, die sogar bis in das Jahr 565 n. Chr. zurückgehen. Ob es sich dabei um ein und dasselbe Exemplar handelt, sei dahingestellt.

Nessies Aussehen wurde von Experten rekonstruiert. Dabei ist die Ähnlichkeit des Monsters mit dem Körperbau eines Plesiosauriers sehr auffällig. Diese Gattung ist jedoch bereits vor 70 Millionen Jahren ausgestorben.

Spicers, wie das Untier mitsamt seiner Beute, einem Schaf, in den Fluten des Loch Ness untertauchte.

Erste Fotografie

Im gleichen Jahr gelang einem Arzt während seines Urlaubs am Loch Ness die erste, wenn auch undeutliche fotografische Aufnahme des Monsters, die für große Aufregung in der Öffentlichkeit sorgte. Doch wie auch immer: Sollte im Loch Ness tatsächlich ein monströses Lebewesen hausen, wäre das im Grunde ja durchaus natürlich zu erklären und müsste mitnichten als ein paranormales Phänomen betrachtet werden.

Bekannt war damals schon, dass es im Seewasser reichlich Tang gab. Man vermutete, dass dieser vielleicht von Unterwasserströmungen so zusammengetragen wurde, dass sich Klumpen bildeten. Wenn nun ein Fäulnisprozess einsetzte, entstanden Gase, die als blubbernde Blasen an die Oberfläche stiegen. Zum Teil war das Gas aber auch von Tang umschlossen, was dazu führen konnte, dass solche Tangansammlungen an die Oberfläche getrieben wurden. Doch diese Argumentation klingt nicht sehr überzeugend.

Gegenstand der Forschung

Das rätselhafte Monster von Loch Ness wurde erstmals am 23. April 1960 von Tom Dinsdale gefilmt. Auf dem Film ist eine höckerartige Erhebung zu sehen, die sich langsam entfernt, dann schneller wird und schließlich ganz verschwindet. Der Film wurde dem Zentrum für atmosphärische Untersuchungen (JARIC) übergeben, das bestätigte, dass es sich »vermutlich um ein Lebewesen« handele, das etwa 1,7 Meter lang sei.

Ein zweiter Film entstand am 13. Juni 1967 während einer Loch-Ness-Expedition. Dieser von Richard Raynor erstellte Film gilt als bestes Dokument über »Nessie«. Auch dieser Film wurde von JARIC genau überprüft – und auch in diesem Fall hatte das ominöse Lebewesen eine Länge von 1,7 Metern.

Auch die Untersuchung des Sees mit Sonarbooten im Jahr 1987 brachte keine scharfen Nessi-Bilder.

Im Juni 1975 ließen Mitarbeiter der Akademie der angewandten Wissenschaften, Boston, von einem Motorboot aus eine Kamera in große Tiefen des Sees vordringen. Immer wieder brachten grelle Blitzlichter für Sekunden Licht ins Dunkel, und zahllose Aufnahmen entstanden. Ende des Jahres wurden die so entstandenen Aufnahmen gründlich untersucht. Man hatte Erstaunliches fotografiert: So beispielsweise ein Wesen von insgesamt etwa elf Metern Länge mit einem zweieinhalb Meter langen Hals.

Computeranalysen

Die interessantesten Aufnahmen wurden Experten der NASA übergeben, die die Aufnahmen mit modernster Computertechnik untersuchten. Dabei wurden weitere interessante Details sichtbar. Ein Bild beispielsweise zeigte ein »größeres Wesen«, das nur schemenhaft zu erkennen war. Gestochen scharf aber war seine beachtliche Flosse zu erkennen.

Am aussagekräftigsten sind zwei Aufnahmen von Dr. Robert Rines, die eine Art Flossentier zeigen. Experten sind sich aufgrund des untersuchten Materials einig, dass ein außergewöhnlich großes Lebewesen Loch Ness bewohnt. Insbesondere auch deshalb, weil die Verhältnisse im Loch Ness durchaus so beschaffen sind, dass solche Tiere hier lebensfähig wären. Sir Peter Scott verabreichte dem Seeungetüm einen wissenschaftlichen Namen: »Nessiteras Rhombopteryx«.

Könnte es sich bei Nessie nicht auch um einen Überlebenden aus längst vergangenen Zeiten, etwa einen Plesiosaurier, handeln? Zwar ist diese Gattung bereits vor 70 Millionen Jahren ausgestorben, doch wurden immer wieder quicklebendige Exemplare vor der Küste Südafrikas gefangen. Dr. Roy Mackal, Spezialist in Sachen »urweltliche Tiere, die angeblich vor Jahrmillionen ausstarben, aber heute noch leben«, hält es für »durchaus möglich«, dass im schottischen Loch Ness bis heute Plesiosaurier überlebt haben.

Nessies in Amerika

Nur widerwillig sprechen die Nachfahren der Winnebago-Indianer über die geheimnisvollen Pyramiden von Rock Lake, Wisconsin. Bei eigenen intensiven Recherchen vor Ort erfuhr ich jedoch Folgendes: »Auf dem Grunde des Sees wurden in Pyramiden Menschen von höchstem Rang bestattet! Man darf ihre Totenruhe nicht stören!« Und weiter wurde mir berichtet, dass ein monströses Wesen, das in den Wassern hause, dort Wache halte.

Ominöses Fabelwesen

Tatsächlich liegen verschiedene Zeugenaussagen vor, die belegen, dass zwischen

1969 wurde Loch Ness von einem japanischen Fernsehteam untersucht, das mit modernsten Unterwasserkameras ausgestattet war. Doch auch diesem Spezialteam gelang es nicht, das Monster aufzuspüren. Allerdings entdeckte es eine große Unterwasserhöhle – die Behausung »Nessies«?

Nessieähnliche Gattungen

In der Nessiediskussion wird, sehr zu Recht, immer wieder angeführt, dass wohl schwerlich ein einziges derartiges Monster über Jahrtausende hinweg allein existieren könne. Und es ist in der Tat schwer vorstellbar, dass ein urzeitliches Tier so lange als Einzelexemplar leben sollte. Irgendwann wäre auch ein solches Urmonster zum Tode verdammt. Hausen aber im Verborgenen vielleicht doch noch mehrere solcher Exemplare ? Vielleicht. Hier eine kleine Übersicht über heute noch lebende Tiere aus der Urzeit:

► Coelacanthier: Sie wurden vor der Küste Südafrikas und Madagaskars entdeckt. Dieser Fund war für die Wissenschaft äußerst wichtig, da sich die unschätzbare Möglichkeit ergab, ein lebendes Fossil zu untersuchen. Lebende Fossilien lassen auf die Beschaffenheit verwandter Gruppen schließen.

► Sphenodon punctatus: Die in Neuseeland lebende Brückenechse wäre beinahe vollständig ausgerottet worden, ist jedoch heute gesetzlich geschützt. Sie war in der Trias weit verbreitet und gehört zur Ordnung der diapsiden Reptilien. Sphenodon punctatus, die dem Homoeosaurus ähnelt, hat seit dem frühen Mesozoikum offensichtlich unverändert überlebt.

► Neopilina galathea: Dabei handelt es sich um ein wirbelloses Weichtier, das zu der napfschneckenähnlichen Weichtierklasse Monoplacophora gehört. Neopilina galathea wurde 1952 in mehr als 3000 Meter Tiefe vor der Pazifikküste Mexikos entdeckt. Zuvor war diese Gattung nur aus kambrischen bis devonischen Schichten bekannt.

Es werden von Wissenschaftlern und Laien die unglaublichsten Theorien aufgestellt. Sowohl solche, die die Existenz von Wassermonstern rundweg leugnen, als auch solche, die sie vehement verteidigen. Doch Gewissheit hat letztlich niemand.

1850 und 1920 immer wieder ein nessieartiges Wesen beobachtet wurde. Die Berichte lassen eine relativ exakte Rekonstruktion zu. Demnach ist »Rocky«, wie das Fabelwesen getauft wurde, dunkelbraun, mindestens so groß wie ein Elefant und hat Hals und Kopf wie ein Pferd.

Joseph Davis, heute ein vermögender Geschäftsmann, lebte als Teenager am Ufer des Rock Lake. Er erinnert sich an eine Sichtung: »Als ich 15 Jahre alt war, das war im Juli 1943, tuckerte ich mit meinem kleinen Motorboot auf dem See. Ich war eben etwa in der Mitte angekommen, wollte meine Angel auswerfen, da wurde plötzlich mein Boot von seltsamen Wellen erfasst. Ich starrte ins Wasser und sah etwas sehr Großes aus der Tiefe emportauchen. Was immer es auch gewesen sein mochte, es bewegte sich unglaublich schnell von unten her auf mein Boot zu.«

Der junge Mann wurde von Panik erfasst und wollte so schnell wie möglich diesen unheimlichen Ort hinter sich lassen. Er wollte gar nicht so genau wissen, was da aus der Tiefe des Sees emporstieg. Plötzlich durchbrach ein Monster mit massigem Leib die Wasseroberfläche. Nur ein Teil seines Torsos ragte aus den Wellen – er war immerhin mehrere Meter lang.

Etwa eine Minute lang war dieses Etwas zu sehen, dann tauchte es wieder ab, wobei es mächtige Wellen erzeugte. Joseph Davis: »Mir war, als könne ich mich erst jetzt wieder bewegen. Ich warf den Motor meines Bootes an und brauste so schnell es ging zum Ufer. Ich schwor mir, nie mehr zum See zurückzukommen!«

Verwandt mit Nessie?

David Hatcher-Childress, Präsident des »World Explorer Club«, ist überzeugt davon, dass es im Rock Lake ein Pendant zu Schottlands Nessie gibt. Seiner Meinung nach kann Rocky sehr schnell und sehr tief tauchen und hält vermutlich in den Monaten der kalten Jahreszeit eine Art Winterschlaf auf dem Grund des Sees.

Wer in Amerika nach Hinweisen auf Seemonster wie Nessie sucht, wird schnell fündig, da Nessies Verwandte dort eine lange Tradition haben. Seit Jahrhunderten wissen die Indianer British Columbias, die an den Ufern des Okanagan-Sees wohnen, von einem Wassertier von unglaublichen Ausmaßen. Sie nannten es »Naiaka«, 1926 wurde es offiziell in »Ogopogo« umbenannt. In den vergangenen dreihundert Jahren soll es mindestens zweihundertmal gesichtet worden sein. Lionel Edmond ist einer von vielen Zeugen. Er war mit einem Boot zum Fischen auf dem See, als er hinter sich ein lautes Rauschen hörte: »Ich drehte mich um, und es kam mir so vor, als würde ein U-Boot auftauchen und mein Boot gefährden. Irgendetwas steuerte direkt auf mich zu. Als es im rechten Winkel zu meinem Boot stand, wurden sechs Buckel über der Wasseroberfläche sichtbar. Jeder zog eine kleine Kiellinie hinter sich her. Die Gesamtlänge betrug fünfzehn bis achtzehn, vielleicht zwanzig Meter.«

Indianisches Wissen

Naturgemäß waren es immer zunächst die Indianer, die den geheimnisvollen Bewohnern der Seen Amerikas begegneten. Samuel Champlain, nach dem der See im US-Staat New York benannt wurde, belächelte die Überzeugung der vermeintlich primitiven und abergläubischen Indianer, nach deren Überzeugung der See Quartier eines Furcht einflößenden Monsters sei. Doch er wurde eines Besseren belehrt, als er das Ungetüm anno 1609 selbst zu sehen bekam.

So mancher weiße Siedler mag ebenfalls dem Monstrum begegnet sein, hat aber aus

Angst, ausgelacht zu werden, darüber geschwiegen. Dennoch liegt eine Fülle von Augenzeugenberichten vor. Dr. Roy P. Mackal studierte siebenundzwanzig dieser Berichte und kam zu dem Ergebnis, dass alle Zeugnisse große Ähnlichkeit mit denen von Loch Ness haben.

Sichtungen in Kanada

1957, 1977 und 1980 gab es in Quebec eine Flut von Meldungen bezüglich eines Seemonsters. Aus dem Lake Pohengamook, an der Grenze zum US-Staat Maine gelegen, tauchte immer wieder ein Ungetüm auf. Von einem Monster freilich will Biologe Prof. Vadim Vlaykov nichts wissen. Der Wissenschaftler geht vielmehr davon aus, dass sich sämtliche Beobachter von einem Riesenstör haben täuschen lassen. Diese Erklärung stimmt jedoch nicht mit Augenzeugenberichten überein. Zwei Damen, Mrs. Desbiens und Mrs. Tardiff, berichten Genaueres über das garstige Monster: »Es hatte einen massiven Leib, wie ein umgedrehtes Boot sah es aus, sein Kopf war der einer Kuh, das Monster hatte aber keine Ohren.« Die Einheimischen sind davon überzeugt, dass dieses Wesen kein Riesenstör sein kann, wird es doch als sechs bis acht Meter groß beschrieben.

Ein ähnliches Format hat auch das Monster von Lake Memphremagog. Schriftliche Zeugenaussagen von Menschen, die es gesehen haben wollen, reichen bis in das Jahr 1850 zurück, und aus den vergangenen 150 Jahren liegen Dutzende von Zeitungsberichten vor. Dieses Wesen soll »real« sein. Immer wieder sahen Indianer, wie es hocherhobenen Hauptes seinen Weg durch die Wellen pflügte. Sein dunkelgrüner Hals habe im Sonnenlicht geglänzt.

Materialisierte Ängste

Die Nessies Nordamerikas wurden in über 150 Seen gesichtet. Deshalb ist Richard Carrington, Autor des Buches *Mermaids*

Falls die vermeintlich urzeitlichen Monster in Wirklichkeit Ausdruck kollektiver unbewusster Ängste wären, stellt sich die Frage, warum das menschliche Bewusstsein so weit in die Vergangenheit zurückgreift und keine moderneren Formen produziert.

So soll nach Augenzeugenberichten das Monster von Rock Lake aussehen.

and Mastodons, auch felsenfest davon überzeugt, dass sie existieren. Der Forscher denkt dabei aber an eine andere Ebene als unsere physisch-leibliche, in der wir leben. Für ihn sind diese Wesen sichtbar gewordene, sich materialisierende Urängste des Menschen. Ähnlich dachte auch Bruno Bettelheim. Der weltberühmte Psychologe hielt sie für eine »psychische Notwendigkeit«.
Sind also die Nessies Schottlands und Amerikas keine Wesen aus Fleisch und Blut, sondern verdichtete unbewusste Ängste vor dem Unbekannten? Stehen wir vor einem neuen, faszinierenden übersinnlichen Rätsel? Können Gefühle sich zu scheinbar körperlichen Wesen verdichten, die immerhin optisch wahrnehmbar genug sein müssen, dass sie sich fotografieren lassen! Das wäre doch wirklich revolutionär! Vielleicht bringt eine weitere Erforschung der Nessies auf der ganzen Erde bald Aufschlüsse über die Geheimnisse und unbekannten Kapazitäten des menschlichen Geistes!

Kraken der Tiefe

Riesenkraken gehören zur Gattung der Kalmare, die vor allem in der Tiefsee leben und nur sehr selten gesichtet werden. Kalmare gehören zu den ältesten Lebewesen der Erde – ihr Stammbaum reicht 400 Millionen Jahre zurück.

Walfänger entdecken seit Jahrhunderten in den Mägen der riesenhaften Meeressäuger sehr große Fangarme, die von gewaltigen Kraken stammen müssen. Auch werden immer wieder an der Haut von Walen Abdrücke von monströsen Saugnäpfen entdeckt, die darauf schließen lassen, dass die Tiere mit Kopffüßlern gigantischer Größe gekämpft haben müssen. Damit scheint es handfeste Belege für die Existenz von Lebewesen zu geben, die als die Kraken der Tiefe bezeichnet werden.
Ende des 18. Jahrhunderts war ein dänisches Segelschiff vor der Küste Westafrikas in eine Flaute geraten. Kapitän Jean-Magnus Dens wollte die Zeit nutzen und befahl seiner Mannschaft, das Schiff gründlich zu putzen, auch von außen. So wurden Holzplanken an die Außenseite des Rumpfs gehängt, und Matrosen schrubbten eifrig vor sich hin. Die Männer empfanden die Arbeit als monoton und langweilig. Das änderte sich schlagartig, als ein riesiges Meeresungetüm auftauchte und mit seinen gewaltigen Armen zwei Matrosen packte und unter Wasser zerrte.
Ein dritter Mann wurde ebenfalls von einem der Tentakel gepackt. Er wehrte sich mit aller Kraft dagegen, in die Tiefe gezerrt zu werden. Verzweifelt hielt er sich an einer Strickleiter fest und konnte tatsächlich im letzten Augenblick gerettet werden. Geistesgegenwärtig hatten einige Matrosen einige Beile herbeigebracht, und es gelang ihnen, den gewaltigen Fangarm abzuhacken. Außerdem wurden mehrere Harpunen auf das Untier abgeschossen. Wütend tauchte es unter, wobei es das Wasser mit seinen Armen aufpeitschte, so dass es zu kochen schien.

Gewaltige Ausmaße

Kapitän Jean-Magnus Dens ließ das abgehackte Stück des Fangarms messen. Es war acht Meter lang und mit großen Saugnäpfen versehen. Der erfahrene Seemann schätzte, dass der Arm insgesamt um die zwölf Meter lang gewesen sein muss!
Der Bericht über die Furcht einflößende Begegnung mit einem Riesenkraken wurde publiziert, in der Fachwelt aber weitestgehend als unglaubwürdig bezeichnet. Der französische Naturforscher Pierre Denys de Montfort indes war davon überzeugt, dass der Beschreibung der Vorgänge eine wahre Begebenheit zugrunde lag. Er nahm sie in sein immerhin sechsbändiges Werk *The Natural History of Molluscs* auf, das in Paris in den Jahren 1802 bis 1805 erschien. Der Forscher kam zur Überzeugung, dass die immer wieder von

Seefahrern beschriebenen Riesenkraken keine Ausgeburten der Phantasie, sondern real existierende Wesen sein müssten.
In der Fachwelt jedoch spottete man über eine solche Behauptung. Dabei war sie keineswegs die einzige ihrer Art. Im Oktober 1873 hatten die Heringsfischer Squires

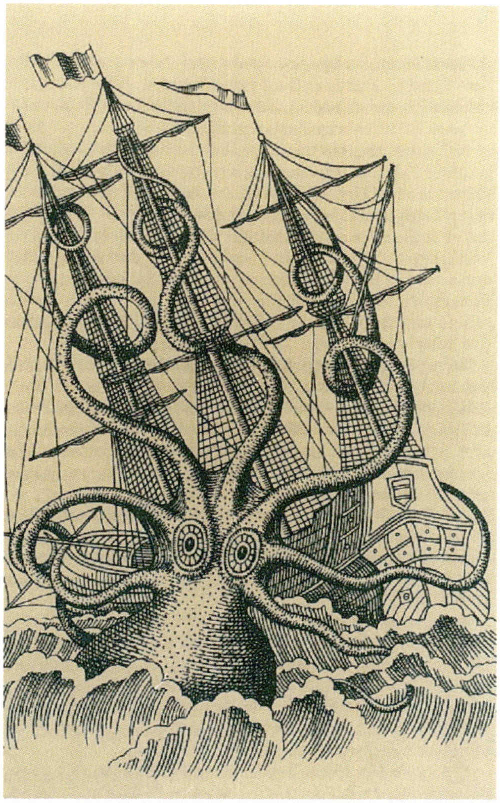

Der Schoner »Pearl« wird 1847 im Golf von Bengalen von einem Riesenkraken angegriffen.

und Piccot ein gespenstisches Erlebnis. Vor Neufundland meinten sie, ein im Wasser dahintreibendes Schiffswrack ausfindig gemacht zu haben. Überlebende waren offensichtlich keine an Bord. Aber ob es noch etwas Brauchbares zu bergen gab? So ruderten Squires und Piccot, der seinen zwölfjährigen Sohn mitnahm, zu ihrem Fund. Je näher sie kamen, desto deutlicher wurde, dass es sich nicht um ein Schiffswrack handelte. Was war es dann, was da im Wasser trieb?

Als sie das Etwas mit Enterhaken näher heranziehen wollten, erwies es sich als lebendes Wesen. Es öffnete sein riesiges Maul und verbiss sich mit Gewalt in das kleine Ruderboot. Einer seiner Fangarme genügte, um es zu umschlingen. Tom Piccot griff sich ein großes Messer und hieb den mächtigen Arm des Monsters ab. Es war wohl nur ein Teilstück, maß aber immerhin sechs Meter in der Länge.

Massive Attacke

Im Mai 1874 verließ der 150-Tonnen-Schoner »Pearl« den Hafen der südceylonischen Stadt Galle. Drei Tage später geriet das Segelschiff im Golf von Bengalen in eine Flaute. Die »Pearl« trieb träge in der Meeresströmung dahin. Gegen 17 Uhr entdeckten die Matrosen etwas, das im Wasser trieb. Kapitän James Floyd wählte sich das rätselhafte Etwas als Ziel für seine Schießkünste. Floyd gab mehrere Schüsse auf das Wesen ab. Was immer es auch war, tot war es nicht. Mit erstaunlicher Geschwindigkeit bewegte es sich auf die »Pearl« zu und attackierte das Schiff.
Das mit gewaltigen Fangarmen ausgestattete Tier begann die »Pearl« zu erklimmen. Da der Kapitän vor Schreck wie gelähmt zu sein schien, übernahm Matrose Bill Darling das Kommando und befahl, jedes Teil des Tieres abzuhacken, das über die Bordwand kam.
Mit Äxten und Messern hieben die sechs Matrosen auf die Arme des Lebewesens ein. Innerhalb von Minuten hatte es von dem gesamten Schiff Besitz ergriffen. Mit Fangarmen, die so dick wie Baumstämme waren, klammerte es sich an die Masten. Segel und Takelage wurden zerfetzt. Das Schicksal des Schiffes war besiegelt. Es kippte zur Seite, trieb Augenblicke später kieloben und versank. Zwei Matrosen wurden in den Tod gerissen.

Kalmare verfügen über zwei verlängerte Fangarme, die Gummiseilen ähneln. Diese können sie weit über die Arme hinausstrecken und blitzartig zurückziehen. Damit ergreifen sie ihre Beute und verleiben sie mit ihren zahlreichen schlangenartigen restlichen Armen ein.

Riesenkalmare, die im Allgemeinen als große Kraken bezeichnet werden, gelten als sehr angriffslustig. Mitunter scheuen sie sich nicht davor, selbst große Pottwale anzugreifen. Wer in einem solchen Kampf den Kürzeren zieht, steht nicht von vornherein fest.

Mehrere Zeugen

Was sich wie reines Seemannsgarn anhört, wurde von weiteren, unabhängigen Zeugen bestätigt. Der Dampfer »Strathowen« war nach Colombo unterwegs, als die Männer an Bord am 10. Mai im Golf von Bengalen in der Ferne einen Schoner erblickten, der in eine Flaute geraten war. Durch ihre Ferngläser entdeckten sie eine große graue Masse, die im Wasser auf die »Pearl« zustrebte. Diese Masse prallte auf den Rumpf des Schiffes, und dann hievte sich der riesige Körper nach oben und bedeckte das Schiff fast völlig, so dass es kenterte. Nur wenige Minuten trieb es kieloben, dann versank es. Doch auch dieser unparteiische Bericht stieß in der Fachwelt auf Skepsis.

Genaue Recherchen

Der deutsche Forscher Lorenz Oken freilich meinte, man müsse, um zu einem wissenschaftlichen Urteil gelangen zu können, seriös arbeiten und so viele Zeugenaussagen wie nur möglich sammeln und bewerten. Er begnügte sich deshalb nicht damit, überlieferte Berichte zu sammeln. Er machte sich auf den Weg und befragte selbst Seeleute, die ähnliche Begegnungen gemeldet hatten. Er interviewte Ende des 18. Jahrhunderts im nördlichen Hafen von Dunkirk am Eriesee, New York, USA, eine Gruppe von erfahrenen Walfängern. Hatten die Männer ähnliche Erlebnisse mit Kraken? Sorgsam protokollierte er, was ihm berichtet wurde. Da heißt es zum Beispiel: »Ein Kapitän namens Ben Johnson erzählte mir, dass er einst einen männlichen Wal harpunierte, der abgesehen von seinem gewaltigen Geschlechtsorgan unter dem Bauch noch ein zweites zu besitzen schien, das ihm aus dem Maul herausragte. Der Kapitän und die restlichen Seeleute waren sehr erstaunt. Nachdem sie den getöteten Wal am Schiffsrumpf fest vertäut hatten, zogen sie mit sieben Haken das angebliche Geschlechtsorgan an Deck. Die Matrosen

Es ist sehr schwierig, ein überwiegend unter Wasser schwimmendes Objekt eindeutig zu identifizieren.

trauten ihren Augen nicht. Die fleischige Masse, die den Durchmesser eines Schiffsmastes hatte, enthüllte sich als Tintenfischarm mit großen Saugnäpfen. Der Fangarm verjüngte sich dem Ende zu und war an der Spitze noch immer so dick wie ein Männerarm. Später stellte man fest, dass der Fangarm an beiden Enden abgerissen worden war. Das Stück, das dem Walfisch aus dem Maul geragt hatte, war noch sehr frisch. Das gesamte Teilstück der Tentakel wurde mit einer Schiffsleine gemessen und hatte noch immer die beträchtliche Länge von elf Metern. Der Kapitän vermutete, dass das obere fehlende Stück des Fangarmes immer spitzer zulaufen müsste. Seiner Schätzung nach musste das untere abgerissene Ende des Fangarms etwa drei, das obere drei bis acht Meter lang gewesen sein. Daraus ergab sich eine beachtliche Gesamtlänge von etwa zweiundzwanzig Metern.

Überdimensionale Kraken

Auch ein gewisser Kapitän Reynolds berichtete Denys de Montfort, beim Walfang etwas Fleischiges im Meer treiben gesehen zu haben. Er hielt es für eine Seeschlange und befahl mehreren Matrosen, dieses Etwas an Bord zu zerren. Es hatte keinen Kopf, war also keine Schlange. Vielmehr handelte es sich um den Fangarm eines Kraken, der unglaubliche Ausmaße gehabt haben muss. War doch der Tentakel unglaubliche fünfzehn Meter lang und einen Meter dick.

Je mehr Berichte Denys de Montfort zusammentragen konnte, desto überzeugter war er von der Existenz des Kraken als Gattung. Er erkundigte sich, ob es denn nirgendwo eine bildliche Darstellung eines solchen Monstrums gebe. Die Seeleute waren ob dieser Unkenntnis erstaunt und verwiesen ihn auf die St. Thomas Kapelle. Seeleute hätten dort ein Gemälde aufhängen lassen, das von einem Augenzeugen angefertigt worden war, einem Matrosen, der beinahe Opfer eines Riesenkraken geworden wäre.

Dieser Matrose hatte Dienst auf einem Sklavenschiff getan. Es lag vor der Westküste Afrikas. Man hatte Sklaven, aber auch Eisenerz und Goldstaub an Bord genommen. Just sollte der Anker gelichtet werden, da tauchte ganz plötzlich ein wahres Ungeheuer auf, das direkt aus dem Schlund der Hölle zu kommen schien. Das Wesen durchbrach die Wasseroberfläche und schlang zwei seiner riesenhaften Arme um zwei Schiffsmasten – sie reichten bis an die Spitzen.

Das Krakenmonster muss enorme Kraft besessen haben und bei der Größe auch enorm schwer gewesen sein. So drohte das Schiff, das sich immer weiter zur Seite neigte, zu kentern. Verzweifelt schlugen die Matrosen mit Äxten auf die Tentakel ein. Mit Messern brachten sie ihm gewaltige Schnittwunden bei. Selbst hartgesottene Matrosen begannen zu beten und flehten den heiligen Thomas um Hilfe an. Schließlich zeigte das Gemetzel Wirkung. Zwei der Fangarme konnten der bedrohlichen Krake abgeschlagen werden. Sie gab ihre Beute frei und verschwand in der Tiefe. Die aufgelösten Matrosen kehrten in den Hafen von St. Malo zurück, und einer von ihnen hielt das unheimliche Geschehen in einem Gemälde fest, das in der St. Thomas Kapelle landete.

Die Berichte über derartig bedrohliche Kraken aus der Meerestiefe ließen sich fortsetzen, doch damit wäre das Rätsel um diese Meeresmonster noch nicht gelöst. Es bleibt zu hoffen, dass künftige Forschungen dem Geheimnis der Meere und ihrer rätselhaften Bewohner doch einmal auf die Spur kommen.

Zahlreiche Seeleute haben von unheimlichen Begegnungen mit Riesenkraken berichtet. Was an diesen Erzählungen Tatsache ist und was in den Bereich der Legende gehört, lässt sich nicht immer klar unterscheiden.

***»Sie stiegen von der Straße der Sterne hernieder …
Sie sprachen die magische Sprache der Sterne des Himmels …«***

Maya-Überlieferung

Vorgeschichtliche Besucher aus dem All

Immer wahrscheinlicher wird die Theorie, dass vor Jahrtausenden Außerirdische unseren Planeten besuchten. Als sie mit ihren Raumschiffen wieder in ihre Heimat im All zurückkehrten, haben sie einige wenige auserwählte Erdbewohner mitgenommen.

Die Theorie, dass vor vielen Jahrtausenden Außerirdische auf die Erde kamen, wird in Fachkreisen heftig diskutiert. Diese Auseinandersetzung hat unter anderem auch die SETI-Forschung auf den Plan gerufen (SETI = Search for extraterrestrial Intelligence), ein Forschungszweig, der sich mit religiösen Anschauungen in neutraler Weise auseinander setzt und gleichzeitig eine ganz neue Denkrichtung zum Ziel hat.

Außerirdische Besucher vom Sirius

Eine uralte Überlieferung verschiedener westafrikanischer Stämme geht davon aus, dass vor vielen Jahrtausenden außerirdische Wesen vom Sirius zur Erde kamen. Insbesondere die Dogon, aber auch andere Stämme, die in den Hombori-Bergen Malis leben, sind davon fest überzeugt. Bereits im Jahre 1931 haben Wissende der Dogon dem französischen Anthropologen Dr. Marcel Griaule dieses Geheimnis offenbart.

1946 kehrte Dr. Griaule in Begleitung der Völkerkundlerin Dr. Germaine Dieterlen zu den Dogon zurück. Die Wissenschaftlerin war damals in der »Société des Africanistes« vom Pariser »Musée de l'homme« als Generalsekretärin tätig. Fünf Jahre später legten die beiden Forscher die umfangreichen Ergebnisse ihrer Studien vor Ort unter dem Titel *Ein sudanesisches Sirius-System* vor. Unglaubliches hatten sie von den Dogon, den Bambara und den Bozos (Bezirk Segu) und den Minianka (Bezirk Kutiala) erfahren.

Unsichtbarer Begleiter

Alle fünfzig Jahre feiern diese Stämme ein rauschendes Fest, bei dem sie insbesondere den Stern Digitaria verehren. Die Eingeweihten jener Stämme waren in höchstem Maße darüber erstaunt, dass die Europäer nicht die geringste Ahnung von der Bedeutung dieses Gestirns hatten. Immer wieder deuteten sie zum nächtlichen Sternenhimmel und beteuerten, dass sie nicht Sirius meinten, wie die beiden Forscher annahmen, sondern »seinen unsichtbaren Begleiter«. Auf die Frage der Forscher, warum dieses Fest nur alle fünfzig Jahre stattfände, antwortete man ihnen kopfschüttelnd: »Weil Digitaria, der unsichtbare Stern, seine Umlaufbahn um Sirius alle fünfzig Jahre vollendet!«

Tatsächlich hat Sirius einen unsichtbaren Begleiter. 1834 waren dem Astronomen Friedrich Wilhelm Bessel winzige Unregelmäßigkeiten in den Bewegungen von Sirius aufgefallen. Nach zehn Jahren sorgsamer astronomischer Beobachtungen ging Bessel davon aus, dass es einen unsichtbaren zweiten Sirius-Stern geben musste. Doch die damaligen Fernrohre reichten nicht aus, um diesen Himmelskörper wahrnehmen zu können.

Die Dogon wussten nicht nur von der Existenz des Sirius B, des für bloße Augen unsichtbaren Sternes, sondern auch viel über seine besonderen Merkmale, so beispielsweise, dass er weiß war und der schwerste Stern.

Die Dogon wussten bereits, dass die Umlaufbahn des Sirius B um Sirius A 50 Jahre beträgt und elliptisch statt kreisförmig ist. Auch die Stellung des Sirius A innerhalb dieser Ellipse war ihnen bekannt.

Woher besaßen aber dann die afrikanischen Stämme, die über keine technischen Mittel verfügten, ihre astronomischen Erkenntnisse? Diese Frage faszinierte den US-Linguisten Robert Temple, Mitglied der Royal Astronomical Society. Acht Jahre lang setzte er sich mit den uralten Sirius-Überlieferungen der Dogon auseinander. Temple stellte fest, dass den Dogon bereits seit Ewigkeiten bekannt war, was die moderne Wissenschaft erst am Ende des 20. Jahrhunderts über Sirius A und seinen unsichtbaren Begleiter Sirius B herausgefunden hatte.

Faszinierendes Wissen

So unglaublich es auch klingen mag, es ist eine Tatsache: Die Dogon wussten mehr über Sirius als wir Menschen des 20. Jahrhunderts! Sie erzählten den Forschern, dass es im Sternensystem noch weitere Begleiter gebe: »Emme Ye« läuft in gleicher Richtung wie Sirius B. Der »Stern der Frauen« umkreist wiederum »Emme Ye«. Handelt es sich dabei um einen Planeten oder Mond? »Schuster« wiederum wandert entgegengesetzt zu »Emme Ye«. Da unsere astronomischen Beobachtungsmöglichkeiten heute noch zu begrenzt sind, können wir nicht überprüfen, ob das Wissen der Dogon stimmt.

Wie die Dogon erzählten, wurden ihnen diese astronomischen Kenntnisse von den Nommos überbracht, die in grauer Vorzeit vom Himmel zur Erde herabgekommen waren. Die Bilder, die sie von Nommos in den Sand zeichneten, ähneln in verblüffender Weise Astronauten. Diese Assoziation wird verstärkt durch die Nommos-Masken, die die Dogon anfertigten: Sie haben seltsame Ausbuchtungen mit einer Art von Antennen.

Jene seltsamen Wesen wurden von einem Obergott Amma ausgeschickt und kamen

Dogon-Wissen	Heutiges Wissen
Umlaufzeit des unsichtbaren Begleiters um Sirius 50 Jahre.	Umlaufzeit exakt: 50,04 Jahre ± 0,05 Jahre.
Der Begleiter ist winzig.	Korrekt. Sirius B ist ein »Weißer Zwerg«, hat einen Durchmesser von nur 41 000 Kilometern. Für einen Stern ist das zwergenhaft.
Trotz seiner Kleinheit ist Sirius unglaublich schwer.	Korrekt. Er hat die Masse unserer Sonne.
Der »kleine Sirius« beeinflusst den großen, nicht umgekehrt.	Korrekt. Diese Erkenntnis widerspricht dabei doch den Alltagserfahrungen der Dogon!
Der unsichtbare Zwerg ist der Lenker des Systems.	Korrekt.
Umlaufbahn ähnelt einer gequetschten Ellipse. Die Dogon malten die Umlaufbahn für die Forscher immer wieder in den Sand.	Korrekt, wie wir dank modernster astronomischer Beobachtungsmethoden wissen.

in einer fliegenden Arche zur Erde, die beim Landen entsetzlichen Lärm erzeugte. Es soll geklungen haben, als prassele Kies gegen Fels, als werde mächtiges Donnergetöse durch das Echo einer Höhle verstärkt. Dabei loderten Flammen auf, die erst verloschen, als die »göttliche Arche« auf dem Boden aufsetzte. Sollten also tatsächlich geheimnisvolle Außerirdische den Dogon dieses unglaubliche Wissen vermittelt haben?

Sirius-Abkömmlinge in China

Im Frühjahr 1997 erhielt der Buchautor und Weltreisende Hartwig Hausdorf als erster westlicher Mensch Zutritt in ein abgelegenes Gebiet in China. Dort stieß er auf merkwürdig kleinwüchsige Menschen, die Nachfahren jener Besucher sein könnten, die vor Jahrtausenden vom Sirius zur Erde kamen. Hartwig Hausdorf plant eine aufwendige Expedition, um diese rätselhafte Kultur zu ergründen. Wird es ihm gelingen, Beweise für kosmische Sirius-Kontakte in grauer Vorzeit zu finden?

Begonnen hat die Erforschung eines der großen Geheimnisse unseres Planeten bereits 1938. Damals entdeckte der chinesische Archäologe Tschi Pu Tei in den Gebirgszügen des Bayan Kara Ula rätselhafte Gräber, in denen seltsam kleinwüchsige Wesen mit unnatürlich großen Köpfen bestattet worden waren – vor Jahrtausenden! In Höhlen wurden ganz in der Nähe der Gräber Malereien entdeckt. Sie zeigen ein phantastisch anmutendes Szenario: astronautenähnliche Gestalten mit Helmen, dazu Sonne, Mond und ferne Sterne. Als Grabbeigaben hatte man den Toten insgesamt 716 Steinteller mit auf den Weg gegeben. Jede dieser Scheiben hat in der Mitte ein Loch. Von diesem Zentrum aus führt eine doppelspurige Rillenschrift bis an den Rand.

Außerirdische Besucher

Wer waren diese seltsamen Toten? Angeblich sollen einst in jenen Gefilden die Stämme der Dropa und Sikang gelebt haben. Sie werden als kleinwüchsig mit unpassend wirkenden plumpen, großen Schädeln beschrieben.

Vielleicht hätte man den Bericht von Tschi Pu Teis Entdeckung inzwischen längst wieder vergessen. Doch 1962 gelang es Professor Tsum Um Nui, Teile der Inschriften auf den Scheiben zu übersetzen. Das Ergebnis war so umwerfend, dass es fast verständlich ist, dass seine Vorgesetzten eine Veröffentlichung verboten. Doch Tsum Um Nui war nicht so leicht einzuschüchtern. Er publizierte ein Traktat mit dem Titel *Rillenschriften*, in dem von Raumschiffen die Rede ist, die, wie auf den Scheiben aufgezeichnet ist, vor 12000 Jahren existierten.

Das westafrikanische Volk der Dogon (Mali) verfügt über erstaunliche astronomische Kenntnisse.

Demnach wurden vor 12000 Jahren außerirdische Besucher, die aus den Tiefen des Alls kamen, auf unseren Planeten verschlagen. Ihr Raumschiff wurde dabei

Auch über Saturn und Jupiter hatten die Dogon erstaunliche Informationen. Stammesangehörige zeichneten vor den Augen von Forschern den Saturnring in den Sand, genauso wie die vier Monde, die den Jupiter umkreisen.

Es wäre denkbar, dass die astronomischen Kenntnisse der primitiven Stämme Afrikas aus Ägypten stammen. Diese Vermutung liegt nahe, da sich auf zahlreichen ägyptischen Zeichnungen Pygmäen befinden.

zerstört, so dass eine Rückkehr ausgeschlossen war. Die Fremdlinge mussten auf der Erde bleiben. Zaghaft nahmen sie Kontakt mit den Erdbewohnern auf, denen sie ohne ihre überragende Technik unterlegen waren. Da sie immer wieder von den Einheimischen attackiert wurden, zogen sich die wenigen Überlebenden in unwirtliche Höhen zurück.

Wahre Geschichte

Seit Mitte der 60er Jahre kursiert diese faszinierende Geschichte in Kreisen von UFO-Forschern und Präastronautikern, die nach Spuren von Außerirdischen auf der Erde in grauer Vorzeit suchen. Ich selbst recherchierte seit den 70er Jahren. 1992 traf ich mich, nach langen Jahren der Korrespondenz, in Santiago de Chile mit einem im Exil lebenden Chinesen, dessen Namen ich auf seinen eigenen Wunsch hin nicht nenne. Mein Informant erklärte mir, eine der seltsamen Steinscheiben sei 1945 nach Indien gelangt. Ein englischer Forschungsreisender habe das wertvolle Artefakt erworben und nach England gebracht und sei dort mit Erfolg der Steintellergeschichte nachgegangen.

Inzwischen gelang es mir, diese Geschichte zu verifizieren. Demnach war ein gewisser Professor Sergei Lalladoff 1945 im indischen Mussorie (Nordindien) als Angehöriger der britischen Armee stationiert. Lalladoff erwarb eine Scheibe (Durchmesser 22,9 cm, Dicke 5 cm). Das Objekt, so wurde ihm mitgeteilt, gehörte einst einem Volksstamm namens Dzopa. Die 13,5 Kilogramm schwere Scheibe wurde bei religiösen Zeremonien benutzt. Woraus das glatte und extrem harte Objekt bestand, konnte nicht ermittelt werden. Selbst mit Hilfe von Diamantbohrern gelang es nicht, eine auch nur kleine Materialprobe zu entnehmen.

Professor Lalladoff konnte die Scheibe keiner ihm bekannten Kultur zuordnen und nahm sie daher als »Kultobjekt« in seine Sammlung auf und brachte sie nach Beendigung seiner Dienstzeit mit nach

Das in China lebende Volk der Dzopa soll von Raumfahrern des Planeten Sirius abstammen.

Europa. In Oxford setzte er sich zur Ruhe, betrieb jedoch noch weiterhin seine wissenschaftlichen Studien.

Auf fremdem Terrain

Dort lernte er auch den Weltreisenden und Naturforscher Dr. Karyl Robin-Evans kennen, der von Lalladoffs Arbeit fasziniert war. Studien in einem stickigen Arbeitszimmer langweilten ihn freilich, und so beschloss er, so viel wie möglich über die Steinteller zu erfahren. Er machte sich auf den Weg und reiste über Lasa, wo ihm der Dalai Lama eine Audienz gewährte, in die Region zwischen den Provinzen Quing hai und Sichuan.

Seine Reisebegleiter ließen ihn kurz vor Erreichen des Ziels im Stich. Sie wollten keinesfalls das Dzopa-Gebiet betreten. Die Dzopa begegneten dem europäischen Besucher zunächst mit einer gehörigen Portion Skepsis. Bald aber nahmen sie ihn freundlich auf, und eine attraktive Dzopa-Frau brachte ihm sogar die Sprache bei. Wie das Schicksal es wollte, verliebten sich Dr. Karyl Robin-Evans und die junge Frau, und Dr. Karyl Robin-Evans erfuhr viele Dinge, die vor ihm noch niemand zu Ohren gekommen waren. Die Eingeweihten des Stammes vertrauten ihm bald die Geschichte ihres Volkes an.

Diese lautet kurz gefasst: Die Dzopa sind die Nachfahren von Wesen, die vom Sirius stammten und vor Jahrtausenden die Erde besuchten. Diese Wesen, so heißt es, erkundeten zunächst ihr eigenes System und besuchten zwei Monde des eigenen Planeten. Einer davon war bewohnt. Leider kam es zum Krieg mit den Mondwesen. Die Sirius-Astronauten gingen als Sieger aus einer Schlacht hervor. Damit hatte die Geschichte der Raumfahrt begonnen. Jetzt sollten Expeditionen in die Tiefen des Alls entsandt werden. Zwanzig Raumschiffe starteten. Eines davon war besonders erfolgreich. Zwölf verschiedene Planeten konnten entdeckt und besucht werden. Freilich war erst der 13. Planet bewohnt. Es war der dritte eines fremden Sonnensystems: unsere Erde.

Je länger der Flug durch die Weiten des Universums dauerte, desto größer wurde die Sehnsucht nach der alten Heimat. Man benutzte stets zwei Kalendersysteme: Nr. 1 war an dem Heimatplaneten orientiert, Nr. 2 zählte nach »Bordzeit«. Als dann endlich ein bewohnter Planet in Sicht war, setzte eine heftige Diskussion ein. 60 Mitglieder der Sirius-Mannschaft landeten auf der fremden Welt. Dann geschah etwas, was »Bräuche und Traditionen« eigentlich verboten. Die Männer fielen über die Frauen her. Die alte Chronik hält fest: »Sie benutzten sie zu ihrem eigenen Vergnügen, bis ihnen die Sache langweilig wurde. Sie ließen die meisten Frauen laufen, etwa zehn wurden als Musterexemplare getötet. Dann startete das Raumschiff wieder.«

Zweite Expedition

Schließlich kehrte das Sirius-Raumschiff in die Heimat zurück. Dort »wurde die Neugier der Wissenschaftler geweckt«. Sie stellten fest, dass die Männer auf dem fernen Planeten mit großer Wahrscheinlichkeit Nachwuchs gezeugt hatten. Es wurde eine zweite Expedition geplant und durchgeführt. Diesmal reisten die Astronauten ganz zielstrebig zu jenem Planeten, der bei der ersten Forschungsreise zufällig entdeckt worden war.

Ausdrücklich hielt die Chronik, die Dr. Karyl Robin-Evans ausführlich erzählt wurde, eine wissenschaftliche Tatsache fest, die mit dem einfachen logischen Ver-

Zeitverschiebung

► Ein Raumschiff startet von der Erde mit der Beschleunigung 1 g. Wenn man einen Gegenstand auf der Erde loslässt, dann fällt er zum Boden – wegen der Erdanziehung. Er wird dann mit 1 g beschleunigt, das sind 9,81 (m^2/s). Wird ein Raumschiff auf diese Weise beschleunigt, dann tritt bereits eine enorme Zeitverschiebung auf. Das soll die folgende Tabelle verdeutlichen:

Zeit im Raumschiff	Zeit auf der Erde
1 Jahr	1 Jahr
2 Jahre	2,1 Jahre
5 Jahre	6,5 Jahre
10 Jahre	24 Jahre
15 Jahre	80 Jahre
20 Jahre	270 Jahre
25 Jahre	910 Jahre
30 Jahre	3100 Jahre
35 Jahre	10600 Jahre
40 Jahre	36000 Jahre
45 Jahre	121000 Jahre
50 Jahre	420000 Jahre

So unglaublich es auch klingt: Die Dogon wussten auch, dass die Milchstraße spiralförmig ist. Eine Tatsache, die die Astronomen erst in unserem Jahrhundert entdeckten!

Erhielten die Dogon ihr Wissen von außerirdischen Besuchern? Sie selbst waren davon überzeugt. Ihre Legenden und Mythen berichten noch heute davon.

stand nicht zu begreifen ist. Zeit ist nämlich nicht gleich Zeit, wie bereits Einstein bewiesen hat. Im wissenschaftlichen Experiment zeigte sich, dass Einstein Recht hatte: Wenn ein Raumschiff beschleunigt wird, setzt das Phänomen der Zeitverschiebung ein. Die Zeit an Bord vergeht dann langsamer als auf dem Heimatplaneten der Astronauten.

Dieser Effekt der Zeitverschiebung, der erst durch Einstein in unserem Jahrhundert erkannt wurde, wird bereits in der uralten Dzopa-Chronik beschrieben. Da heißt es nämlich, dass, während an Bord des Sirius-Raumschiffs nur wenige Jahre verstrichen, auf dem Heimatplaneten zweitausend Jahre vergangen waren.

Das letzte Raumschiff der Sirius-Wesen explodierte 1908. Wer aber schickte die UFOs, die 1978 über Barcelona gesichtet wurden?

Als die zweite Expedition vom Sirius auf unserem Planeten ankam, war dies nach irdischer Zeitrechnung das Jahr 1014. Zunächst wurde das Treiben auf dem Zielplaneten vom Raumschiff aus beobachtet: »Der dritte Planet hatte sich fast zur Unkenntlichkeit verändert. Wohlhabende Städte hatten sich nun über die Erde ausgebreitet, meist zweigeteilt. Auf der einen Seite lebten die Reichen mit Luxus in Palästen, auf der anderen Seite vegetierten die Armen in elenden Hütten. Mächtige Armeen kämpften gegeneinander. Männer erschossen, erstachen, blendeten und kastrierten sich gegenseitig, alles im Namen ihrer Herrscher oder hehrer Ziele, auf die sie vereidigt waren. Auch die Soldaten, die nicht im Dienst waren, raubten und machten Beute und vergewaltigten. Die Menschen zeigten teils großen Mut, Treue und Hingabe, aber gleichzeitig auch oft schlimme Grausamkeit. Kluge Menschen widmeten ihre ganze Intelligenz und Kraft ausschließlich der Unterdrückung und Habsucht.«

Entsetzt stellten die Besucher vom Sirius über die Menschen fest, dass sie sich gar nicht so sehr von ihnen selbst unterschieden. Wie würde man sie aufnehmen? Würde man sie als Freunde oder Feinde ansehen? Oder würde man sie gar für Götter halten, die vom Himmel herabstiegen? Diese Überlegungen fanden ein jähes Ende, da das Raumschiff außer Kontrolle geriet. Es war nicht mehr in einer stabilen Umlaufbahn um die Erde zu halten und würde mit Sicherheit sehr bald auf dieser Erde einschlagen. Fieberhaft versuchte man, den sicheren Absturz so weit wie möglich zu lindern.

Unfreiwillige Landung

Tatsächlich kam eine Notlandung in der Gegend zustande, die man später das Bayan Kara Ula Gebirge nennen würde. Dabei wurde das Raumschiff weitestgehend zerstört, und die meisten Besatzungsmitglieder kamen ums Leben. Nur wenige überlebten schwer verletzt. Die in jenem Gebiet ansässigen Menschen töteten die Wesen vom Sirius skrupellos. Einigen wenigen gelang die Flucht in Höhlen, wo sie ihre Toten begruben. An den Höhlenwänden brachten sie Gemälde an, die ihre Not dokumentieren sollten. Fünf Jahre nach der Notlandung gab es nur noch fünf Sirius-Familien in der Gebirgsregion. Einige Generationen später hatte man sich allmählich doch aneinander gewöhnt und ließ sich in Frieden. Die Nachkommen der Sirius-Astronauten zweifelten allmählich auch daran, dass ihre Vorfahren aus dem All gekommen waren.

Als niemand mehr auch nur von einer Rückkehr zum Heimatplaneten zu träumen wagte, soll im Jahre 1908 ein Raumschiff vom Sirius aufgetaucht sein. Unter den Sirius-Abkömmlingen machte sich euphorische Stimmung breit. Feuer wurden zur Begrüßung entfacht, und man wedelte mit Fackeln. Groß war die Freude darüber, dass nun bald das Erdendasein ein Ende habe. Doch das Raumschiff explodierte über der Taiga Sibiriens, und damit war der Traum der Rückkehr zu Ende.

Damit enden die Aufzeichnungen von Dr. Karyl Robin-Evans, der 1974 verstarb. Dr. David Agamin publizierte seine Aufzeichnungen 1978 in Auszügen. Sie bestätigen in vielen, allerdings nicht allen Punkten die von Prof. Tsum Um Nui übersetzten Texte, wonach vor Jahrtausenden Außerirdische zur Erde kamen.

Nach den Aufzeichnungen von Dr. Karyl Robin-Evans stürzte ein drittes vom Sirius kommendes Raumschiff über der Taiga in Sibirien ab. Diese Katastrophe wird in den Übersetzungen von Prof. Tsum Um Nui nicht erwähnt. Das mag daran liegen, dass nur Auszüge der Texte entziffert und übertragen wurden. Diese Widersprüche lassen sich nach dem augenblicklichen Stand der Forschung noch nicht auflösen. Doch eines Tages wird sich wohl klären lassen, was damals wirklich in Sibirien geschah.

Gewaltige Explosion

Was sich jedoch 1908 in der sibirischen Taiga ereignete, lässt sich nicht leugnen. Um 07.01 Ortszeit erschütterte eine gewaltige Explosion den Norden Sibiriens. Nach neuesten Erkenntnissen handelte es sich dabei um ein außerirdisches Raumschiff! Innerhalb von Sekunden zerfielen Millionen von Bäumen zu Asche. Tausende von Tieren kamen um, und wahrscheinlich fanden auch Menschen den Tod.

Wie aus langjährigen Recherchen von Juwgenij Krinow hervorgeht, wurde am 30. Juni 1908 am Himmel der Tunguska ein zylinderförmiges Objekt gesichtet, das von Südosten nach Nordosten flog. Kurz vor der Detonation schlug es einen Haken und änderte dann abrupt die Flugrichtung. Damit kann ausgeschlossen werden, dass es sich um einen natürlichen Flugkörper, etwa einen Meteor oder einen Meteoriten, handelte. Es gab auch keinen Krater, der

Die Forschungen von Dr. Robin-Evans haben mehr über die Besucher vom Sirius enthüllt als alle Untersuchungen zuvor. Er war davon überzeugt, dass noch Nachfahren einst vom Sirius kommender Außerirdischer auf unserem Planeten lebten.

Vergleich Texte Tsum Um Nui	Dr. Karyl Robin-Evans
716 Steinteller berichten die Geschichte der Außerirdischen. Steinteller haben Loch in der Mitte.	12 Informationsträger in der außerirdischen Tellerform. Kein Loch in der Mitte.
Ein Besuch »vor 12000 Jahren«. Keine Berichte von eventuellen weiteren Besuchen.	1. Besuch vor 20000 Jahren. 2. Besuch 1014. 3. Besuch 1908. Besuche 2 und 3 enden in Katastrophen.

Sollte es 1908 in der sibirischen Taiga tatsächlich zu einer atomaren Explosion gekommen sein, die durch ein außerirdisches Flugobjekt verursacht worden war, wäre es unfasslich, dass über ein derartiges Ereignis so lange keine Informationen an die Öffentlichkeit drangen.

auf den Einschlag eines Himmelskörpers schließen lassen könnte.
Alexeij Solotow vom Geophysikalischen Institut trug vor Ort mehrere Zeugenaussagen zusammen. Demnach sah der Flugkörper röhrenförmig aus, war vorne breiter als hinten und flog mit einer Geschwindigkeit von weniger als fünf Kilometern pro Sekunde.
Der US-Journalist David Hughes stellte fest, dass man aus vielen Kilometern Entfernung vom Ort der Katastrophe eine senkrechte Feuer- und Rauchsäule aufsteigen sah, die an eine atomare Explosion erinnerte. Bestätigung für diese Annahme fand 1927 Leonid Kulik, der in das Gebiet vordrang, in dem sich die Explosion ereignet hatte. Dort angekommen, bot sich ihm ein Bild der Verwüstung. Bereits 60 Kilometer vom Zentrum der Explosion entfernt waren unzählige Bäume wie Streichhölzer umgeknickt worden, bei vielen Bäumen fehlten aber auch nur die Wipfel. Dann folgte eine Zone, in der kein einziger Baum mehr stand. Im Zentrum der Explosion selbst ragten Baumstämme wie Telefonmasten in den Himmel. Die Äste waren allesamt wie abrasiert.
Befremdend schien auf den ersten Blick, dass der größte Schaden nicht im Zentrum entstanden und in der Peripherie kontinuierlich weniger geworden war. Bei einer herkömmlichen Katastrophe wäre das in der Tat zu erwarten gewesen. Nicht so aber bei einem atomaren Desaster. Wenn ein Raumschiff hoch in der Luft über der Taiga explodierte, breiteten sich die Druckwellen kreisförmig aus. Auf die Bäume direkt unter dem Explosionsherd wirkten sie senkrecht von oben. Deshalb blieben die Baumstämme stehen, die Äste wurden jedoch abgerissen, da sie den Druckwellen mehr Angriffsfläche boten als die hohen Stämme.

Die wesentlichsten Ergebnisse im Überblick:

1. Im Luftraum über der Taiga Sibiriens explodierte 1908 ein Körper, der dabei eine unvorstellbare Menge an Energie freisetzte, wie es von Atom- und Kernfusionsbomben bekannt ist.

2. Die Sprengkraft der Explosion entsprach der Menge von 2,0 bis 2,3 Tonnen Trotyl. Die einzig mögliche Erklärung ist, dass es sich um Kernfusion oder Anihilationsexplosion von Antimaterie handelte.

3. Natürliche Erklärungen, dass es sich um den Aufprall eines Meteoriten oder Kometen handeln könnte, scheiden aus.

4. Der Schlussbericht fasst zusammen: »Wir kehren, so phantastisch das auch aussieht, zur Annahme zurück, dass die Tunguska-Katastrophe durch die Havarie eines Raumschiffs verursacht wurde.«

► Angesichts der riesigen Fülle von Fakten ergibt sich in der Frage, ob Außerirdische auf unserem Planeten landen, ein insgesamt schlüssiges positives Bild. Es scheint mehr als wahrscheinlich, dass tatsächlich vor Jahrtausenden Bewohner des Sirius auf die Erde verschlugen wurden, auch wenn einige wenige Ungereimtheiten dieses Bild noch etwas trüben. In dieser Hinsicht darf man auch auf die künftige Expedition gespannt sein, die der Forscher Hartwig Hausdorf in China plant. Mit Sicherheit werden sich dadurch völlig neue Perspektiven ergeben.

Unbekannte Atomenergie?

Je weiter die Bäume vom Zentrum entfernt waren, desto stärker wirkte die Kraft nicht mehr von oben, sondern seitlich auf sie ein, und sie wurden dementsprechend ganz umgeknickt. Ein ganz ähnliches Bild bot sich nach dem Abwurf der Atombomben auf Hiroshima und Nagasaki. Sie detonierten in der Luft. Baumstämme, Telefonmasten und Mauern direkt unter dem Explosionsherd blieben stehen.

Bis heute wird in Fachkreisen darüber diskutiert, was wohl damals in der Tunguska geschehen ist. Für die Mitarbeiter des »Vereinigten Kernforschungsinstituts Dubna«, Spezialisten auf dem Gebiet der Atomenergie und der daraus resultierenden Probleme, ist diese Frage jedoch schon seit 1967 geklärt. W. E. Mechedew und B. W. Kurtschatow haben Baumaschen aus dem Gebiet der Tunguska-Katastrophe analysiert und kamen zu derart brisanten Ergebnissen, dass ihre wissenschaftliche Veröffentlichung in der damaligen UdSSR zur Geheimsache erklärt wurde. Erst kürzlich wurden diese Resultate publik gemacht.

Antike UFOs im Alten Israel

Wie alttestamentarische Texte beweisen, gab es schon im Alten Israel UFO-Sichtungen. Und selbst Abraham soll sich an Bord eines Raumschiffs in der Erdumlaufbahn befunden haben.

Im 104. Psalm heißt es (Verse 3 und 4): »Er, der seine Hochgemächer im Wasser baut, der, der das Gewölk sich als Fahrzeug setzt, er, der auf Fittichen des Windes sich ergeht, der zu seinen Boten die Winde macht, zu ihm Atmendem lodert das Feuer.« Wer brauste da am Himmel in einem Fahrzeug entlang? Gott war es nach Ansicht des Psalmisten jedenfalls nicht, wohl aber ein »Atmender«. War damit ein Außerirdischer gemeint?

Auch Hiob schilderte eine Begegnung mit einem prähistorischen UFO. Im Buch Hiob, Kapitel 37, Vers 1 heißt es: »In der Tat, mein Herz beginnt zu zittern und hüpft auf der Stelle.« Das Flugobjekt war noch nicht zu sehen, wohl aber zu hören,

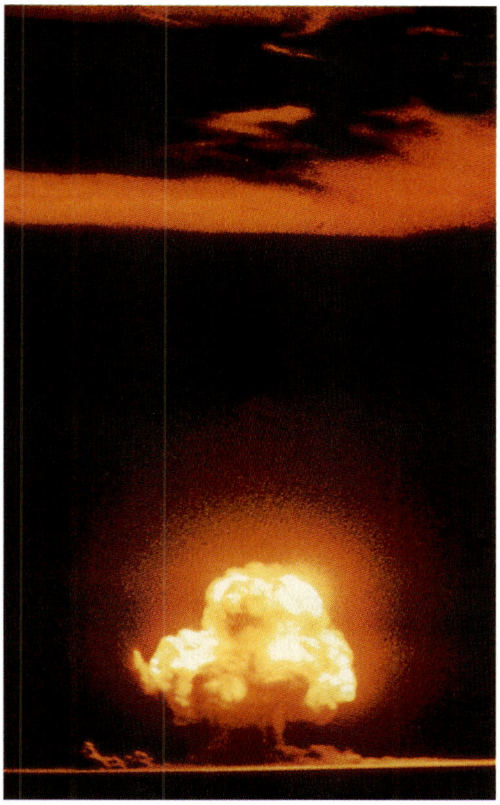

Angeblich ähnelte die UFO-Explosion 1908 über Sibirien einer Atombombendetonation.

denn Hiob vernahm (Vers 2) »das Tosen des Schalls«. Erst danach registrierte er (Vers 3) »ein Geleucht«, wie der Terminus eigentlich korrekt übersetzt werden müsste. In modernen Bibelausgaben wurde diese Stelle zu »Blitz« verfälscht.

Dröhnendes Gefährt

Ganz offensichtlich flog das Vehikel im Überschallbereich, wie aus Vers 4 hervorgeht: »Hinter ihm dröhnt der Schall. Er

Es mag zwar seltsam anmuten, doch in der Bibel, insbesondere im Alten Testament, ist immer wieder von UFOs die Rede. Wozu die damaligen unbekannten Flugobjekte gut waren, ist allerdings nicht ganz klar.

donnert mit dem Schall seiner Hoheit!« Hiob wunderte sich ob dieser Verzögerung. Für den Zeitgenossen unserer Tage scheint der Sachverhalt jedoch sonnenklar. Bei Düsenjets, die im Überschallbereich fliegen, ist der Schall mit Verzögerung zu hören.

Hiob versuchte, diesem Phänomen so analytisch wie möglich zu begegnen, und

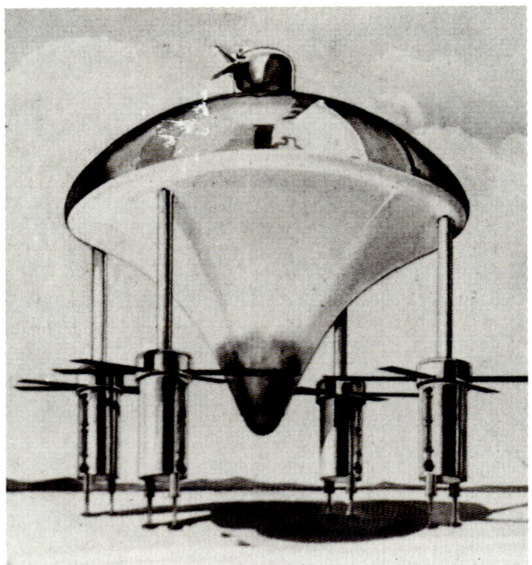

Rekonstruktion des UFOs, das Hesekiel 593 v. Chr. gesehen haben soll.

fragte sich, woher dieser schreckliche Lärm wohl kam. »Aus der Innenkammer kommt der Sturmwind«, heißt es in Vers 9. Schließlich entzog sich das Flugobjekt den Blicken Hiobs: »Und nun sehen wir das Licht nicht. Es ist glanzvoll in den Wolkenhimmeln.« (Vers 21)

Es wäre auch vorstellbar, dass die in der Bibel beschriebenen Flugobjekte nur symbolisch zu verstehen sind. Sozusagen als Andeutungen für Bewusstseinszustände, die dem normal Sterblichen nicht zugänglich sind.

Auch Elia wurde Zeuge einer himmlischen Erscheinung. Er wird darauf hingewiesen, nach etwas in den Lüften Ausschau zu halten (1. Könige, Kapitel 19, Vers 11): »Und siehe, der Herr wird vorübergehen. Und ein großer, starker Wind, der die Berge zerriss und die Felsen zerbrach, kam vor dem Herrn her.« Wiederum wurde betont, dass Gott nicht für die Beobachtung verantwortlich war. »Gott aber war nicht im Beben!« Und in Vers 12 steht geschrieben: »Und nach dem Beben kam ein Feuer, aber Gott war nicht im Feuer. Und nach dem Feuer kam ein stilles und ein sanftes Sausen.«

Nähere Beschreibung

Jeremia beschrieb das außergewöhnliche Flugobjekt etwas genauer: Es habe einem Kessel oder einem Kochtopf geglichen (Vers 13) und an der Unterseite geglüht. Sollte es sich dabei um eine Art Raketenantrieb gehandelt haben? So seltsam diese Frage anmutet, wenn man bedenkt, zu welcher Zeit das Alte Testament geschrieben wurde, scheint es dennoch berechtigt, sie zu stellen.

Sacharja griff zu einem anderen Vergleich als Elia und Jeremia (Kapitel 5, Verse 1–3): »Und siehe, da war eine fliegende Schriftrolle. Und er (der Engel) sprach zu mir: ›Was siehst du?‹ Ich aber sprach: Ich sehe eine fliegende Schriftrolle, die ist zwanzig Ellen lang und zehn Ellen breit.« Erstaunlich ist, dass, laut Professor Dr. Georg Fohrer, das fliegende Objekt etwa zehn Meter lang war und einen Durchmesser von etwa fünf Metern hatte!

Neben den Texten, die wir aus dem Alten Testament kennen, gab es im Alten Israel noch andere, die als heilig galten, die von UFO-Beobachtungen berichten. So wird in der »Abrahamapokalypse« im Detail mehr als nur eine UFO-Beobachtung beschrieben. Der junge Abraham begegnet Wesen, die nach unserem heutigen Verständnis nur als Außerirdische bezeichnet werden können. Diese Wesen nahmen Abraham gar mit in die Erdumlaufbahn, zu einem Mutterraumschiff, das seine Bahnen um die Erde zog.

Dieses Erlebnis Abrahams wurde von Paul Rießler in seiner Textsammlung *Außerirdisches Schrifttum außerhalb der Bibel* aufgenommen. Da es an der Seriosität dieser Sammlung von alten Schriften keinen Zweifel geben kann, ist der Inhalt dieser Textsammlung umso bemerkenswerter.

Erhörte Bitte

Der junge Abraham hoffte sehr, einmal den himmlischen Höchsten selbst zu begegnen, und sein Wunsch sollte sich erfüllen. Zwei Wesen, die keine Menschen waren, besuchten ihn (Kapitel 10, Verse 1 und 2): »Als ich die Stimme hörte, die solche Worte sprach, da sah ich bald hierhin und bald dorthin. Nicht eines Menschen Atem war's.« Abraham wurde ohnmächtig vor Angst (Kapitel 10, Vers 2): »Und so erschrak mein Geist, und meine Seele floh aus mir. Ich wurde wie ein Stein und fiel zu Boden, weil ich nicht mehr zum Stehen Kraft besaß.« Einer der beiden Männer, offenbar höher gestellt, befahl dem zweiten (Kapitel 10, Vers 4): »Geh, Javel, heb jenen Mann mir auf! Lass ihn von seinem Zittern sich erholen!« Abraham konnte den Fremden nun etwas näher betrachten (10. Kapitel, Vers 5): Er war »in eines Mannes Ähnlichkeit«. Trug er so etwas wie einen Raumanzug? In Abrahams Sprache klang dies freilich anders. Er musste zu Vergleichen greifen (11. Kapitel, Vers 2): »Sein Leib glich einem Saphir, sein Antlitz einem Chrysolith und seines Hauptes Haar dem Schnee und seines Hauptes Diadem dem Regenbogen.«

Die Fremden nahmen Abraham mit empor »so wie mit vielen Winden, zum Himmel, der ob dem Firmament war« (15. Kapitel, Verse 1, 4 und 5). Dort war ein riesiges Etwas, ein gewaltiges Licht mit fremdartigen Gestalten, die sich in einer unverständlichen Sprache unterhielten. Dann, an Bord dieses Lichts, geschah für Abraham Unerklärliches (17. Kapitel, Vers 3): »Der hohe Ort, worauf wir standen, bald steht er aufrecht dar, bald drehte er sich abwärts.« Mal waren die Sterne oben und die Erde unten, mal war es umgekehrt.

Professor Dr. Dr. Ing. Hermann Oberth, Vater der Weltraumfahrt, hielt eine raumfahrttechnische Interpretation dieser unklaren Bibelstelle für durchaus möglich: Demnach war Abraham an Bord eines Mutterraumschiffs, das sich ständig um die eigene Achse drehte. So wurde an Bord künstliche Schwerkraft erzeugt, um die Schwerelosigkeit aufzuheben. Nur so erklärt sich Abrahams exakt beschriebener Eindruck, der für ihn unbegreiflich war: »Der hohe Ort, worauf wir standen, bald stand er aufrecht da, bald drehte er sich abwärts.« Da wird es nur zu verständlich, dass Abraham »sich wünschte, auf die Erde niederwärts zu fallen!«

Hesekiel und der Himmelswagen

Im Jahr 597 v. Chr. war der jüdische Priester Hesekiel, auch Ezechiel genannt, mit einer großen Schar von Landsleuten in die babylonische Gefangenschaft verschleppt worden. Nebukadnezar hatte den Befehl dazu gegeben. Er lebte mit den anderen Gefangenen in Chaldea im Städtchen Tel Abib am Chebarfluss. Etwa 593 v. Chr. hatte Hesekiel seinen ersten Kontakt mit etwas Geheimnisvollem, was nicht von dieser Welt war. Er saß am Flusse Chebar, als vom Himmel her ein tosendes Geräusch zu vernehmen war. Als er die Augen gen Himmel hob, sah er ein seltsames Gefährt aus den Wolken herabsteigen.

Nach Hesekiels Beschreibung sah dieses Phänomen präzise so aus: Der Körper hatte die Form eines Kinderkreisels. Obenauf befand sich eine durchsichtige Kuppel, die sich wie ein Firmament über einer Gestalt wölbte. Dieses Wesen steuerte offenbar den Himmelswagen. Die Kapsel an der

Nimmt man die Beschreibungen aus der Bibel wörtlich, etwa die des Abraham, so muss man sich fragen, wie die damaligen Zeitgenossen diese eindrucksvollen Erlebnisse, die sie ja nicht in ihr normales Weltbild einordnen konnten, verkraftet haben.

Oberseite konnte durch eine verschließbare Luke verlassen werden. Sie konnte sich aber auch vom Hauptkörper lösen und ganz unabhängig im eigentlichen Raumschiff kontrolliert gesteuert werden.

An der Unterseite waren vier seltsame Teile angebracht. Sie hatten Räder und Flügel. Diese Flügel waren es, die ein lärmendes Rauschen erzeugten.

Im Jahr 1968 erschien Erich von Dänikens *Erinnerung an die Zukunft.* In diesem Buch ging der Schweizer Erfolgsautor auch auf den biblischen Hesekiel ein. Däniken meinte, der Priester müsse Begegnungen mit einem außerirdischen Raumfahrzeug gehabt haben, ja mit an Bord genommen worden sein.

Setzt man sich ernsthaft mit der Frage der Außerirdischen im Alten Testament auseinander, etwa bei Hesekiel, stellt sich die Frage, inwiefern diese Texte authentisch sind. Was kann man für bare Münze nehmen und was nicht?

Josef Blumrich, ein leitender Mitarbeiter bei der NASA, teilte diese Ansicht ganz und gar nicht. Für seine Arbeit im Dienste der Raumfahrt wurde Blumrich, 1959 in Österreich geboren, mit der Medaille für außergewöhnliche Leistungen geehrt, eine Auszeichnung, die nur höchst selten verliehen wird.

Der Raumfahrtexperte blätterte in Dänikens *Erinnerung an die Zukunft.* Als er auf Dänikens Behauptung stieß, Hesekiel habe mit Außerirdischen und ihren Raumschiffen zu tun gehabt, fand er diese Behauptung absurd, entschloss sich aber dann, diesen Sachverhalt selbst zu überprüfen. Je mehr er sich in die Materie vertiefte, desto nachdenklicher wurde er. Und schließlich erlebte er eine völlige innere Wandlung: Er wurde vom Saulus zum Paulus! Blumrich kam schließlich zur Überzeugung, dass Hesekiels so präzise Beobachtungen tatsächlich nur im Sinne Dänikens verstanden werden können. Hesekiel hatte mehrfach ein außerirdisches Raumschiff landen und starten sehen. Auch war er selbst mehrfach an Bord eines UFOs.

Eigenartiges Patent

Blumrich war insbesondere von der Fülle exakter Daten fasziniert, die Hesekiel überliefert. Sie sind so genau, dass er den Himmelswagen Hesekiels auf dem Reißbrett rekonstruieren konnte. Die Räder des Flugkörpers, wie sie in dem biblischen Text beschrieben sind, veranlassten den NASA-Ingenieur sogar dazu, seine technische Rekonstruktion als Patent anzumelden. Und es wurde tatsächlich angenommen (US-Patent 3789947 vom 5.2.1974). Es klingt beinahe makaber, doch wahrscheinlich wird diese spezielle Radkonstruktion bei künftigen Raumfahrtexkursionen zu fremden Planeten ihren Einsatz finden – vielleicht schon bei einem Marsmobil.

Zivilcourage

Josef Blumrich wurde immer wieder gefragt, ob er denn keine Angst davor habe, seinen Ruf als NASA-Mann mit kühnen Theorien aufs Spiel zu setzen. Doch Blumrich kümmert das wenig: »Wenn man die Wahrheit gefunden hat und sie vertritt, braucht man nicht wirklich Angst zu haben.« Und er war nun einmal davon überzeugt, dank seines spezifischen Fachwissens erkannt zu haben, was genau Hesekiel beschrieben hat. Blumrich versichert, dass die Hauptmerkmale des Raumschiffes einen Flugkörper von überraschend sinnvollem Aufbau zeigen: »Wir erkennen in der auffälligen Form des Hauptkörpers die aerodynamischen und gewichtlichen Vorteile. Wir sehen, wie sehr sie für die Anbringung von Hubschraubern geeignet ist. All diese Eigenheiten fügen sich lückenlos und widerspruchsfrei an- und ineinander. Sie sind unverkennbare Anzeichen für eine sehr überlegte und gekonnte Planung und Entwicklungsarbeit.«

Altertümliches Shuttle

Blumrich rekonstruierte: Hesekiel sah und beschrieb ein Zubringerraumschiff, das zwischen einer Weltraumstation in der Erdumlaufbahn und der Erde hin und her pendelte. Zunächst wurde beim Flug zur Erde der Hauptantrieb benutzt: ein Raketentriebwerk. Die vier Hubschraubereinheiten waren dabei hochgeklappt. Beim Eindringen in die Atmosphäre diente der spitz zulaufende Teil des Flugvehikels als Hitzeschild, der glühte. Kurz vor der Landung wurde das Haupttriebwerk abgeschaltet. Die vier Hubschraubereinheiten wurden nach unten geklappt und in Betrieb genommen. Hesekiel beschrieb sie als »etwas wie vier Gestalten« (Kapitel 1, Vers 5), von denen jede »vier Flügel« (Vers 6) hatte.

Unter den Hubschraubereinheiten waren Räder angebracht, auf denen das altertümliche Shuttle nach der Landung hin- und herrollen konnte (Kapitel 1, Verse 15–17): »Da stand je ein Rad auf der Erde bei den vier Gestalten. Die Räder waren anzuschauen wie ein Türkis und waren alle gleich, und sie waren so gemacht, dass ein Rad im anderen war. Nach allen vier Seiten konnten sie gehen, sie brauchten sich nicht umzuwenden.«

Hesekiel beobachtete das Zubringerraumschiff nicht nur aus der Distanz. Er wurde auch als Passagier mit an Bord genommen, nahm an Flügen im erdnahen Raum teil (Kapitel 3, Verse 12 und 13): »Und der Geist hob mich empor, und ich hörte hinter mir ein Getöse wie von einem großen Erdbeben, als sich die Herrlichkeit des Herrn erhob von diesem Ort.« Dieser erste Flug machte dem alttestamentarischen Priester sehr zu schaffen. Als er wieder zurückgebracht worden war (Kapitel 3, Vers 15), da stand er offensichtlich unter Schock: »Und ich kam zurück zu den Weggefährten, die am Fluß Chebar wohnten, nach Tel Abib und setzte mich zu denen, die dort wohnten, und blieb unter ihnen sieben Tage ganz verstört.«

Die Vorstellung, ein Prophet jage mit einem Raumschiff davon, mag für einen normalen Gläubigen befremdlich klingen. Doch dies nur, weil er im Allgemeinen das Alte Testament nicht oder nur fragmentarisch gelesen hat.

Wurde die Entwicklung des Marsmobils »Sojourner« von Hesekiels Raumfahrttechnik inspiriert?

Der von Hesekiel beschriebene Tempel stellt die Forscher vor große Rätsel. Wenn es nicht der von Jerusalem war, welcher sollte es dann gewesen sein? Und wo befindet er sich heute? Darüber gibt es nur Spekulationen.

Mysteriöser Tempel

Doch bei diesem einen Flug sollte es nicht bleiben. Hesekiels dritter Flug fand 573 oder 572 v. Chr. statt. Wohin er gebracht wurde, war ihm unbekannt. Der heutige Bibelleser gewinnt freilich einen falschen Eindruck. Er wird dazu verleitet anzunehmen, Hesekiel sei zum Tempel von Jerusalem gebracht worden. Dass dies sicher nicht der Fall gewesen ist, kann man erkennen, wenn man den Text im hebräischen Original liest. Da ist dann von »einem sehr hohen Berg« die Rede, von »etwas wie einer Stadt« (Kapitel 40, Vers 2). Hesekiel kannte Jerusalem in- und auswendig. Wenn er zu umschreibenden Begriffen griff und nicht die ihm vertrauten Bezeichnungen verwendete, lässt dies nur die Erklärung zu, dass Hesekiel in eine ihm völlig unbekannte Region gebracht wurde.

Der Tempel, den er beschrieb, konnte nicht der von Jerusalem sein. Denn der wurde erst 538 v. Chr., also rund dreieinhalb Jahrzehnte später, wieder aufgebaut. Am 1. April 515 v. Chr. wurde er eingeweiht, 573 oder 572 v. Chr. lag er noch in Schutt und Asche.

Vor den Augen Hesekiels wurde ein ihm völlig unbekanntes Gebäude genauestens vermessen, und er musste sich (Kapitel 40, Vers 5) die Daten alle sorgsam einprägen. Dies ist ihm zweifellos geglückt, denn er brachte sie in solcher Präzision zu Papier, dass es möglich ist, das geheimnisvolle Bauwerk bis ins Detail nachzubauen.

Rätselhaftes Erbe

Warum sollten außerirdische Besucher Hesekiel an einen fernen Ort gebracht und vor seinen Augen ein Bauwerk vermessen haben? Warum sollten sie so großen Wert darauf gelegt haben, dass er jede Maßangabe der Nachwelt erhielt? Wollten die außerirdischen Besucher einen Beweis für ihre Anwesenheit zu Zeiten Hesekiels hinterlassen? Gingen sie davon aus, dass der Tempel später einmal rekonstruiert werden könnte? Man könnte beinahe glauben, dass uns die Außerirdischen eine Art Rätselaufgabe hinterlassen haben. War es vielleicht ihre Absicht, dass künftige Generationen den Hesekiel-Tempel suchen und finden würden?

Der Ingenieur Hans Herbert Beier hat sich den langatmigsten Text des Alten Testaments, Hesekiels Auflistung von unendlich vielen Maßangaben (Kapitel 40 und 41), vorgenommen. Er stellte fest, dass jedes Detail stimmig ist und eine präzise Rekonstruktion erlaubt. Beier bestätigte Blumrich in verblüffender Weise. Der NASA-Ingenieur hatte Hesekiels Himmelswagen als Zubringerraumschiff identifiziert. Ingenieur Beier entdeckte, dass Hesekiels »Tempel« ein technisches Bauwerk war, und zwar eine Start- und Landebasis für Zubringerraumschiffe. Sie diente aber auch als Wartungsstation, etwa für Reparaturen. Hesekiel zum Beispiel wurde Zeuge, wie ein Eingriff in den atomaren Hauptantrieb vorgenommen wurde, wie in Kapitel 10 nachzulesen ist.

Einige Vermutungen

Zwischen den Hubschraubereinheiten befand sich der Raketenantrieb. Er glühte rot, war also noch kurz zuvor in Betrieb gewesen. Ein Mann, der offensichtlich einen Schutzanzug trug, musste etwas aus diesem Antrieb entnehmen. Ein defektes Bauelement, das repariert werden sollte? Oder wurde so etwas wie eine Funktionskontrolle aus Sicherheitsgründen vorgenommen. Wie auch immer: Für den Eingriff wurde ein mechanisches Greifgerät verwendet, das der Form einer menschlichen Hand ähnelte. (Vers 8, wörtlich

übersetzt: »In der Ähnlichkeit eines Menschen Hand«.)
Josef Blumrichs Kommentar lautet: »Über die brennende Frage nach dem, was sich hier tatsächlich ereignete, kann man immerhin einige Vermutungen anstellen. Vom technischen Standpunkt aus gesehen ist als Einziges sicher, dass ein heißes Element entfernt wurde. Ob dieses ›heiß‹ rein thermisch war oder auch radioaktive Strahlung enthielt, ist unklar.«
Hesekiels Text enthält zwei Geheimnisse. Zum einen beschreibt der biblische Autor eindeutig ein Zubringerraumschiff. Zum anderen enthält der Text den exakten Grundriss einer Wartungsanlage für dieses Raumschiff. Diesem Geheimnis sind wir heute auf der Spur. Wir wissen zwar nicht, wo sich dieser Tempel befindet, doch es gibt bereits einige Spuren.
Lautet der Auftrag, den uns außerirdische Besucher vor rund 2500 Jahren in verschlüsselter Form gegeben haben, dass wir nach dieser geheimnisvollen Wartungsstation suchen sollen?
Ingenieur Hans Herbert Beier ist der Meinung: »Sicher ist, dass der Tempel real und Hesekiel dort war. Dieses Gebäude muss zu finden und anhand der Rekonstruktion erkennbar sein. Ich wage nicht vorauszusehen, was passieren wird, wenn es – wie ich erwarte – weit weg von Babylon gefunden wird.«

Raumfahrt im Alten Indien

Nicht nur im Alten Israel tummelten sich UFOs am Himmel. Auch im Alten Indien gab es bereits Himmelswagen, die von fliegenden Göttern gesteuert wurden. Ihre Vehikel waren mit schrecklichen Waffen ausgestattet, die in ihrer furchtbaren Wirkung beschrieben wurden. Es scheint sich um Atombomben gehandelt zu haben. Und tatsächlich: Altindische Städte wurden vor vielen Jahrtausenden extrem radioaktiv verseucht!
So wie der biblische Hesekiel als Priester bei seinem Volk hoch angesehen war, war es auch der indische Stapati. Ein Stapati war Priester und Architekt zugleich. Indische Stapatis waren wohl vertraut mit Beschreibungen von Himmelsschiffen in den Heiligen Büchern. Sie nannten sie »Vimanas«. Der gleiche Terminus wurde auch für »Tempel« benutzt. Waren doch die Priester des Alten Indien davon überzeugt, dass einst in grauer Vorzeit Götter am Himmel in phantastischen Fahrzeugen umherbrausten, wie es in den heiligen Büchern beschrieben war. Wo aber konnten diese fliegenden Götter am besten verehrt und angebetet werden? Am besten doch in steinernen Nachbildungen ihrer Vehikel. Deshalb mussten die Priester Schriftkundige und Architekten zugleich sein: Sie mussten genau wissen, wie die Göttervehikel aussahen, um sie als steinerne Tempel auf der Erde nachbauen zu können.

Der Rajarani-Tempel, von kundigen Architekten-Priestern als Kopie eines Raumschiffes gebaut.

Seher wie Nostradamus, Edgar Cayce und andere kündigten für das Jahr 2000 und danach große Veränderungen auf der Erde an. Dies könnte auch bedeuten, dass man auf verborgene Bauwerke stößt, die ein ganz neues Wissen enthüllen.

In den Texten des Mahabharata werden Weltraumstädte von solch gewaltigen Ausmaßen beschrieben, dass spezielle Zubringerschiffe, so genannte »Vimanas«, durch riesige Tore direkt in die Städte hineinfliegen konnten.

Indisches Epos

Wer sich durch die altehrwürdigen altindischen Texte arbeitet, stößt immer wieder auf Vimanas. Im Epos *Mahabharata* (Kapitel 15, Verse 23 und 24) lesen wir: »Indem er dies zu der Göttin sagte und sich von ihr und den Weisen verabschiedete, ging er an Bord des Flugzeugs. Indem er die Elefanten, Pferde, Wagen und Waffen sowie mechanische Vorrichtungen zusammenholte, machte er sich auf den Weg.« Wann genau dieser Text niedergelegt wurde, kann nicht mit Sicherheit gesagt werden. Er ist auf alle Fälle weit älter als der von Hesekiel und könnte zu den ältesten Dokumenten der Menschheitsgeschichte zählen. Indische Experten gehen davon aus, dass das *Mahabharata* vor 5000 Jahren entstand.

Die »Royal Sanskrit Library« von Mysore verfügt über die größte Sammlung altindischer heiliger Bücher. Zu den edelsten Kostbarkeiten gehört der uralte Text *Vymaanika Shaastra*. Er handelt sehr technische Aspekte der Raumschiffe der alten Götter ab. Es wird beispielsweise die Kleidung der Piloten beschrieben und berichtet, wie diese ausgebildet wurden. Ihre Flugrouten werden angegeben. Da werden die Metalle aufgelistet, die für die Flugmaschinen zu verwenden sind. Es werden verschiedene Antriebsarten miteinander verglichen und ihre Vor- und Nachteile sorgfältig erörtert und abgewogen. Schließlich werden diverse Geheimnisse der Astronautik aufgezählt.

Ausgefeilte Technik

Hochinteressant sind auch die geheimnisvollen Vorrichtungen an Bord der Raumschiffe. »Visvakriyadarpana« etwa ist ein Teleskop. Mit Hilfe dieses Geräts können vom Erdorbit aus Vorgänge, die sich auf der Erde abspielen, genau beobachtet werden. »Shaktyakarsanayantra« bezeichnet einen Spiegel, der fähig ist, Energie anzuziehen. Handelt es sich um eine frühe Art von Sonnenkollektor, etwa von der Art, wie er heute auch bei Satelliten zur Anwendung kommt?

Tempel von Brhadisvava: Ein Raumschiff aus Stein sitzt auf der Turmspitze.

Der Kommunikation diente »Parivesayantra«. Mit Hilfe dieses Apparats war es möglich, sich von der Erde aus mit der Besatzung von Flugvehikeln zu unterhalten. Er kam auch zum Einsatz, wenn die Piloten untereinander Kontakt aufnahmen. Die Lenker der Raumschiffe waren sehr auf Sicherheit bedacht. Dabei verließen sie sich unter anderem auf »Vyairopadarpana«. Dieses Gerät meldete selbstständig sofort, wenn ein Teil ausgetauscht oder repariert werden musste. Ähnliche Aufgaben hatte auch »Sirahkeelakaè«.

Der Beschreibung nach handelte es sich dabei um einen Computer zur Koordinierung aller einzelnen Funktions- und Bestandteile der Raumschiffe. Bei »Saktipinjara« handelte es sich ebenfalls um ein Sicherheitskontrollgerät. Es überprüfte die so genannte Kraftmaschine, also den Antrieb der Baumschiffe.

Experten am Werk

Noch sind nicht alle altindischen Texte auf technische Details hin überprüft. Experten wie Dr. Richard Thompson, Mitbegründer des »Bhaktivedanta-Instituts«, San Diego, Kalifornien, sind davon überzeugt, dass noch präzise Bauanleitungen der Übersetzung harren. Von »Shaktyakarsanayantra« wissen wir genau, aus welchen Substanzen es bestand und in welchem genauen Mischungsverhältnis die einzelnen Stoffe eingesetzt werden mussten: fünf Teile Quecksilber, sechs Teile Glimmer, acht Teile Perlenpuder, zehn Teile Granitsalz, acht Teile Salz. Diese Stoffe mussten zunächst gereinigt, dann auf 800 Grad erhitzt, verflüssigt und in die vorbereiteten Formen gegossen werden.

Man muss sich heute wirklich fragen, woher dieses astronautische Wissen eigentlich stammte. Für Dr. Richard Thompson ist der Sachverhalt klar: »Die vedische Literatur enthält zahllose deutliche Beschreibungen von Außerirdischen, die vor Jahrtausenden auf die Erde kamen. Sie vermittelten den Menschen erstaunliches Wissen.«

Im *Sabhaparvan*, einem altindischen heiligen Text, wird dieser Sachverhalt so umschrieben: »In alten Zeiten pflegten die Götter zur Erde zu kommen. Sie nahmen menschliche Züge an, um die Menschen studieren zu können.«

Nicht zu übersehen sind die Hinweise auf die Raumschiffe dieser Götter. Und sie sind immerhin bereits seit mehr als 100 Jahren bekannt. Bereits 1870 veröffentlichte das Calcutta Sanskrit College den Yukikalpatataru-Text von Bhoha. Darin befinden sich ganz deutliche Hinweise auf Raumschiffe. An dieser phantastischen Realität gibt es für Indiens Wissenschaftler keinen Zweifel. Swami Brahamuni publizierte 1968 beim *Dayanandra Trust*, Neu Delhi, eine Studie über heilige Texte mit dem Resultat, dass es Luft- und Raumfahrt schon im Alten Indien gegeben habe. Zum gleichen Ergebnis kam auch Swami Dayananda Saraswati in einer Arbeit über das altindische *Rigveda*, nämlich dass es im vorgeschichtlichen Indien Flugmaschinen gab.

Alte Weltraumstädte

Es fällt schwer, eine gewisse Ordnung in die Beschreibungen so vieler und unterschiedlichster Raumschifftypen zu bringen. Altindischen Überlieferungen zufolge tauchten zunächst in grauer Vorzeit gewaltige Weltraumstädte aus dem All auf. Sie drehten sich ständig um die eigene Achse und erzeugten so künstliche Schwerkraft an Bord. Professor Dr. Dileep Kumar Kanjilal, Verfasser des Buches *Vimana in Ancient India* und führender Sanskritexperte Indiens, ist der Ansicht: »Die Beschreibungen von einer Vielzahl von sich um sich selbst drehenden Städten im Weltall erscheinen im *Varnaparvan* des *Mahabharata*. Im *Sabhaparvan* finden sich ebenfalls Beschreibungen, die hoch in den Himmel gebracht werden konnten. Was erstaunlich an dieser Beschreibung ist: Sie bewegten sich in einer unveränderten Bahn rund um die Erde. Sie hatten Türeingänge, die weit genug waren, um Flugzeugen den Durchgang zu ermöglichen.« Ein solches Vehikel wurde von mindestens drei Piloten gesteuert. Maxi-

Die vedische Literatur ist eine wahre Schatzkammer. Hat man erst einmal begonnen, sich näher mit ihr zu beschäftigen und in ihre tiefen Geheimnisse einzudringen, offenbaren sich Welten, von denen man zuvor keine Ahnung hatte.

mal konnten acht Passagiere mitgenommen werden. Am Rumpf befanden sich kleine Räder. Sie wurden während des Flugs eingezogen. Landungen waren zu Lande wie zu Wasser möglich. Ein anderes Zubringerraumschiff wurde exakt in seinen Ausmaßen beschrieben: Flügelspannweite zehn Meter, Gesamtlänge dreizehn Meter, Höhe vom Boden aus gemessen fünf Meter. Der Laderaum reichte für 35 Kubikmeter Fracht aus.

War Dr. Robert Oppenheimer wirklich der Erfinder der Atombombe?

Der Gedanke, dass es bereits im Alten Indien Atomwaffen gegeben haben soll, scheint zunächst absurd. Beim Lesen altindischer Texte stößt man jedoch auf Beschreibungen, die in hohem Maße an unsere modernen Atomwaffen erinnern.

Große wie kleine Raumschiffe dienten freilich keineswegs nur friedlichen Zwecken. Sie kamen auch bei mörderischen Kriegen zum Einsatz. So wurde die Weltraumstadt »Hiranyapurna« von Arjuna angegriffen. Sofort wurde eine genau gesteuerte Gegenaktion gestartet. Kampfflugzeuge, ausgestattet mit fürchterlichen Waffen, schwärmten aus. Arjunas Flugzeug sollte, so war es geplant, so schnell wie möglich in der Luft zerstört werden. Der Plan schlug fehl. Arjuna feuerte ein Raketengeschoss ab. Es traf sicher ins Ziel und zerfetzte die gesamte Weltraumstadt. Sie explodierte, und ihre rauchenden Trümmer stürzten auf fast allen Kontinenten auf die Erde.

Kriegerische Attacken

Ein weiterer Angriff auf eine Weltraumstadt kann im *Bhagavata* nachgelesen werden. Der Angreifer Salva ließ eine Vielzahl von Geschossen auf den fliegenden Riesen niederprasseln. Krishna aber zog den Angreifer in eine Luftschlacht hinein. Bald war Salva zur Flucht gezwungen. Mit seinem schnellen Vehikel landete er zunächst im Meer. Dann stieg er in atemberaubender Geschwindigkeit wieder empor. Das Flugmanöver brachte nicht die erhoffte Rettung, und Krishna setzte eine seiner Spezialwaffen ein. Einmal abgefeuert, folgte sie dem Geräusch einer feindlichen Flugmaschine. Salvas Flugzeug wurde getroffen und in der Luft zerfetzt.

Die Waffen der Götter waren fürchterlich. Im 7. Buch des *Mahabharata* wird eine von ihnen grausam genau beschrieben: »Sie schoss hoch in die Lüfte, und Flammen brachen aus ihr hervor, die dem Feuer glichen, das die Erde am Ende des Erdzeitalters verschlingt. Tausende von Sternschnuppen fielen vom Himmel, die Tiere in den Gewässern und auf dem Land erzitterten vor Angst. Die Erde bebte.«

Nach dem *Ramayana* wohnte den Göttergeschossen die Kraft des Universums inne. Nach der Explosion stieg eine weiß glühende Säule von Rauch und Flammen, so hell wie zehntausend Sonnen auf. Folgendermaßen wird das Kriegswerkzeug beschrieben: »Die Waffe ist ein strahlender Blitz, ein verheerender Todesbote, der alle Angehörigen der Vrischni und der Andhala zu Asche zerfallen ließ. Die verglühten Körper waren unkenntlich. Denjenigen, die davonkamen, fielen die Haare aus. Töpfereien zerbrachen. Vögel wurden weiß. In kurzer Zeit war die Nahrung vergiftet. Der Blitz senkte sich und wurde feiner Staub. Um diesem Feuer zu entkommen, stürzten sich die Soldaten in die Flüsse, um sich und ihre Ausrüstung zu waschen. Es war, als seien die Elemente losgelassen, die Sonne drehte sich im Kreise. Von der Glut der Waffen versengt, taumelte die Welt in Hitze, Tausende von Wagen wurden vernichtet, dann senkte sich tiefe Stille über das Land. Es bot sich ein schauerlicher Anblick: Die Leichen der Gefallenen waren von der furchtbaren Hitze verstümmelt, so dass sie nicht mehr wie Menschen aussahen.«

Einstiger Atomkrieg?

Diese beängstigenden Texte erinnern in verblüffender Weise an die Beschreibungen atomarer Waffen. Sie waren auch Dr. Robert Oppenheimer, 1943–1945 Leiter der Atombombenentwicklung in Los Alamos, bekannt. Der berühmte Physiker war auch auf dem Gebiet der altindischen Sanskrittexte bewandert. So zitierte er, als die erste Testatombombe zur Explosion gebracht worden war, einen Vers aus dem *Mahabharata*: »Ich habe die Gewalt des Universums entfesselt. Nun bin ich zum Zerstörer der Welten geworden.« Ob er die altindischen Beschreibungen atomarer Waffen für Hinweise auf reale Begebenheiten hielt? Darüber äußerte sich Dr. Oppenheimer nie direkt.

Wenn aber im Alten Indien von raumfahrenden Göttern bereits vor Jahrtausenden Atomwaffen eingesetzt worden wären, dann müssten die radioaktiven Strahlen noch heute nachzuweisen sein. Tatsächlich gibt es entsprechende Spuren, die archäologisch nachgewiesen wurden.

So wurden im Raum zwischen dem Ganges und dem Rajmahal-Gebirge die Ruinen uralter menschlicher Siedlungen dem Staub vergangener Jahrtausende entrissen. Sie wurden in grauer Vorzeit bei einer entsetzlichen Katastrophe vollkommen verwüstet. Der Wissenschaftler De Camp entdeckte, dass die Mauern enormen Temperaturen ausgesetzt gewesen sein müssen, die so hoch waren, dass Steine schmolzen und zu mit Blasen überzogenen Klumpen verbacken wurden. De Camp stieß bei Ausgrabungen unweit der rätselhaften Katastrophe auf ein menschliches Skelett, das tatsächlich hochgradig radioaktiv verseucht war.

David W. Davenport, ein in Indien gebürtiger italienischer Forscher, machte ähnliche beängstigende Entdeckungen in einer der ältesten Städte der Erde, in Mohenjo-Daro, 350 Kilometer nördlich von Karatschi im heutigen Pakistan gelegen; sie muss einer furchtbaren Explosion ausgesetzt worden sein. Auch hier fanden sich schwarze Steine. Sie konnten als Töpferwaren identifiziert werden, die so enormen Temperaturen ausgesetzt waren, dass sie verschmolzen und verklumpten.

Auch die 30 000 menschlichen Skelette, die ausgegraben worden waren, mussten unvorstellbar hohen Temperaturen ausgesetzt gewesen sein. Diese Menschen mussten schlagartig getötet worden sein. Davenport stellte fest, dass diese menschlichen Überreste im gleichen Maße radioaktiv verseucht waren wie die Toten von Hiroshima und Nagasaki. David W. Davenport: »Mohenjo-Daro, eine der ältesten Städte der Welt, wurde durch Atombomben vernichtet!«

Bislang ging die Forschung davon aus, dass die einstige Indusmetropole Mohenjo-Daro um das Jahr 1700 v. Chr. durch eine tektonische Erdplattenverschiebung, also eine Naturkatastrophe, ein allmähliches Ende fand. Einer neuen Theorie nach soll die Stadt durch Atomwaffen vernichtet worden sein.

Vijayanagara – Ort der Götter und Menschen

Es gibt in Indien eine geheimnisvolle Stadt, wo sich einst Götter und Menschen getroffen haben sollen. Heute verlaufen sich nur wenige Touristen in die immer

Shiva gilt in Indien als Meister der Magie. Oft wird er bildlich dargestellt, wie er gerade einen Dämon tötet. Der Dämon ist ein äußeres Symbol für die dem Menschen innewohnenden falschen Vorstellungen und Besessenheiten.

noch eindrucksvollen Ruinen in Vijayanagara. In ihren Mauern soll sich ein geheimnisvoller Tempel befinden, der dem von Hesekiel beschriebenen Bauwerk ähnelt. Sollte der biblische Priester gar in Indien gewesen sein? Diese Frage konnte nur vor Ort ergründet werden.

Vijayanagara liegt am Tungabhadra nordwestlich von Hopset auf halbem Weg zwischen Penukonda und Bijapur. Der Weg zu einer der geheimnisvollsten Stätten unserer Erde ist beschwerlich.

Vijayanagara/Indien – ist dieses Bauwerk eine Landerampe für Raumschiffe, wie sie Hesekiel beschrieben hatte?

1443 besuchte Abdul Razzaq, ein berühmter persischer Reisender, die mysteriöse Stadt. Er notierte Folgendes in sein Tagebuch: »Ich sah, dass sie von enormer Größe mit riesiger Bevölkerung war, mit einem König von perfekter Herrschaft. Er besaß tausend Elefanten. Sie findet nicht ihresgleichen in der Welt!«

Mysteriöse Vergangenheit

Über die Vergangenheit von Vijayanagara ist nur wenig bekannt. Wir wissen, dass sie ihre Blüte Mitte des 14. Jahrhunderts erlebte. 1565 fielen muslimische Armeen ein, die mordeten und Verwüstungen anrichteten. Ihre Vergangenheit verliert sich freilich im Dunkel der Geschichte.

Einst war die Stadt von einer gigantischen Mauer umgeben, deren Ausmaße auch heute noch staunen lassen. Zum Teil gigantische Steinquader wurden millimeterexakt aufeinander gefügt. Die Stadt war einst ein Wunder der prachtvollen Baukunst. Und das hatte einen Grund. Sie war sowohl eine Stadt der Könige als auch der Götter. Man trennte damals nicht zwischen religiös-sakralen und weltlichen Bezirken, da der König und der gesamte königliche Haushalt im täglichen Kontakt mit den Göttern standen.

Aus jener Zeit, als sich Götter und Menschen trafen, gibt es eher spärliche Überlieferungen. Eine wichtige Rolle spielte Shiva, einer der bedeutendsten Götter Indiens überhaupt. Wohlgefällig beobachtete er, dass ihm eine junge attraktive Frau namens Pampa, Tochter des weisen Mantanga, regelmäßig Opfer darbrachte. Shiva verliebte sich in sie und heiratete die Schöne. Der Zeremonie wohnten viele weise Menschen und Götter bei. Es wurde ein pompöses Fest gefeiert, was angesichts der hohen Stellung des Bräutigams im Götterhimmel des Alten Indien nicht verwundern kann.

Noch heute gedenkt man in der indischen Stadt Hampi dieser einmaligen Hochzeit. Tausende von Pilgern strömen alljährlich im Frühjahr herbei, um den nachgespielten Zeremonien beizuwohnen. Dieses Fest soll es schon gegeben haben, als Vijayanagara noch eine blühende Metropole war. Die ersten Herrscher der Stadt verehrten Shiva als den Beschützer schlechthin. Sie dankten in pompösen Feiern für die Aufmerksamkeit, die ihnen von den Himmlischen zuteil wurde.

Begrenzte Mittel

Großen Interesses erfreute sich Vijayanagara in Archäologenkreisen freilich nie. Erst 1917 führte A.L. Longhurst einige Ausgrabungen vor Ort durch. In den 20er Jahren beschäftigten sich Städteplanungsexperten mit der einstigen Metropole, doch dann ließ das Interesse rasch nach. So verfielen die bis dahin noch gut erhaltenen Bauten rapide. Erst 1980 begannen Wissenschaftler aus Indien, Australien, England, den USA und Deutschland mit Ausgrabungen, allerdings waren die finanziellen Mittel, die zur Verfügung standen, nur bescheiden. Das ist mehr als bedauerlich. Wäre es nicht einen Versuch wert, mehr über den Ort, an dem sich Götter und Könige trafen, herauszufinden? Vijayanagara ist das indische Pendant zu Tiahuanaco in Südamerika. An beiden Stätten sollen himmlische Wesen zur Erde herabgestiegen sein. Man könnte die kühne Frage stellen, ob es in Vijayanagara so etwas wie einen Landeplatz der Götter gegeben hat? Vielleicht gar eines der von Hesekiel beschriebenen Bauwerke? Nach der Rekonstruktion von Ingenieur Beier handelte es sich dabei um eine Art nach oben offenes Stadion, vergleichbar mit einer Sportarena unserer Tage. Im Zentrum landete das Raumschiff vom Typ Hesekiel. Hier wurden Wartungsarbeiten vorgenommen, und von hier aus startete es wieder. Und ein solches Bauwerk gibt es tatsächlich in Vijayanagara.

Merkwürdiges Bauwerk

Kein Archäologe weiß, welchem Zweck es einst diente. Kein archäologisches Werk weist auch nur darauf hin. Wissenschaftliche Untersuchungen wurden nicht vorgenommen. Man beschränkte sich darauf, dem Gebilde einen reichlich willkürlichen Namen zu geben: »rituelles Bad«. Tatsächlich gibt es in Indien nicht nur unzählige Tempel, sondern auch eine Vielzahl ritueller Bäder, oft in der Nähe der Tempel. Keine dieser Anlagen erinnert auch nur annähernd an die geheimnisvolle Stätte von Vijayanagara.

Sie hat vielmehr Ähnlichkeit mit einer Sportarena unserer Tage, wenn auch im kleinen Maßstab. Was diese mysteriöse Anlage auch sein mochte, sie wurde quadratisch angelegt und vollständig im Erdreich versenkt. Erhalten ist nur der unterirdische Teil, der, so heißt es vor Ort, erst kürzlich ausgegraben wurde. Er war wohl Teil eines Tempels. Was aber an überirdischen Bauten einst zur Anlage gehört haben mag, wurde längst abgetragen.

War das angebliche rituelle Bad, das in ganz Indien einzigartig ist, etwas ganz anderes, als der willkürliche Name vermuten lässt? Ist es etwa der kärgliche Überrest einer einst großen Wartungsanlage im Sinne Hesekiels? Stellt es den unterirdischen zentralen Teil dar? Oder handelt es sich vielleicht gar nicht um das Original, sondern nur um ein verkleinertes Modell der ursprünglichen Anlage?

Die Authentizität der Texte des Propheten Hesekiel wurden von der modernen Wissenschaft gründlich analysiert, und man kam zu dem Schluss, dass in dem alttestamentarischen Buch Hesekiel neben dem Propheten selbst noch einige Redakteure am Werk waren.

Das geheimnisvolle »rituelle Bad«

► Die Anlage ist quadratisch. Ausmaße an der Oberkante: 22,50 mal 22 m. Vier Stufen, jeweils 0,90 m tief, führen nach unten zu einem Quadrat von 6,13 m Seitenlänge. Wie tief die letzte Stufe ist, konnte nicht eruiert werden. Im untersten Bereich steht Wasser, am Boden befindet sich fester Schlamm. Sollte auch die letzte Stufe, also die fünfte, 0,90 m tief sein, ergäbe das eine Gesamttiefe von 4,50 m.

Außerirdische bei den Maya

Die Kulturen Indiens und die der Maya haben eine geheimnisvolle Gemeinsamkeit: Glaubt man den alten Überlieferungen der Völker, dann begann ihre Geschichte, Tausende Kilometer voneinander entfernt, fast gleichzeitig. Nach Professor Dr. Kumar Kanjilal fand die Schlacht bei Kiruksetra, 3102 v. Chr. in Indien statt. Nach John Erich Sidney Thompson, der zu den führenden Maya-Experten zählt, gaben die Maya den 11. August 3114 v. Chr. als Beginn ihrer Geschichte an.

Dass die Maya in ihrer Entwicklung den Europäern ebenbürtig, wenn nicht gar überlegen waren, beweist – neben ihren eindrucksvollen Bauwerken – ihr ausgefeiltes Kalendersystem.

In grauer Vorzeit kamen einst hochentwickelte Himmelswesen zur Erde, lehrten die Maya und erschufen die ersten Menschen. »Sie haben keine Mutter, keinen Vater. Keine Weiber haben sie geboren, und sie wurden auch nicht als Söhne gezeugt. Ein Wunder war es, dass sie erschaffen wurden, ein Zauber gewirkt von der Erbauerin und dem Schöpfer, von der Gebärerin und dem Söhne-Erzeuger, von dem mächtigen Kukumaz.« (*Popol Vuh*, heiliges Buch der Maya).

Misslungene Schöpfung

Die ersten von den Göttern geschaffenen Menschen waren keineswegs perfekt. Die misslungenen Exemplare wurden in einer großen Flut von der Erde getilgt. Vergeblich versuchten sie, ihrem Los zu entkommen. Sie erklommen die Dächer ihrer Häuser, aber die Häuser brachen zusammen. Auch Höhlen und Bäume gewährten keine Zuflucht. So wurden sie zerstört, und die wenigen, die überlebten, wurden die heutigen Affen.

Als misslungene Kreaturen der Götter galten auch die gefürchteten Riesen. Sie wüteten unter den Menschen, töteten viele von ihnen. Gott Ah Mucenab entfachte ein gewaltiges Feuer, um sie auszurotten, dennoch überlebten einige der gefürchteten Giganten. Die Götter starteten einen letzten Angriff. Sie ließen fliegende »Himmelsjaguare« Attacken gegen die Giganten ausführen.

Toro Muerte/Peru: Deuten die Steinfiguren auf Besucher aus dem All hin?

Vom Himmel kamen die Götter immer wieder herabgestiegen, zum Himmel fuhren sie immer wieder empor. Daran wollten sich die Maya immer wieder erinnern. Niemals sollte vergessen werden, dass die Besucher kamen, gingen und sicher einmal, wie versprochen, zur Erde zurückkehren würden.

Eine der schönsten Pyramiden der Welt, die von Chichén Itzá, auf der Halbinsel Yukatan gelegen, erinnert noch heute an die Besucher, die vom Himmel kamen und wieder in den Himmel verschwanden. Die dreißig Meter hohe Pyramide des Kukulkan erinnert an einen Gott, der einst »an die Ufer des Himmelswassers« gereist sein soll. Nach einer anderen Version der Überlieferung wurde er in den Himmel entrückt. Als »Herr des Himmels und der Sterne lebte er von da an in der Milchstraße, die als Weg durch die himmlischen Gefilde fungiert.« Irgendwann, davon war man überzeugt, würde er wieder zur Erde kommen: Kukulkan, der bei den Maya auch »gefiederte Wolkenschlange« hieß.

Lichterspektakel

Die Pyramide von Chichén Itzá stellt eine geniale Konstruktion dar. Sie bietet alle Jahre wieder, am 21. März und am 21. September, ein wunderbares Lichtspektakel. Durch das Zusammenspiel von Steinstufen, Sonnenlicht und Schatten wird ein grandioses Schauspiel geboten – und dies bereits seit Jahrhunderten. Am 21. März und am 21. September kriecht eine aus Licht und Schatten geformte Schlange von der obersten Tempelplattform nach unten und auch wieder zurück.

Im *Buch der Jaguar-Priester* heißt es: »Die Götter stiegen von der Straße der Sterne hernieder. Sie sprachen die magische Sprache der Sterne des Himmels. Ihr Zeichen ist unsere Gewissheit, dass sie vom Himmel kamen. Und wenn sie wieder herniedersteigen, dann werden sie neu ordnen, was sie einst schufen.«

Ist es zu gewagt, in den Maya-Göttern, die vom Himmel kamen, vorzeitliche Besucher aus dem All zu sehen? Es gibt zahlreiche Gegenstimmen, aber die Pyramide von Palenque lässt diese Theorie durchaus plausibel erscheinen.

In der Grabkammer des »Tempels der Inschriften« ruht ein wuchtiger steinerner Deckel (3,8 m x 2,2 m x 0,25 m) auf einem steinernen Sarg. Angeblich wurde darin im 7. Jahrhundert Fürst Pascal bestattet. Das Motiv auf der Grabplatte mutet phantastisch an. Dort kauert ein menschliches Wesen mit leicht vorgeneigtem Oberkörper. Mit etwas Phantasie kann man erkennen, dass einer seiner Füße auf einer Art Pedal ruht und die Hände damit beschäftigt sind, Hebel oder Schalter zu bedienen. Worauf oder, besser gesagt, worin sitzt dieses Wesen? Ist es ein Fahrzeug? Es läuft vorne spitz zu und endet hinten in einem breiten Rumpf. Feuerflammen zucken aus dem rückwärtigen Teil. Das Ganze erinnert sehr an einen Astronauten im Zubringerraumschiff.

Diese technische Interpretation wurde inzwischen bestätigt. So konstatierten Dr. Wolfgang Briegleb und Prof. Dr. Siegfried Ruff, beide Raumfahrtwissenschaftler von Rang: »Man muss sich hier wirklich Gewalt antun, um nicht mit den Augen unserer Tage eine stilisierte Gemini- oder Wostok-Kapsel zu erkennen.«

Ist die Reliefdarstellung von Palenque des Rätsels Lösung? Zeigt sie, was der moderne Mensch zu erkennen meint, nämlich einen Astronauten in seinem kleinen Zubringerraumschiff? Macht sie klar, dass wir uns unter Göttern, die wie die »Wolkenschlange« vom Himmel kam, um wieder emporzusteigen, vorgeschichtliche Astronauten vorzustellen haben, die die Maya besucht haben?

Die Maya-Kultur wurde erst im 19. Jahrhundert eingehend erforscht, als eine Ruine nach der anderen allmählich freigelegt wurde. Die Archäologen waren zunächst der irrigen Meinung, dass die gewaltigen Bauwerke von Europäern errichtet worden seien.

Geheimnisvolles Palenque

- 1773 hörte Antonio de Solis, geistiger Kurator in Tumbala, Chapas, von steinernen Gebäuden, die im Urwald entdeckt worden seien. Roman Ordonez, Priester in Ciudad Real, schickte einen Erkundungstrupp los. Und tatsächlich entdeckte man sechs Kilometer von Santo Domingo entfernt im tiefsten Urwald eine Ruinenstadt.
- 1787 erforschte Antonio del Rio Palenque. Sein Bericht erschien 1822 als kleines Buch.
- 1949 entdeckte Alberto R. Lhullier im »Tempel der Inschriften« den Eingang zu einer Treppe.
- 1952 konnte die Grabkammer schließlich betreten werden.

König Salomo und die Bundeslade

Die Bibel enthält uns eine der geheimnisvollsten Geschichten aus dem Leben Salomos vor. Es geht um seine Begegnung mit der legendären Königin von Saba, den Diebstahl der heiligen Bundeslade und um eine Flugmaschine.

Die Königin von Saba besuchte den weisen König Salomo. Darüber berichtet das Alte Testament sehr kurz und bündig, dafür aber im identischen Wortlaut gleich zweimal: »Und der König Salomo gab der Königin von Saba alles, was ihr gefiel und was sie erbat, außer dem, was er von sich aus gab. Und sie wandte sich und zog in ihr Land mit ihrem Gefolge.« (1. Könige, Kapitel 10, Vers 13 und 2. Buch der Chroniken, Kapitel 9, Vers 12)

Der weise Salomo, der einst behauptet hatte, es gebe nichs Neues unter der Sonne, wurde insbesondere durch den Bau des großen Tempels auf dem Berg Moria und die Errichtung eines wunderbaren Palastes auf dem Berg Zion berühmt.

Will man mehr über die Begegnung zwischen den beiden Herrschern erfahren, muss man im *Kebra Negest*, dem Heiligen Buch Äthiopiens nachlesen.

Laut dem *Kebra Negest* erfuhr die Königin von Saba von einem reisenden Händler vom Reichtum und von der Weisheit Salomos. Spontan reiste sie mit großem Gefolge ins Land der Juden. 300 Edle und Bedienstete gehörten zu ihrer Delegation. 797 Kamele und zahllose Esel und Maultiere mussten Unmengen von Gepäck schleppen und einen Goldschatz für Salomo, im heutigen Wert von etwa 85 Millionen DM. So erstaunt es nicht, dass Salomo die fremde reiche Königin mit großer Ehrerbietung empfing: »Aber auch Salomo ehrte sie und freute sich und gab ihr Wohnung in einem königlichen Palast nahe bei sich.« (*Kebra Negest*, Kapitel 25)

Salomo wollte nicht knauserig erscheinen und beschenkte auch seinerseits die Königin großzügigst. Langatmig, ja geradezu langweilig mutet die pedantische Aufzählung der Gaben an. Liest man nicht Wort für Wort, übersieht man jedoch leicht das wohl erstaunlichste Geschenk: »Er gab ihr einen Wagen, der durch die Lüfte fuhr, den er gemäß der ihm von Gott verliehenen Weisheit angefertigt hatte.«

Wie im *Kebra Negest* berichtet wird, kam es zu einer Liebesbeziehung zwischen Salomo und der Königin von Saba, aus der ein Sohn namens Baina-lekhem hervorging: »Er war schön, seine ganze Statur, sein Körper und die Haltung seines Nackens glichen Salomo, dem König, seinem Vater, seine Beine und seine ganze Art glich dem Salomo.« (*Kebra Negest*, Kapitel 32)

Als Baina-lekhem sich eines Tages in die Ferne aufmachte, um seinen Vater endlich kennen zu lernen, wurde er von Salomo begeistert empfangen und mit Geschenken geradezu überhäuft. Doch peinliches Schweigen kam auf, als sein Sohn einen erstaunlichen Wunsch äußerte. Er bat um das Heiligtum der Juden schlechthin, um die heilige Bundeslade.

Das Kebra Negest

► Carl C.A. Bezold (1859–1922) von der Königlich-Bayerischen Akademie der Wissenschaften erstellte Ende des 19. Jahrhunderts den Text des kompletten *Kebra Negest* in deutscher Sprache – eine wahrhaft verdienstvolle Arbeit. Bereits zu Beginn des 14. Jahrhunderts hatte Neburäed Jeshak eine Version erstellt. Und schon 409 n. Chr. war der Text von den Äthiopiern Isaak und Jemharana-Ab ins Arabische übersetzt worden. Die Urfassung ist vermutlich 850 v. Chr. entstanden.

Erfüllter Wunsch

Salomo weigerte sich nicht lange, seinem Sohn das Gewünschte auszuhändigen. Freilich bestand er auf zwei Bedingungen: Zum einen musste das Geschenk nicht öffentlich, sondern heimlich bei Nacht und Nebel überreicht werden. Zum anderen durfte Salomo von der ganzen Sache offiziell gar nichts wissen. Die Bundeslade würde, so ihr Verschwinden auffallen sollte, als gestohlen gelten.

Baina-lekhem schlug einen raffinierten Plan vor, der von Salomo akzeptiert wurde. Es wurde eine exakte Kopie der Bundeslade angefertigt. In der Nacht wurde dann die echte Reliquie aus dem Tempel entfernt und durch diese Kopie ersetzt. Das Original wurde zum Flugapparat gebracht, den Salomo der Königin von Saba einst geschenkt hatte. Baina-lekhem hatte den praktischen Himmelswagen wohlweislich mitgebracht. Mit dem Flugwagen wurde die Lade ins Reich der Königin von Saba geschafft. Die Helfer Baina-lekhems, ihre gesamte Habe und die Lade, »alles eilte auf dem Wagen dahin wie ein Schiff auf dem Meere, wenn es der Wind hebt, und wie ein Adler, wenn er auf dem Winde leicht dahinfliegt.«

Es kam, wie es kommen musste: Die Priesterschaft bemerkte das Verschwinden der echten Lade und schlug Alarm. Salomo schickte den angeblichen Dieben Reiter hinterher. Den Häschern wurde in Ägypten mitgeteilt, man habe die Diebe gesehen. Sie seien durch die Lüfte gereist, »indem sie auf einem Wagen fuhren wie die Engel, und schneller waren als die Adler am Himmel.« Dabei, so beklagten die Ägypter, seien wertvolle Statuen und Obelisken umgestürzt.

Salomo brachte die Priesterschaft dazu, den Verlust der Lade geheim zu halten. Für das einfache Volk, so argumentierte er, müsse von nun an eben die Kopie für das Original der Lade gelten (*Kebra Negest*, Kapitel 62). Die Geistlichen akzeptierten dies wohl oder übel, nicht zuletzt auch aus Eigeninteresse. Sie befürchteten wohl einen Aufstand der frommen Gläubigen, sobald diese erfahren würden, dass ihr Allerheiligstes sich nicht mehr im Tempel befand.

Die Bundeslade wurde nach Anweisungen von Moses angefertigt.

Negative Auswirkungen

Salomo aber war nicht mehr er selbst. Plagten ihn Gewissensnöte? Elf Jahre später, vermutlich 930 v. Chr., starb er verbittert. Nach Salomos Regentschaft findet sich im Alten Testament kein einziger Hinweis mehr auf die Bundeslade. Wurde sie also wirklich von dem weisen König verschenkt und auf einem fliegenden Wagen ins Reich der Königin von Saba gebracht? In Äthiopien jedenfalls gilt das *Kebra Negest* als Tatsachenbericht. Und angeblich steht dort, im einstigen Reich der Königin von Saba, das Heiligtum noch heute: in der Marien-Kathedrale der heutigen Hauptstadt Aksum.

Alljährlich wird in Aksum in einer feierlichen Prozession die Bundeslade durch die Straßen getragen. Ob es sich dabei tatsächlich um den von Moses nach göttlichen Anweisungen hergestellten heiligen Schrein handelt, ist nicht erwiesen. Die Mönche, die dieses Heiligtum strengstens bewachen, sind allerdings fest davon überzeugt.

»So weit das Auge reichte, waren nichts als Bruchstücke zu sehen. Über knapp anderthalb Kilometer Länge und rund hundert Meter Breite lagen sie gleichmäßig auf dem Boden verstreut.«

William »Mac« Brazel

Das Geheimnis der UFOs

Neueste wissenschaftliche Erkenntnisse haben bewiesen, dass neben unserem Planeten Erde auch noch unzählige andere Welten im Universum existieren, auf denen teilweise humanoides Leben möglich ist. Landen solche Lebewesen auf der Erde?

Für UFOs und Außerirdische interessieren sich heutzutage immer mehr Menschen. Und zwar nicht nur harmlose Laien, die eventuell zu viel Phantasie besitzen und ins Schwärmen geraten, sondern auch renommierte Wissenschaftler. Auch als seriös geltende Piloten berichten zunehmend von ungewöhnlichen Erscheinungen, die sie am Himmel wahrgenommen haben. Doch der Mythos von außerirdischen Besuchern ist nicht so neu, wie es scheint, sondern existiert schon lange.

UFO-Welle über Amerika

Am 20. September 1896 beobachtete der Astronom Professor Swift am Himmel von Sacramento, Kalifornien, eine sonderbare Lichterscheinung. Der Gelehrte griff zum Fernrohr und versuchte, dieses Licht zu identifizieren. Es war mit Sicherheit weder ein Planet noch ein Stern. Die Lichterscheinung hatte eine dreieckige Form, an jeder Ecke befand sich ein Licht, von denen zwei besonders intensiv leuchteten. Swift notierte die genaue Uhrzeit seiner Sichtung und sorgte dafür, dass sowohl im *Astronomical Journal* als auch in der *Stockton Evening Mail* über diesen Fall berichtet wurde.

Etwa einen Monat später machte John Ahern aus Stockton, Kalifornien, eine ganz ähnliche Beobachtung wie Swift. Ein dreieckiges Objekt flog relativ niedrig am Himmel entlang. Er konnte drei Feuerbälle erkennen, Geräusche waren jedoch keine zu vernehmen. Ahern berichtete: »Sie waren irgendwie miteinander verknüpft. Es war das Schönste, was ich je gesehen habe! Nur was es war, das weiß ich leider nicht.« Heute würde man diese seltsamen Lichterscheinungen ganz einfach als UFOs bezeichnen. Damals gab es freilich diesen Terminus noch nicht, er wurde erst im Jahre 1947 geprägt.

UFO-Hysterie

Von November 1896 bis Mai 1897 brach dann geradezu eine UFO-Welle über fast alle Staaten der USA herein. Auch in Ohio und Virginia bestaunten Tausende von US-Bürgern die unidentifizierbaren Flugobjekte. Massensichtungen gab es in Städten wie Sacramento, Omaha und Chicago.

Am Abend des 17. November 1896 hatte Charles Lusk, Mitarbeiter der *Central Electric Street Railway Company*, ein unheimliches Erlebnis. Mr. Lusk war eben aus seinem Haus Ecke 23. und 10. Straße getreten und blickte in den Himmel hinauf. Er sah in etwa 300 Metern Höhe ein Licht nach Westen fliegen, das weder ein Stern noch ein Meteor war. Hinter dem Licht war ein massiver Körper zu erkennen. Nie zuvor in seinem Leben hatte er etwas Ähnliches gesehen!

Am gleichen Abend hatte George Scott, ein hoher Regierungsbeamter, in der Lan-

Der Begriff »Fliegende Untertassen« stammt aus dem Jahre 1947. Damals soll bei Roswell in New Mexico ein UFO abgestürzt und die Leichen von Außerirdischen von der US-Regierung geborgen worden sein. Doch bis heute gibt es dafür keine hundertprozentigen Beweise.

deshauptstadt Sacramento zu tun. Zusammen mit weiteren Zeugen sah er ein dunkles Etwas mit drei Lichtern am Himmel. Der Augenzeuge J.H. Vogel meinte, ein Licht und darunter ein eiförmiges Gebilde ausmachen zu können.

Thomas A. Edison wurde verdächtigt, das ominöse Flugobjekt gebaut zu haben.

Tags darauf berichteten mehrere Lokalzeitungen über die ungewöhnlichen Sichtungen. Im *San Francisco Call* erschien eine riesige Schlagzeile, die verkündete: »Sie behaupten, ein fliegendes Luftschiff gesehen zu haben!« Und auch das Blatt *Unio* pflichtete bei: »Hunderte haben es beobachtet.« In ganz Amerika wurden diese Sichtungen heiß diskutiert.

UFO-Sichtungen beziehen sich meist auf einen Zeitraum von 10 bis 20 Minuten. Von längeren Sichtungen wird nur selten berichtet. Die Formen der fliegenden Untertassen sind sehr unterschiedlich. So gibt es beispielsweise Dreiecksformen, konische Formen und die typischen Untertassenformen.

Kein Grund zur Geheimhaltung

Nähere Auskünfte konnte Colonel H.G. Shaw geben. Er war am 25. November 1896 mit Camille Spooner in einer Kutsche unterwegs. Beide sichteten gegen 6 Uhr abends das Luftschiff. Sie beschrieben es als etwa fünfzig Meter lang, in der Mitte etwa acht Meter dick. Motorengeräusche waren keine zu vernehmen. Und das, obwohl das geheimnisvolle Etwas nur etwa sieben Meter über dem Boden schwebte!

Die Amerikaner hatten den genialen Erfinder Thomas A. Edison im Verdacht, Erbauer dieses neuartigen Luftschiffes zu sein. Doch Edison antwortete darauf eindeutig: »Es ist absolut absurd anzunehmen, dass jemand ein erfolgreiches Luftschiff bauen lassen und die Sache geheim halten würde. Es müsste ein mechanischer Apparat sein, der von einem starken Motor geringen Gewichts angetrieben würde. Gegenwärtig hat noch niemand einen solchen Motor entwickelt, aber man weiß nie, was einmal in Zukunft sein wird!«

So urplötzlich, wie das Phänomen am Himmel aufgetaucht war, schien es wieder verschwunden zu sein. Zumindest sind für einige Zeit in den Zeitungen keinerlei Meldungen mehr über die Luftschiffe nachweisbar. Doch Ende Januar, Anfang Februar änderte sich das schlagartig. Am 2. Februar wurde aus Hastings, Nebraska, gemeldet, dass eine Art Luftschiff im Westen der Stadt beobachtet wurde. Es flog in einer Höhe von etwa 135 Metern, stand einmal eine halbe Stunde lang still, kreiste dann, bewegte sich zwei Meilen gen Norden und kehrte wieder zurück. Dann sei es spurlos verschwunden.

Am 5. Februar 1897 tauchte das fliegende Etwas 40 Meilen nördlich von Hastings auf. Zeugen sagten aus, dass es eine konische Form hatte und zehn bis dreizehn Meter lang war. Es hatte vorne ein sehr helles Licht und darüber hinaus sechs weitere Lichter, je drei an den Seiten.

Unzählige Zeugen

In den Redaktionen und den Polizeistationen standen die Telefone nicht mehr still. Zeugen über Zeugen meldeten sich, um neue Sichtungen zu melden. Den meisten dieser hektischen Meldungen wurde allerdings wenig Glauben geschenkt, und man versuchte, die aufgelösten Leute wieder zur Vernunft zu bringen.

Mitte April 1897 wurde der Lokomotivführer Jim Hooton von einem lauten Getöse in den Wald bei Rockland, Texas, gelockt. Irgendein großes Objekt war vom Himmel gekommen und hatte viele Bäume umgeknickt. Hooton suchte das Weite. Später beschrieb er das Objekt als »ein riesengroßes Luftschiff«, das zwischen den Bäumen schwebte.

Auch wenn es viele Irreführungen und Betrügereien gegeben haben mag, beweist doch die unüberschaubare Fülle ähnlicher oder identischer Beobachtungen die Realität der damaligen UFO-Welle in Amerika. Dieser Meinung war auch Professor Dr. Roger L. Welsch von der Universität von Lincoln, Nebraska, der 1979 Unmengen von Zeugenaussagen unter die Lupe genommen hatte.

Extraterrestrische Leiche

Von der physischen Realität eines Luftschiffs konnten sich am 19. April 1897 die Bewohner von Aurora, Texas, überzeugen. Eines der fremdartigen Flugobjekte stürzte nämlich über Texas ab.

Die *Dallas Morning News* berichtete umfassend über dieses spektakuläre Ereignis: »Gegen sechs Uhr morgens waren die Frühaufsteher von Aurora, Texas, mit dem plötzlichen Auftauchen des Luftschiffs konfrontiert, das im ganzen Staat umhergeflogen war. Es war auf Nordkurs und näherte sich der Erde mehr denn je zuvor. Offensichtlich war etwas mit dem Mechanismus nicht in Ordnung, denn es machte nur zehn oder zwölf Meilen in der Stunde, wobei es immer tiefer sank. Es überflog den Marktplatz, und als es den Nordteil unserer Stadt erreichte, stieß es mit Richter Proctors Windmühle zusammen und ging mit einer gewaltigen Explosion zu Bruch, wobei Wrackteile auf einer Fläche von mehreren Morgen verteilt wurden. Dabei wurden die Windmühle und der Wassertank zerstört.« Sensationell an diesem Absturz war, dass in den Wrackteilen die Leiche eines humanoiden Wesens gefunden wurde, das mit Sicherheit nicht von der Erde stammte. In dem Bericht der *Dallas Morning News* hieß es weiter: »Der Pilot des Luftschiffs soll allein an Bord gewesen sein. Seine sterblichen Überreste sind in starkem Maße entstellt, man kann aber erkennen, dass es kein Bewohner unserer Erde ist.«

Der Tote vom Mars

Mr. T. J. Weems, Fernmeldeoffizier und kundiger Astronom, sah sich das Wrack und die Leiche an. Er kam zu der Überzeugung, dass der Pilot vom Mars gekommen sei: »Papiere des Piloten, in seinem Besitz gefunden, sind in unbekannten Hieroglyphen verfasst und lassen sich nicht entziffern. Das Luftschiff selbst ist so stark zerstört, dass keine Rückschlüsse auf seine Bauweise und auf seinen Antrieb möglich sind. Es bestand aus einem unbekannten Metall, das eine Art Mischung aus Aluminium und Silber zu sein scheint.«

Diese sensationelle Meldung vom Absturz eines Raumschiffs, bei dem ein Außerirdischer ums Leben kam, versetzte die Amerikaner in helle Aufregung. Der durch die Explosion verstümmelte Körper des Toten, das ist sämtlichen Zeitungsberichten jener Tage zu entnehmen, wurde angeblich ordnungsgemäß auf dem örtlichen Friedhof beigesetzt.

Diese unglaubliche Geschichte geriet daraufhin wieder in Vergessenheit, um erst wieder in unserem Jahrhundert ausgegraben zu werden. 1973 begaben sich Wil-

UFO-Abstürze und die Leichen von Außerirdischen passen nicht in unser Weltbild. Dies ist ein Grund, warum es zu Vertuschungen seitens der Regierung kam. Doch es gibt auch noch ganz andere Gründe dafür: Man will die Technologie der Außerirdischen unbehelligt untersuchen.

liam Case und Walter Andrus vor Ort auf Spurensuche und machten auch tatsächlich einige Augenzeugen ausfindig. Sowohl die 91-jährige Mary Evans als auch der 83-jährige Charles Stephens konnten sich noch gut an die gewaltige Explosion von 1897 erinnern.

Besonders interessiert waren die Forscher an dem angeblichen Grab des Außerirdischen. Sie entdeckten einen vermutlich aus dem 19. Jahrhundert stammenden Grabstein, nur etwa 45 Zentimeter hoch, auf dem eine geheimnisvolle Gravur eingeritzt war. Sie stellte eine Art Luftschiff dar. Der Forscher Fred Kelly wollte auf Nummer Sicher gehen und überprüfte das Grab anhand eines Metalldetektors. Tatsächlich wurde angezeigt, dass sich in einer Tiefe von etwa einem Meter etwas Metallisches befand. Worum es sich dabei allerdings handelte, konnte nur eine Exhumierung ans Tageslicht bringen.

Man könnte viele Vermutungen anstellen, wer daran Interesse gehabt haben könnte, einen Außerirdischen aus seinem Grab zu rauben. Vielleicht waren es nur einige Neugierige. Vielleicht war aber auch, aus welchen Gründen auch immer, die Regierung daran beteiligt.

Skrupelloser Raub

Walter Andrus und William Case wollten auf keinen Fall gegen Gesetze verstoßen. Also beantragten sie eine amtliche Öffnung des Grabs. Doch noch bevor eine Entscheidung über den Antrag getroffen worden war, hatten unbekannte Grabräuber nicht nur den eigenartigen kleinen Grabstein gestohlen, sondern auch das eigentliche Grab geschändet.

Ein Schacht (Querschnitt: 7 x 7 cm) war ins Erdreich getrieben worden. Offensichtlich waren die Diebe fündig geworden. Etwas war aus dem Grab entfernt worden. Eine neuerliche Untersuchung mit dem Metalldetektor ergab, dass in dem Grab keine Metallteile mehr vorhanden waren. Hatte man dem Toten aus dem All vielleicht Teile des Wracks ins Grab gelegt? Vergeblich suchten die beiden Forscher nach Metallteilen. Doch dann wurden ihnen kurz vor ihrer Abreise anonym Metallteile zugespielt, die angeblich von dem UFO-Wrack von 1897 stammten. Sie wurden in wissenschaftlichen Labors gründlichst untersucht. Das Ergebnis lautete, dass sie aus Aluminium mit geringem Eisenanteil bestanden. Die Proben müssen enormen Temperaturen ausgesetzt gewesen sein. Das Metall war zumindest kurzfristig teilweise verflüssigt und verunreinigt worden. Es verband sich mit Sandstein und wurde wieder hart und fest.

Forscher William Case: »Alle Hinweise deuten definitiv auf eine Explosion hin. Die Verteilung der Metallfragmente zeigt, dass die Maschine relativ niedrig flog. Zuerst explodierte ein Teil der rechten unteren Hälfte. Die Trümmer wurden über eine Fläche von 10000 Quadratmetern entlang dem flachen Hang eines Hügels aus Kalkstein verstreut. Unmittelbar darauf erfolgte die zweite, vernichtende Explosion, die die Trümmer nach Norden und Westen schleuderte.«

Auch Dr. Johannes Fiebag, studierter Geologe, hat sich intensiv mit der UFO-Welle über Amerika von vor hundert Jahren auseinander gesetzt und ist der Meinung, dass die damaligen UFOs real waren.

Der Jahrhundertabsturz bei Roswell

Am 4. Juli 1947 stürzte bei Roswell in New Mexico ein UFO ab, bei dem mehrere tote Außerirdische geborgen wurden. Das Wrack wurde von dem Farmer »Mac« Brazel entdeckt, der seinen sensationellen Fund sofort dem Sheriff meldete. Dieser Absturz, der für spektakuläre Schlagzeilen sorgte, wurde sogar vom amerikanischen Militär offiziell mit den Worten bestätigt: »Wir haben eine fliegende Untertasse geborgen!« Doch dann wurde diese Meldung plötzlich als Irrtum abgetan. Es habe sich bei dem UFO nur um einen Wetterballon gehandelt. Mit dieser revidierten Meldung wurde die größte UFO-Vertuschungskampagne eingeleitet.

Das Militärgebiet von White Sands, Alamogordo, wurde in den 40er Jahren des 20. Jahrhunderts bewacht wie kein anderes. Hier wurde 1945 die erste Atombombe der Neuzeit gezündet. Hier testeten Topwissenschaftler unter striktester Geheimhaltung die neuesten Waffen für die Armee. Hier rechnete man am ehesten mit Spionen aus dem Osten. Als dann die Radarschirme von Roswell, White Sands und Alamogordo am 1. Juli 1947 über New Mexico »ungewöhnliche Flugbewegungen« registrierten, schrillten bei den Militärs sämtliche Alarmglocken. War etwa ein feindliches Spionageflugzeug in Top-Security-Gebiet eingedrungen?

Permanente Radarüberwachung

Am 2. Juli kam es erneut zu einem Radarkontakt mit einem fliegenden Objekt unbekannter Herkunft. Es bewegte sich Richtung Nordwesten. Dass es kein herkömmliches Flugzeug sein konnte, zeigte sich schon bald. Um 9.50 Uhr meldete Familie Dan Wilmo, dass ein UFO in Untertassenform über ihr Haus geschwebt sei.

Schon an jenem 2. Juli erteilte Brigadier General Martin F. Scanlon Steve Mac Kenzie, der auf dem »Roswell Army Field« Dienst tat, den Befehl: »Dienstantritt in White Sands! Rund um die Uhr Radarüberwachung!« Vierundzwanzig Stunden saßen Mac Kenzie und seine Kollegen an den Radarschirmen. Immer wieder tauchte etwas auf und verschwand sofort wieder. Bei diesen ungewöhnlichen Flugmanövern konnte es sich unmöglich um ein Flugzeug handeln.

Am 4. Juli trafen nach und nach immer mehr Militärs in Roswell ein. Was der Grund ihres Kommens war, wusste niemand. An jenem 4. Juli machten Nonnen vom »Saint Mary's Hospital« eine beängstigende Beobachtung. Zwischen 23.00 und 23.30 Uhr stürzte »ein helles, leuchtendes Objekt im Norden« vom Himmel. Mutter Mary Bernadette, die fromme Oberin, und Schwester Caistrano befürchteten Schlimmes. Sie dachten an einen Flugzeugabsturz und beteten für die Seelen der Verunglückten.

Offizier Irving Newton mit einigen Wrackteilen des im Juli 1947 bei Roswell abgestürzten Flugobjektes.

Corporal E.L. Pyles machte zu dieser Zeit eine ähnliche Beobachtung. Erst meinte er, da ziehe eine Sternschnuppe über den Himmel. Doch dieses seltsame Etwas verlosch auch nicht nach einiger Zeit. Stattdessen schien es langsam zu sinken. Dabei strahlte es orangefarbenes Licht aus. Zur gleichen Zeit waren William Woody und sein Vater im Süden von Roswell im Freien. Sie sahen »ein weißes Licht mit roten Streifen darin«. Es tauchte auf, leuchtete grell und brauchte, anders als ein Meteor, außergewöhnlich lange, bis es anscheinend aufschlug.

Dass der Flugzeugabsturz von Roswell in den Medien bekannt gegeben wurde, war mehr oder weniger ein Versehen. Als die Militärs von der Sache Wind bekommen hatten, dementierten sie die offizielle Meldung und gaben an, es sei nur ein Wetterballon abgestürzt.

Die Beschreibungen der Außerirdischen sind sich stets sehr ähnlich: Es handelt sich um kleine Wesen mit übergroßen schräg stehenden Augen, kahlen Köpfen und bräunlich oranger Hautfarbe, die eng anliegende Raumanzüge tragen.

UFO-Wrack entdeckt

Gegen 23.20 Uhr herrschte Hektik bei den Militärs. Wieder war dieses UFO auf ihren Radarschirmen zu sehen. Es fing an zu pulsieren, blähte sich auf und schrumpfte dann wieder zusammen. Dann verschwand es schlagartig vom Radarschirm. Für die Militärexperten gab es nur zwei Erklärungen: Entweder das Objekt war explodiert oder aber gelandet.

Stunden später, am Morgen des 5. Juli 1947, war eine Gruppe von Archäologen im Raum von Roswell unterwegs. Leiter war Dr. Curry Holden von der »Texas Tech University«. Vorsichtig näherten sich die Männer der Absturzstelle: »Es sah wie ein abgestürztes Flugzeug ohne Flügel mit sehr dickem Rumpf aus.«

Dr. Curry Holden verständigte sofort den Sheriff, der die Feuerwehr von Roswell an die Absturzstelle schickte. Er selbst machte sich ebenfalls auf den Weg. Er traf gemeinsam mit einigen Beamten des Roswell-Police-Departments am Ort der Katastrophe ein. Auf diese Weise kamen einige Zivilisten den Militärs um Stunden zuvor. Wären die Militärs als Erste an der Absturzstelle gewesen, hätte die Öffentlichkeit wohl nie etwas über diesen Absturz erfahren, der unser gesamtes Weltbild revolutionieren könnte.

Unerwünschte Zeugen

Die Militärs hatten am 5. Juli um 5.30 Uhr herausgefunden, wo das unbekannte Flugobjekt niedergegangen sein musste. Sie schickten sofort eine Gruppe von Soldaten los. Am Zielpunkt angekommen, wurden sofort sämtliche Zivilisten zum Verlassen der Absturzstelle genötigt. Sie hatten bereits viel zu viel gesehen und waren als lästige Zeugen unerwünscht. Weiträumig wurde das Areal abgesperrt, und sämtliche Zufahrtsstraßen wurden blockiert.

Zu den unerwünschten Zeugen gehörten auch James Ragsdale und Trudy Truelove, die an jenem Tag einen gemeinsamen Ausflug unternommen hatten. Sie entdeckten

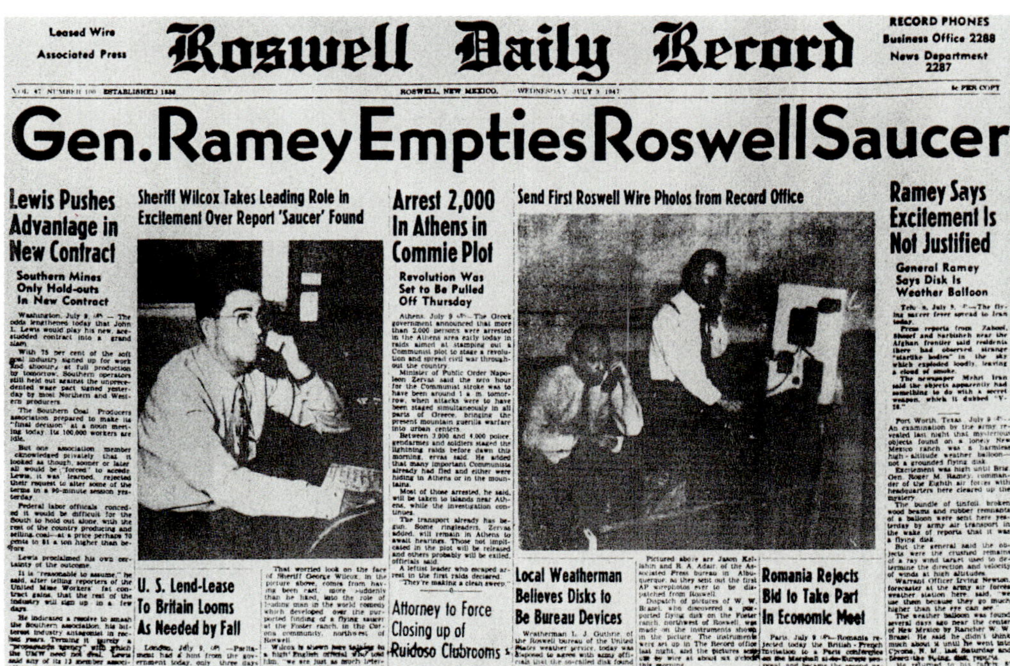

Leased Wire Associated Press

Roswell Daily Record

RECORD PHONES Business Office 2288 News Department 2287

ROSWELL, NEW MEXICO.

Gen. Ramey Empties Roswell Saucer

Lewis Pushes Advantage in New Contract

Southern Mines Only Hold-outs In New Contract

Sheriff Wilcox Takes Leading Role in Excitement Over Report 'Saucer' Found

Arrest 2,000 In Athens in Commie Plot

Revolution Was Set to Be Pulled Off Thursday

Send First Roswell Wire Photos from Record Office

Ramey Says Excitement Is Not Justified

General Ramey Says Disk Is Weather Balloon

U. S. Lend-Lease To Britain Looms As Needed by Fall

Attorney to Force Closing up of Ruidoso Clubrooms

Local Weatherman Believes Disks to Be Bureau Devices

Romania Rejects Bid to Take Part In Economic Meet

Presseberichterstattung über den Absturz der Fliegenden Untertasse bei Roswell.

das Wrack, das in einem Steilhang steckte. Beide näherten sich der Absturzstelle. Sie bemerkten große Mengen seltsamen Materials, das an Metall erinnerte, jedoch völlig andere Eigenschaften hatte als das uns bekannte. James Ragsdale hob etwas von dieser metallischen Folie auf und drückte sie zusammen. Als er wieder losließ, nahm sie sofort wieder ihre ursprüngliche Form an. Die abgestürzten Wesen schienen tot zu sein: »Da lagen Körper, leblos und starr. Sie sahen wie Zwerge aus, waren vielleicht 1,20, höchstens 1,50 Meter klein.« Menschen waren es allem Anschein nach nicht.

Trudy Truelove bekam es mit der Angst zu tun. Sie hatte das deutliche Gefühl, zum falschen Zeitpunkt am falschen Ort zu sein. Doch James Ragsdale behielt die Nerven. Er sammelte einige kleinere Wrackteile ein und lud sie auf seinen Jeep. Dabei wurde er jedoch von den Militärs gestört: «Zwei oder drei Armeelastwagen, ein Abschleppwagen, ein 47er Ford mit Militärpolizei strebten Richtung Absturzstelle.« Es schien, als ob die Zivilisten ihrer Aufmerksamkeit entgangen waren.

Trudy Truelove und James Ragsdale wollten die Metallteile so schnell wie möglich wieder loswerden. Sie sprangen also in ihren Jeep, jagten los und warfen die Überbleibsel in den Wüstenstaub.

Erste Informationen

Inzwischen haben mehrere der an der Geheimaktion beteiligten hochrangigen Militärs nach Jahrzehnten das Schweigen gebrochen, zu dem sie sich damals verpflichtet hatten. So sind heute zahlreiche Einzelheiten über das Vorgehen der Militärbehörde bekannt. Nach dem Eintreffen am Absturzort überprüfte ein Experte im Schutzanzug zunächst, ob das Betreten der Absturzstelle gefährlich sei. Offensichtlich stellte er keine radioaktive Strahlung fest. Daraufhin rückten neun speziell ausgebildete Militärs vor. Nur ihnen war gestattet, sich dem Wrack zu nähern.

Einer von ihnen, ein gewisser Mac Kenzie, sagte später aus: »Als wir das abgestürzte Etwas sahen, waren wir wie von einem Schock gelähmt. Wir blieben einen Moment stehen, unfähig, uns zu bewegen. Von den Radarbeobachtungen her wussten wir, dass etwas Merkwürdiges geschehen war. Aber auf den Anblick, der sich uns bot, waren wir nicht vorbereitet.« Diese Toten waren ganz offensichtlich außerirdische Wesen. Und da war das Wrack, das sich mit Macht in den Steilabhang gebohrt hatte. Die Wesen waren etwa 1,50 Meter klein, sehr schlank. Auf fast spindeldürren Leibern saßen unpassend große Köpfe. Geheimnisvoll waren ihre Augen, katzenhaft und ungewöhnlich groß.

Die gründlichen Untersuchungen der Militärs ergaben, dass es mehr tote Außerirdische gab, als die ersten zivilen Zeugen erkannt hatten. Zwei Körper lagen außerhalb des UFOs. Eines der Lebewesen schien tot zu sein, eines lebte offensichtlich noch. Es hatte den Absturz überlebt, da es aus dem Vehikel geschleudert worden war. Nach Aussage eines umstrittenen Zeugen soll dieses Wesen jämmerlich gewinselt, ja geschrien haben. Es hielt einen undefinierbaren Gegenstand in den Händen, den es sich gegen den Leib presste. Angeblich hat ein Soldat diesem Wesen mit einem Gewehr einen wuchtigen Hieb auf den Kopf versetzt und diesen Gegenstand an sich genommen. Drei weitere Tote wurden im teilweise noch erhaltenen UFO entdeckt. Einer saß auf einem Stuhl. Sein Körper hing zur Seite. Ein zweiter Toter lag am Boden. Ein dritter wurde erst später im Inneren des Flugkörpers gefunden.

Viele hochrangige US-Offiziere haben erst vor kurzem enthüllt, was damals bei Roswell wirklich geschah. Sie mussten 1947 einen Eid leisten, dass sie von diesem unfasslichen Ereignis nichts an die Öffentlichkeit dringen lassen würden.

An den toten Außerirdischen, die bei dem UFO-Absturz bei Roswell geborgen wurden, wurde eine Autopsie durchgeführt. Diese Autopsie, die damals unter behelfsmäßigen Umständen durchgeführt worden ist, will ein US-Kameramann namens Jack Barnett gefilmt haben. Doch viele Ufologen halten diesen Film für getürkt.

Bergen des Wracks

Ein reges Treiben setzte ein. Das unheimlich anmutende Szenario wurde aus der Luft fotografiert, detaillierte Zeichnungen wurden angefertigt. Die toten Wesen wurden geborgen und auf einen Lastwagen gelegt, dessen Ladefläche abgedeckt war. Dem wachhabenden Soldaten Melvin E. Brown gelang es, die Plane etwas zur Seite zu schieben. Er sah, was er partout nicht sehen sollte: die toten außerirdischen Wesen. Auch er beschreibt sie später als kleinwüchsig, mit großen Köpfen und orangefarbener Haut. Die fremdartigen Wesen trugen eng anliegende, einteilige silberfarbene Uniformen und eine Art Gürtel. Ihre Augen waren ungewöhnlich groß, Nasen, Ohren und Münder seltsam klein. Sie hatten keine Haare.

Zeuge Frank Kaufmann, der im Juli 1947 zum Suchtrupp vor Ort gehörte, sagte zu Roswell-Experte Michael Hesemann: »Ich kann den Ausdruck in den Gesichtern der Wesen nicht vergessen. Er war so friedvoll und so ruhig.« Der LKW brachte die Leichen nach Roswell, wo sie von einem gewissen Dr. Jesse Johnson untersucht wurden. Dieser konnte nur noch konstatieren, dass diese Wesen tot waren. Zwei weitere Ärzte wurden eingeflogen. In einem behelfsmäßigen Sezierraum führten sie eine Autopsie durch.

Echt oder gefälscht?

Inzwischen tauchte umstrittenes Autopsiefilmmaterial auf, dessen Echtheit auch unter den führenden UFO-Experten heftigste Diskussionen auslöste. Ausschnitte der Aufnahmen, die der britische Filmproduzent Ray Santilli 1947 von dem amerikanischen Militärkameramann Jack Barnett erworben haben will, wurden am 29. August 1995 in achtzehn Ländern der Erde im Fernsehen gezeigt. Das löste eine weltweite Diskussion aus. Zeigt es wirklich die Autopsie eines oder mehrerer toter Außerirdischer? Unter den Ufologen sind die Meinungen geteilt. Viele halten den Film für eine Fälschung. Ein Beweis steht jedoch noch aus.

Die Santilli-Story

► Ray Santilli versichert, dass ihm das brisante Alienfilmmaterial rein zufällig in die Hände gekommen sei. Er war in den USA unterwegs und suchte nach frühen Filmaufnahmen von Sängern wie Elvis Presley und Bill Haley. Dabei stieß er auf den Kameramann Barnett, der ihm neben guten Presley-Aufnahmen auch noch anderes Filmmaterial anbot, allerdings zu einem horrenden Preis. Der Kameramann behauptete, er habe die Autopsie eines Außerirdischen gefilmt und habe somit das »vielleicht brisanteste Filmmaterial der Welt«. Zum Beweis dafür zeigte er Santilli Fotos aus dem Jahre 1947 sowie ein Tagebuch aus seiner Dienstzeit bei der Armee. Auf Santillis Frage, weshalb er das Filmmaterial so lange verheimlicht habe, antwortete er, er habe vierzig Jahre lang keiner Menschenseele von diesem Film erzählt, weil er sich seinerzeit zu strenger Geheimhaltung verpflichtet habe. Santilli witterte, nicht zu Unrecht, ein großes Geschäft und kaufte Barnett 1994 die Filmrollen zu einem Preis von 150 000 US-Dollar ab. Zur Erstaufführung dieses Filmes kam es dann am 5. Mai 1995 vor einem ausgewählten Expertenkreis des London Museum. Inzwischen ist dieser spektakuläre Film auch als Video unter dem Namen *Roswell The Footage* für jedermann käuflich.

Von Außerirdischen entführt

UFOs werden nicht nur am Himmel gesichtet. Sie greifen auch aktiv in das Leben vieler Menschen ein. Menschen werden an Bord von UFOs entführt. Dabei tritt häufig ein unheimliches Phänomen auf. Illobrand von Ludwiger, einer der renommiertesten UFO-Forscher Europas, übernahm 1974 die Leitung der zentraleuropäischen Sektion des »Mutual UFO-Network«. In dieser Organisation finden sich Wissenschaftler unterschiedlicher Fachrichtungen zusammen, um die Problematik der UFOs seriös anzugehen.

Wie von Ludwiger beschreibt, erleben zwei von drei Menschen, die an Bord von UFOs entführt werden, das Phänomen der »fehlenden Zeit«. Erst unter Hypnose wird ihnen bewusst, was ihnen in jener Zeit, die aus ihrem Gedächtnis gelöscht zu sein scheint, geschah. Illobrand von Ludwiger in seinem Standardwerk *Der Stand der UFO-Forschung*: »Das Entführungssyndrom ist immer ähnlich. Einer oder mehrere Zeugen beobachten zunächst ein landendes Flugobjekt. Aus diesem sehen sie angeblich kleine Gestalten mit großen kahlen Köpfen und großen schwarzen Augen herauskommen. Die Zeugen fühlen sich von diesen, wie unter Hypnose, willenlos unter deren Kontrolle an Bord gebracht. Dort erfolgt eine im Allgemeinen Furcht einflößende ›medizinische Untersuchung‹, die gelegentlich als sehr schmerzhaft geschildert wird. Danach werden die Zeugen wieder zurückgebracht.« Auch die amerikanische Forscherin Linda Moulton Howe sieht das »Missing-Time-Phänomen« als eine Begleiterscheinung, die häufig bei Entführungen von Menschen an Bord von UFOs auftritt: »Eine Person oder eine Gruppe von Menschen sieht ein seltsames Licht. Dann wird festgestellt, dass Zeit fehlt, was unerklärlich erscheint. Oft treten Orientierungslosigkeit und Verwirrung auf. Manchmal haben diese Menschen rote Markierungen, Schnitte oder Nadelstiche. Später werden sie von verstörenden Träumen über Lichtphänomene, Flugobjekte und außerirdische Wesen, die gewöhnlich als kleinwüchsig (1–1,3 Meter), grauhäutig, mit schwarzen Augen und vierfingrigen Händen beschrieben wer-

Diese UFO-Anhänger im ägyptischen Gise versuchen, Außerirdischen bei ihrem Anflug zur Erde Orientierungshilfe zu bieten.

den, heimgesucht. Unter Hypnose beschreiben diese Menschen gewöhnlich eine körperliche Untersuchung durch kleine graue Wesen in einem Raum, beleuchtet von hellem, weißem Licht. Männliche Entführte haben berichtet, Samenproben seien von ihnen genommen worden, weibliche Opfer sprachen von vaginalen Untersuchungen. Kleine Stückchen Fleisch wurden aus Beinen, Hüften, Rücken oder anderen Körperteilen entnommen. Wenn außerirdische Wesen Flüssigkeit und Gewebeproben von Menschen und Tieren sammeln, wozu dient es?«

Entführungen von Menschen durch Aliens ist ein brisantes Thema. Die Entführten berichten oft unter Hypnose, dass sie in außerirdischen Labors schmerzhaften Untersuchungen ausgesetzt gewesen seien, die sich insbesondere auf den Genitalbereich bezogen hätten.

Eines der typischen Entführungsphänomene ist, dass den Entführten mehrere Stunden Zeit fehlen. Oft wird von etwa zwei Stunden berichtet, die wie aus dem Gedächtnis ausradiert sind. Erst unter Hypnose erinnern sich die Opfer daran, was in dieser Zeitspanne mit ihnen geschah.

Radioaktive Strahlung

Mehr als noch so umfangreiche Statistiken sagen konkrete Fallbeispiele über das Phänomen der UFO-Entführungen aus. Debbie Tomey, 1959 in Indianapolis, USA, geboren, ist so ein typisches Entführungsopfer. Was ihr widerfuhr, das geschah und geschieht weltweit Tausenden.

Von ihrem 7. Lebensjahr an sichtete Debbie Tomey immer wieder UFOs. So beobachtete sie 1975 »spiralförmige Lichter«. Zwei Jahre später, im Dezember 1977, war sie im Auto zusammen mit einer guten Freundin unterwegs. Beide Frauen sahen ein UFO. Sie beobachteten neugierig, wie das »Ding« landete. Debbie wurde an Bord genommen und höchst unangenehmen Untersuchungen unterzogen. 1979 wurde sie erneut aus ihrer Wohnung entführt. Am 30. Juni 1983 geschah Ähnliches. Vor dem Haus ging ein UFO im Schwebeflug nieder.

Debbie konnte sich noch genau daran erinnern, wie das UFO gelandet war. Doch an die weiteren Ereignisse konnte sie sich nicht entsinnen. Erst unter Hypnose wurde ihr bewusst, dass sie an Bord des Flugvehikels geschleppt und dort untersucht worden war. Dabei muss sie radioaktiver Strahlung ausgesetzt worden sein, da sie in der Folgezeit dafür typische Krankheitszeichen aufwies.

Unheimliche Begegnung

Catherine X. studierte Musik und verdiente sich nebenbei etwas Geld als Rezeptionsdame in einem städtischen Club. Immer wieder wurde sie von quälenden Träumen heimgesucht, die sie sich nicht erklären konnte. 1991 bat sie Professor Dr. John E. Mack, Harvard, um Hilfe. Er hypnotisierte sie und führte sie bis in ihre Kindheit zurück. Dabei stellte sich heraus, dass Catherine bereits als Kind von einem Außerirdischen entführt worden war. Da war ein Wesen mit schwarzen Augen, einem spitz zulaufenden Kinn und einem Kopf in der Form eines umgekehrten, mit der Spitze nach unten gedrehten Tannenzapfens. Dieses Wesen erschien in Catherines Zimmer. Sie fühlte eine Art Lähmung und konnte nicht einmal schreien. Weitere Wesen erschienen, zerrten sie ins Freie und verschleppten sie an Bord eines UFOs. Im Inneren traf sie fünf oder sechs andere Kinder, die mit futuristischem Spielzeug spielten.

Sämtliche Gemini- und Apollo-Flüge der Amerikaner sollen von UFOs begleitet worden sein.

Als Catherine 21 Jahre alt war, geschah etwas Unheimliches. Eines Nachts wachte sie auf und konnte nicht mehr einschlafen. Unruhig marschierte sie im Zimmer auf und ab. Als sie aus dem Fenster sah, entdeckte sie auf einem hart gefrorenen Sumpfgelände ein silbrig-metallenes UFO. Gegen ihren Willen wurde Catherine zu ihm hingezogen. Sie machte sich nicht einmal die Mühe, sich noch etwas überzuziehen. Sie schlüpfte nur schnell in ein Paar Gummistiefel und lief ins Freie. Es war bitterkalt. Aber obwohl sie nur ein dünnes T-Shirt am Leibe hatte, fror sie nicht.

Als sie sich dem Flugobjekt näherte, fielen ihr mehrere kleine Kreaturen auf, die sie

zu erwarten schienen. Die Wesen geleiteten sie zum UFO, in dessen Inneres man über eine metallene Rampe gelangte. Im Inneren des UFOs befand sich eine Art Laboratorium.
Catherine wurde auf einen Tisch gelegt, um den fünf kleinwüchsige Wesen versammelt waren. Wie an vielen anderen Entführungsopfern auch wurde an ihr mit seltsamen Geräten eine Untersuchung durchgeführt. Sie hatte das Gefühl, dass aus ihrem Gebärmutterhals, aber auch aus dem Gehirn Proben entnommen wurden. Dabei erlitt sie große Schmerzen. Zu ihrem Entsetzen bemerkte Catherine hohe Regale, in denen Embryos schwammen. Sie wirkten beängstigend fremdartig: Auf einem spindeldürren, kleinen Hals saß ein viel zu großer Kopf.

Genetische Experimente?

Da sich die Berichte über UFO-Entführungen häufen und die Schilderungen so identisch sind, kann man dieses Phänomen nicht mehr nur als paranoide Erscheinung oder etwas Ähnliches abtun. Seit honorige Wissenschaftler wie beispielsweise Professor Dr. Mack von der Temple-University sich dieses Phänomens angenommen haben, ist die Öffentlichkeit auch erstmals bereit, den Gedanken, dass es derartige Entführungen gibt, überhaupt einmal zuzulassen. Wenn es wirklich der Fall sein sollte, dass Außerirdische für ihre gentechnischen Experimente menschliches und auch tierisches Material benutzen, ist dies natürlich höchst alarmierend. Doch dies ist noch nicht eindeutig bewiesen. Und selbst wenn dem so wäre, könnten wir Menschen uns diesen Experimenten, zumindest vorläufig, nicht entziehen, da die Außerirdischen uns in ihrer technischen Entwicklung unendlich weit voraus sind.

UFOs auf dem Mond

Auch Astronauten berichten von UFO-Sichtungen. So konstatierte Maurice Chatelain, ein Topwissenschaftler, der unter NASA-Vertrag wesentlich an der Planung und dem Entwurf des Apollo-Raumschiffs beteiligt war: »Alle Flüge von Apollo und Gemini wurden von Raumschiffen begleitet, die nicht von der Erde stammten.« Auch die Besatzung von Mercury Flug 8 meldeten UFOs, die sich ihrer Kapsel näherten. UFOs entdeckten auch die Astronauten von Apollo 8 auf der Rückseite des Mondes. »Pilzförmige UFOs, an der Unterseite glühend« sichteten die Astronauten von Gemini 7. Auf nur etwa 800 Meter Entfernung näherte sich ein UFO Gemini 12. Apollo 11 wurde beim Anflug auf den Mond von zwei UFOs begleitet.
Warum haben die Astronauten diese sensationelle Tatsache nicht in der Öffentlichkeit bekannt gemacht? Der ehemalige NASA-Mitarbeiter Dr. Fred Bel meint: »Die Astronauten haben über ihre Begegnungen mit UFOs geschwiegen, denn sie wurden glauben gemacht, es sei eine Frage der nationalen Sicherheit.« Er selbst, so Dr. Bell, sah mit eigenen Augen Fotos, die Astronauten von UFOs gemacht hatten.

Bewusste Vertuschung

Warum sollte verschwiegen werden, dass es Sichtungen von außerirdischen Raumschiffen im All gab? Befürchtete man eine Panik in der Bevölkerung? Angeblich war dies der hauptsächliche Grund für die Vertuschungen. Man ging davon aus, dass die Menschen noch nicht reif waren, eine solche Ungeheuerlichkeit zu verarbeiten. Denn in der Tat würde dies ja unser Weltbild von Grund auf erschüttern. Doch mit Sicherheit stehen auch sehr handfeste Interessen der Regierungen dahinter.

Angeblich führen die Außerirdischen in ihren extraterrestrischen Laboren gentechnologische Experimente durch. Einige Entführte berichteten über eigenartige Alienembryos, die sie während ihrer Gefangennahme zu Gesicht bekommen haben.

1847 gab der *Report of the British Association* eine Observation bekannt, die der Astronom Rankin gemacht hatte. Während einer Finsternis tauchten auf dem verdunkelten Teil des Mondes leuchtende Punkte auf. Captain Carter publizierte im *Quarterly Journal of the Royal Institute* ein leuchtendes Etwas in Mondnähe, das sich mit dem Trabanten bewegte. Fast gleichzeitig ließ das Observatorium von Kapstadt verlauten: »Am Rand des Mondes wurde im dunklen Bereich ein weißer Punkt gesichtet. Man konnte drei kleinere Lichter ausmachen.«

Die seriöse *London Times* meldete in ihrer Ausgabe vom 30. September 1870, dass am 26. September ein »Ding mit einem Schweif« über den Mond gezogen sei. Der

Der Mond musste in der Vergangenheit für viele Spekulationen herhalten. Sogar UFO-Landestellen und Außerirdische vermutete man auf dem Mond. Beweise dafür gibt es allerdings bislang nicht.

Sonderbare Mondlichter

17. Juni 1937: Massive »Lichtblitze« auf dem Mond. (*Science*, Ausgabe 104/1946)

1949: Helle Lichterscheinungen auf dem Mond während einer Finsternis auf dem verdunkelten Teil. (*Popular Astronomy* Nr. 57)

5. Januar 1955: Helles blaues Licht auf der Mondoberfläche. Dauer: 30 Minuten. (*Strolling Astronomer* Nr. 8)

16. Januar 1956: Ein weißes Licht blinkt länger als eine Stunde auf und ab. Verfärbung ins Blaue. (*Strolling Astronomer Nr. 10*)

25. April 1972: Rainer Klemm aus Passau beobachtet eine mehrere Minuten lang anhaltende »Lichtfontäne« in der Aristarch-Region des Mondes. (*Sterne und Weltraum* 1972, Ausgabe 8/9)

23. Mai 1985: Mondblitz, Dauer 0,8 Sekunden, fotografiert.

Zahlreiche astronomische Beobachtungen lassen also vermuten, dass es geheimnisvolle Vorgänge auf dem Mond gibt. Kann man von UFO-Aktivitäten sprechen? Das ist in der Tat möglich. Denn dank der modernen Raumfahrt sind wir keineswegs nur auf Beobachtungen angewiesen, die von der Erde aus gemacht wurden. So gab Donald L. Zyistra, Chef der Abteilung für Öffentlichkeitsinformation der NASA«, Washington D.C., unumwunden zu: »Im Verlauf der bemannten Apollo-Flüge gab es Sichtungen aus dem Raumschiff, die unsere Astronauten nicht erklären konnten.«

Nicht geklärt werden konnte bis heute, was sich hinter dem Geheimnis dieser »UFOs« verbirgt. Es wäre vorschnell, von außerirdischen Raumschiffen zu sprechen. Der Terminus »UFO« in des Wortes eigentlicher Bedeutung – Unidentifiziertes Fliegendes Objekt – ist aber sicherlich angebracht. Hier einige verblüffende Beispiele:

Sichtungen bei Apollo-Flügen

Apollo 11: »Glühende Objekte auf oder in der Nähe der Mondoberfläche.«/ »Glühendes zigarrenförmiges UFO in der Nähe des Mondes.«/»Zigarrenförmiges UFO im Mondorbit«.

Apollo 12: UFO über der Mondoberfläche.

Apollo 13: »Leuchtendes UFO« in geringer Höhe über der Mondoberfläche.

Apollo 14: Sieben glühende »UFOs« dicht über der Mondoberfläche.

Apollo 16: »Zigarrenförmiges UFO« über der Mondoberfläche, geringe Höhe./ »UFO bewegt sich in geringer Höhe über dem Mond.«

Diese Reihe ließe sich noch fortsetzen.

äußerst ungewöhnliche Vorgang habe eine Minute gedauert. Am 3. Juli 1882 wurden von Lebanon, Connecticut, USA, »am oberen Rand des Mondes zwei dreieckige leuchtende Objekte beobachtet. Sie verschwanden, und drei Minuten später tauchten zwei dreieckige Objekte am unteren Rand des Mondes wieder auf. Sie näherten sich einander, trafen sich und verschwanden augenblicklich.«

Aktive Vulkane?

1783 und 1787 beobachtete der berühmte Astronom F. W. Herschel, der bereits im Jahre 1781 den Planeten Uranus entdeckt hatte, »Lichter auf dem Mond oder in seiner Nähe«. »Mondblitze« wurden von zahlreichen Astronomen zu Tausenden von 1870 bis 1890 beobachtet. Waren das Hinweise auf tätige Vulkane? Dank unseres heutigen fortgeschrittenen Wissens vom Mond kann diese Erklärung ausgeschlossen werden. Zudem blieben die leuchtenden Objekte keineswegs statisch stehen. Sie bewegten sich über den Mond hinweg. So sah sich der Journalist Frank Edwards zu einer humorigen Anmerkung veranlasst: »Die verehrten Leser werden gebeten, helle, rote Lichter, die sich auf dem Mond von einem Platz zum anderen bewegen, nicht etwa als Anzeichen für Leben dort anzusehen. Denn offiziell sind sie nichts anderes als das seltenste aller Phänomene: galoppierende Vulkane.«

Was bewegte sich also auf dem Mond oder, besser gesagt, über den Mond? Waren es UFOs? Oder lag es einfach an den im 18. und 19. Jahrhundert noch eher bescheidenen Möglichkeiten der Mondbeobachtung, dass derlei Sichtungen gemeldet wurden? Auch das ist keine plausible Erklärung. Denn diese ominösen Mondlichter wurden auch in unserem Jahrhundert zu Tausenden beobachtet.

UFOs auf dem Radarschirm

UFOs existieren. Sie werden seit Jahrzehnten von militärischen wie zivilen Radarsystemen erfasst. UFOs wurden von Kampfflugzeugen verfolgt, was schon so manchen Piloten das Leben gekostet hat. Und UFOs hätten einmal fast den dritten Weltkrieg ausgelöst.

Jedes Jahr werden im Luftraum mit großen Radaranlagen der NASA UFO-Flüge aufgespürt.

Millionen von Menschen entfliehen alljährlich dem Berufs- und Alltagsstress per Flugzeug und sind davon überzeugt, dass sie das sicherste Verkehrsmittel der Welt benützen. Dass dem so ist, liegt unter anderem auch an der RADAR-Überwachung des Luftraums. Was aber ist RADAR überhaupt? RADAR ist die Abkürzung für »Radio Detection and Ranging«, zu Deutsch »Erfassung und Entfernungsmessung von Objekten mit Hilfe von Radiowellen«. Das Prinzip ist einfach: Ein Sender strahlt gebündelte elektromagnetische Wellen aus. Treffen sie auf ein Objekt, dann prallen sie ab und werden zur Antenne zurückgeschickt. Mit Hilfe von Computertechnologie ist es möglich, zahlreiche Informationen über das Objekt zu erhalten, etwa darüber, wo es sich befindet, wie groß es ist, wie weit entfernt und mit welcher Geschwindigkeit es sich bewegt.

Die Astronauten auf den verschiedenen Expeditionen zum Mond berichteten, dass sie auf allen Flügen von UFOs begleitet wurden. Allerdings konnten sie keine Angaben dazu machen, worum es sich bei diesen Flugobjekten handelte. Gewiss ist nur, dass sie existieren.

Unzählige Meldungen

Wenn nun unser Planet von UFOs im Sinne von fliegenden Objekten unbekannter Art heimgesucht wird, dann müssten sie doch logischerweise auch von den Radarschirmen geortet werden. Skeptiker wie Professor Heinz Kaminski, vormals Sternwarte Bochum, behaupten nun, solche Radarbeobachtungen gebe es nicht. Doch das entspricht nicht den Tatsachen. In der Tat werden weltweit alljährlich unzählige UFOs auf den Radarschirmen entdeckt. Viele Fälle klären sich rasch auf, etwa als nicht angemeldete private Flüge höchst irdischer Flugmaschinen.

Es gibt aber auch zahllose Radarmeldungen, die nur einen Schluß zulassen: dass sich in der Erdatmosphäre intelligent gesteuerte Vehikel bewegen. Einige eindrucksvolle Fälle sollen hier etwas näher beschrieben werden.

UFOs scheinen zu einer Art neuem Mythos geworden zu sein. Spiegelt die Bereitschaft der Menschen, an die Existenz von Außerirdischen zu glauben, ihre Sehnsucht nach einer anderen Wirklichkeit, nach einem größeren Zusammenhang der Dinge?

Am 6. Dezember 1952 waren Captain John Harter und Radaroffizier Lieutenant Sid Coleman mit einem B-52-Bomber zu einem nächtlichen Übungsflug unterwegs. Lange nach Mitternacht traten sie den Rückweg zum heimischen Flugplatz an. Plötzlich tauchte etwas auf ihrem Radarschirm auf. Die Position beim Auftreten des Phänomens: 322 Kilometer von Calvestone entfernt, 160 Kilometer südlich von Louisiana über dem Golf von Mexiko, Flughöhe knapp 5500 Meter.

Ein Flugobjekt näherte sich ihnen mit einer Geschwindigkeit von etwa 8000 km/h. Radaroffizier Coleman rief: »Da kommt etwas auf uns zu – 8000 km/h schnell!« Der Kapitän: »Unmöglich! Kein Flugzeug kann eine solche Geschwindigkeit erreichen!« Coleman überprüft sein Radargerät. Eine Fehlfunktion ist nicht festzustellen. Jetzt schaltet sich Navigator Lieutenant Cassidy ein: »Ich orte das Ding auch auf meinem Radarschirm!« Wenige Augenblicke später zeigen sämtliche Radarsysteme vier UFOs an. Sie bewegten sich genau auf den B-52-Bomber zu.

Sagenhafte Geschwindigkeiten

Captain John Harter, der zunächst von Störungen der Geräte ausgegangen war, meldete, dass er die Objekte vor sich sehe. Und auch Master Sergeant Bailey pflichtete ihm bei: »Ich seh' die verdammten Dinger! Eines davon ist eben an uns vorbeigesaust!« Spielen die Radargeräte jetzt total verrückt? Immer mehr UFOs werden angezeigt. Und sie nähern sich mit beängstigender Geschwindigkeit dem Flugzeug. Es sieht fast so aus, als wollten sie es angreifen. Da taucht plötzlich ein riesengroßes UFO auf, das innerhalb kürzester Zeit auf 15 000 km/h beschleunigt und die kleineren UFOs anzieht. Auf den Radarschirmen scheinen sie mit dem großen Objekt zu verschmelzen.

Für Major Donald E. Keyhole, der als anerkannt seriöser UFO-Experte die Begegnung des Bombers mit den UFOs studierte, kam nach Auswertung aller Daten zu folgendem Resultat: »Drei Gruppen von UFOs spielten förmlich Katz und Maus mit dem Bomber. Das riesige UFO, wohl eine Art Mutterraumschiff, nahm die kleinen Flugobjekte auf und brauste mit unvorstellbarer Geschwindigkeit davon.«

Als Captain Harter mit seinen Männern landete, warteten schon mehrere Nachrichtenoffiziere auf sie. Er wurde, wie auch seine Männer, stundenlang verhört. Man trennte die Männer sofort, um eine Absprache unmöglich zu machen, und alle wurden einzeln befragt. Dann wurden sie nochmals in der Gruppe gemeinsam befragt. Das Ergebnis der stundenlangen Untersuchung war, dass die Objekte, die die Profiflieger gesichtet hatten, nicht irdischen Ursprungs gewesen sein konnten.

Weniger glimpflich verlief die Begegnung eines Abfangjägers mit einem UFO am 23. November 1953. Auf dem Radarschirm des Luftwaffenstützpunktes von Kinross, Michigan, USA, erschien ein UFO. Sofort wurde ein Abfangjäger gestartet, der die Verfolgung des UFOs aufnahm. Die Männer der Radarstation konnten auf ihren Schirmen deutlich sehen, wie Flugzeug und UFO einander immer näher kamen. Über dem Lake Superior kamen sich die beiden Objekte so nahe, dass man schon einen Zusammenstoß befürchtete. Sekundenbruchteile später verschwanden beide, UFO und Flugzeug, von den Radarschirmen. Es war, als hätte jemand ein Licht ausgeknipst.

Sofort wurde eine militärische Suchaktion gestartet, die jedoch zu keinem Ergebnis führte. Von dem Flugzeug wurde auch nicht das kleinste Wrackteil gefunden.

Tödlich endete ein weiterer UFO-Flugzeug-Kontakt, der ebenfalls auf eine Radarmeldung zurückging. Im Frühjahr 1959 wurde ein UFO vom Radar erfasst. Unverzüglich wurde ein Jet losgeschickt, der das UFO, das sich inzwischen im Luftraum über dem Meer nordöstlich von Japan befand, identifizieren sollte. Der Pilot geriet, als er das UFO sehen konnte, in Panik und feuerte Raketen ab. Zwar traf er das UFO, aber die explodierenden Raketen richteten bei diesem offensichtlich keinen Schaden an. Doch griff es nun seinerseits das Flugzeug an. Auf den Radarschirmen verschmolzen UFO und Flugzeug, dann erloschen die Impulse. Von dem Flugzeug wurde nie eine Spur gefunden.

Aufregend wie ein Krimi

Am 3. Februar 1989 geriet die Besatzung des Towers von Esenboga bei Ankara, Türkei, in helle Aufregung. Es erschienen am abendlichen Himmel über dem Flughafengelände drei sehr hell leuchtende Flugobjekte. Gefährdeten sie den Start- und Landeverkehr? Hier das Protokoll dieser geheimnisvollen UFO-Begegnung.

19.00 Uhr: Drei Punkte tauchen auf den Radarschirmen auf. Sofort werden der Ministerpräsident Turgut Özal und der Verteidigungsminister Mustafa Özatamer verständigt. Die Politiker bitten darum, von nun an in Sachen »UFOs über Esenboga« auf dem Laufenden gehalten zu werden.

Elaine Thomas, Louis Smith und Mona Stafford aus Kentucky wurden 1976 ebenfalls von Außerirdischen entführt.

19.20 Uhr: Die drei UFOs stehen unbeweglich am Himmel. Plötzlich verändert eines der Objekte seine Position und saust, rapide an Höhe verlierend, Richtung Flugplatz. Kurzfristig schwebt es in einer Höhe von nur 1000 Metern. Ebenso schnell steigt es wieder empor, um wieder die gleiche Position einzunehmen wie zuvor.

19.30 Uhr: Die Information an Verkehrsminister Professor Ekrem Pakdemirli lässt keinen Zweifel mehr aufkommen, wie die Flughafenspezialisten die Lage einschät-

Eine der großen Fragen innerhalb der UFO-Diskussion besteht darin, ob die außerirdischen Besucher den Erdbewohnern freundlich gesonnen sind, oder aber eine Bedrohung darstellen. Die Meinungen darüber sind geteilt.

So genannte »Fliegende Dreiecke« wurden in der Vergangenheit häufig gesichtet. Doch bislang ist es nicht gelungen, etwas Näheres über die Mission dieser seltsamen Flugobjekte in Erfahrung zu bringen.

zen: »Drei UFOs, vom Radarsystem erfasst, aber auch per Fernglas zu sehen, befinden sich über dem Flugplatz von Esenboga.« Der Verteidigungsminister erhält den Befehl, alle Maßnahmen vor Ort selbst zu koordinieren. Polizeihubschrauber sollen versuchen, sich den niedrig stehenden UFOs zu nähern. Doch dazu kommt es nicht. Die Helikopter haben keine Nachtsichtgeräte an Bord. Mehrere F-16-Kampfflugzeuge steigen auf. Aufgeregt wird an den Radarschirmen verfolgt, wie sie sich den UFOs nähern. Als sie sich fast in Sichtweite der Objekte befinden, verschwinden die UFOs von den Radarschirmen.

Wenige Minuten später: Die UFOs sind auf den Radarschirmen des nahe gelegenen Militärstützpunktes von Mürted wieder zu sehen. Drei Jäger vom Typ F-104 werden an der Nase herumgeführt. Die UFOs verschwinden schlagartig, als sich die Militärflugzeuge ihnen nähern.

21.30 Uhr: Die UFOs sind wieder da. Sie sind deutlich auf den Radarschirmen zu sehen. Zehn Objekte werden ausgemacht.

22.03 Uhr: Zwei weitere UFOs sind dazugekommen. Wenige Minuten später: Die UFOs entschwinden. Alle Radarkontakte brechen ab. Klassifizierung: UFOs. Ein Irrtum ist ausgeschlossen.

Im November 1991 luden Vertreter der Luftwaffe und UFO-Forscher in Belgien zu einer Pressekonferenz ein. Der staunenden Öffentlichkeit wurde enthüllt, dass seit dem 29. November 1989 unzählige UFOs gesichtet und auf den Radarschirmen geortet worden seien. Bis heute halten die unerklärlichen Sichtungen an. Vorsichtige Schätzungen gehen davon aus, dass mehrere tausend Radarortungen von UFOs amtlich registriert wurden.

Irgendetwas macht den belgischen Luftraum unsicher. Dreiecke von gewaltiger Größe tauchen wie aus dem Nichts am Himmel auf und vollführen erstaunliche Flugmanöver. Als besonders beeindruckend empfanden Flugzeugexperten, mit welcher Beschleunigung die UFOs in kürzester Zeit enorme Höhen erklimmen.

30. März 1990, 23.00 Uhr: Am Himmel von Ramillies schweben Lichter, die sich zu Dreiecken formieren. Eine zweite Dreiecksformation taucht auf. Beide nähern sich einander an.

23.28 Uhr: Eine Polizeipatrouille ist vor Ort. Die zwei »Dreiecke« sind deutlich zu sehen. Die Lichter ändern ständig die Farben.

23.50 Uhr: Mehrere Radarstationen orten die beiden geheimnisvollen Flugobjekte. Meist stehen sie statisch am Himmel. Zeugen vor Ort erkennen kurze, äußerst intensive Lichtsignale. Findet eine Kommunikation zwischen den UFOs statt? Oder sind die Empfänger der Nachrichten gar die Menschen, die gebannt in den Himmel starren? Zwei weitere Lichter tauchen auf und vollziehen seltsame Flugmanöver.

23.52 Uhr: Zwei F-16-Abfangjäger sind in der Luft. Per Funk werden sie von den Besatzungen verschiedener Radarstationen eingewiesen. Sie nähern sich den Flugobjekten.

00.13 Uhr: Erste gezielte Annäherung. Unbegreifliches geschieht. Die UFOs beschleunigen in kürzester Zeit auf eine Geschwindigkeit von 1745 km/h. Sie vollziehen unglaubliche Manöver: Rapides Sinken von 9000 Fuß auf 5000 Fuß, dann erneuter Anstieg auf 11 000 Fuß. Schließlich erfolgt ein Sturzflug bis fast auf den Boden. Die F-16-Abfangjäger können derlei Flugbewegungen nicht nachvollziehen. Die Radarstationen verlieren den Kontakt zu den UFOs.

00.30 Uhr: Ein UFO taucht wieder auf den Radarschirmen auf. Es bewegt sich mit einer Geschwindigkeit von 1330 km/h. Die F-16-Abfangjäger schaffen es, in nur sechs Sekunden das Flugobjekt beinahe zu erreichen – aber nur beinahe. Sekunden vor dem Zusammentreffen ist das seltsame Objekt verschwunden.

Radioteleskope wie die auf dem Very Large Array/ New Mexico können UFO-Aktivitäten orten.

Unerklärliches Schauspiel

Diese eigenartige Verfolgungsjagd zwischen F-16-Jägern und UFO wurde nicht nur auf diversen Radarschirmen mitverfolgt, sondern auch von zahlreichen Zeugen vom Boden aus beobachtet. Die Menschen starrten zum Himmel und beobachteten fassungslos, was sich da vor ihren Augen abspielte.

00.32 Uhr: Zwei Radarstationen registrieren wiederum ein UFO in Höhe von 7000 Fuß. Es entfernt sich mit einer Geschwindigkeit von 1000 km/h.

01.00 Uhr: Es sind keine UFOs mehr zu sehen, und es gibt keinen Radarkontakt mehr. Die Abfangjäger drehen ab und kehren zu ihrem Stützpunkt zurück. Wenige Minuten später tauchen erneut UFOs am Himmel auf und bilden verschiedene geometrische Figuren. Dabei bewegen sie sich ruckartig von einem Punkt zum anderen.

01.30 Uhr: Ende des Schauspiel.

Bis zum heutigen Tage gibt es ähnliche UFO-Sichtungen über Belgien. Die größte UFO-Forscher-Organisation des Landes SOBEPS fasste inzwischen alle vorliegenden Erkenntnisse zu einem 500-seitigen Report zusammen. Demnach wurden die Objekte eindeutig als UFOs identifiziert. Es handelt sich bei ihnen, was ihre Form, aber auch das Flugverhalten angeht, eindeutig um Flugkörper, die keinerlei Ähnlichkeiten mit irdischen Flugzeugen haben. Sie wurden bei Tag wie in der Nacht beobachtet. Zahllose Zeugen haben sie gesehen. In ebenso vielen Fällen wurden sie gleichzeitig auf mehreren Radarüberwachungssystemen registriert. Selbst das belgische Militär schließt offiziell jegliche irdische Natur der geheimnisvollen Flugkörper aus. Luc Bürgin, einer der führenden UFO-Forscher der Schweiz, kommt zu einem eindeutigen Resümee: »Es bleibt nur eine Möglichkeit als logische Schlussfolgerung: Die in Belgien beobachteten Flugkörper waren nichtirdischer Natur. Hier wurde zum ersten Mal (in akribisch getreuer Form eines Indizienbeweises) die Existenz des UFO-Phänomens nachgewiesen.«

Drohender dritter Weltkrieg

Am 5. Oktober 1960 stand die Welt kurz vor Ausbruch des dritten und wahrscheinlich letzten Weltkriegs. Das Radarsystem der Frühwarnstation Thule, Grönland, ortete unbekannte Flugobjekte, die aus Russland kamen und in Richtung USA unterwegs waren. Mehrere B-52-Bomber, mit Atomwaffen bestückt, starteten Richtung UdSSR, wurden aber kurzfristig zurückbeordert. Die offizielle Erklärung dafür lautete damals: Die Radarmeldungen seien in Wirklichkeit »Radarsignale, die vom Mond reflektiert wurden«, gewesen. Der Vorgang wurde sofort als »topsecret« eingestuft und die Öffentlichkeit ausgeschaltet.

Unbekannte Flugobjekte versetzen nicht nur Laien in Aufregung, sondern sorgen auch für Aufruhr in höchsten Regierungskreisen. Da UFO-Vorfälle möglichst geheim gehalten werden, erfährt die Öffentlichkeit von manchen Zwischenfällen überhaupt nichts.

»Viele empirische Daten weisen darauf hin, dass an jedem sorgfältig untersuchten Punkt der Erdoberfläche viele Klimaveränderungen stattgefunden haben, und zwar offensichtlich sehr plötzlich.«

Albert Einstein

Geheimnisvolle Wissenschaft

Das herkömmliche Bild von der Wissenschaft ist falsch. Man geht gewöhnlich davon aus, dass es eine langsame, kontinuierliche Entwicklung von ersten primitiven Anfängen bis in unsere Gegenwart gibt. Doch viele Beispiele zeigen, dass dieses Weltbild inzwischen überholt ist.

Neueste Forschungen lassen vermuten, dass unsere frühen Vorfahren über wesentlich fortschrittlichere Technologien verfügten, als das bisher überhaupt vorstellbar war. Möglicherweise gab es sogar schon Aeronauten im ersten Jahrtausend unserer Zeitrechnung. So wurden in Peru, Kolumbien, Costa Rica und Venezuela beispielsweise kleine eigenartige Goldobjekte gefunden, die wie moderne Delta-Düsenjäger aussehen.

Der älteste Computer der Welt

Ein rätselhafter Fund stellt moderne Forscher vor ein Rätsel. Ostern 1900 peitschte ein gewaltiger Sturm das Meer auf. Kapitän Demetrios Condos rettete sich und seine Mannschaft in einem kleinen Boot auf das Inselchen Antikythera, das zwischen Kreta und Kythera liegt. In einer kleinen Bucht ließ der Kapitän anlegen. Da das Boot erheblich beschädigt worden war, machten sich der Kapitän und seine Mannschaft daran, es zu reparieren. Doch an eine Rückkehr in den heimatlichen Hafen war vorläufig nicht zu denken.

Kapitän Demetrios Condos befürchtete eine Meuterei. Um die Mannschaft zu beschäftigen, gab er den Befehl, am Meeresgrund nach Schwämmen zu tauchen. Elias Stadiatis, einer der Besten der Crew, wurde dazu ausgewählt. Doch in der Tiefe widerfuhr ihm Schreckliches. Denn bei seiner Rückkehr auf das Schiff stand er unter Schock und stammelte wirres Zeug.

Der Kapitän beschloss, der Sache selbst auf den Grund zu gehen, und tauchte in die Tiefe hinab. Dort entdeckte er ein Schiffswrack, an dessen Bord sich keine Geister, sondern zahlreiche alte Statuen befanden.

An Bord brach Begeisterung aus, da man die Hoffnung hegte, wertvolle Schätze bergen zu können. Doch dazu benötigte man eine spezielle Ausrüstung. Erst im November kehrten die Männer mit den entsprechenden Geräten zurück. Die Bergungsarbeiten wurden jedoch durch die rauhe See erschwert. Bei einem Unfall starb ein Taucher, zwei wurden schwer verletzt. Als dann aber die Ladung des Schiffswracks geborgen wurde, waren die Archäologen Griechenlands begeistert. Das Schiff war etwa 80 v. Chr. gesunken, und entsprechend alt waren auch die wertvollen Statuen.

Erst zwei Jahre später, am 17. Mai 1902, nahm sich Spyridon Stais des Fundes an. Zu seiner großen Überraschung entdeckte er in einem Fundstück aus dem ersten vorchristlichen Jahrhundert eine Art Zahnräder. Spyridon Stais wagte es damals nicht, das Objekt aus seiner Verkrustung freizulegen. Er legte es vorerst zur Seite, und so geriet es in Vergessenheit.

Erst sechs Jahrzehnte später wurde es von Dr. Solla Price, Professor für Wissenschaftsgeschichte an der Universität von

Bereits 200 v. Chr. wurde in Ägypten das funktionierende Modell eines Segelflugzeugs gebaut. Einige Experten glauben, dass dieses Modell das eines großen Motorseglers ist, andere sehen es allerdings als eine Wetterfahne an.

Yale, gründlich untersucht. Price versichert: »Dieser Gegenstand ist einzigartig. Es existiert nichts Vergleichbares. Wir haben auch keinen Hinweis in einem antiken

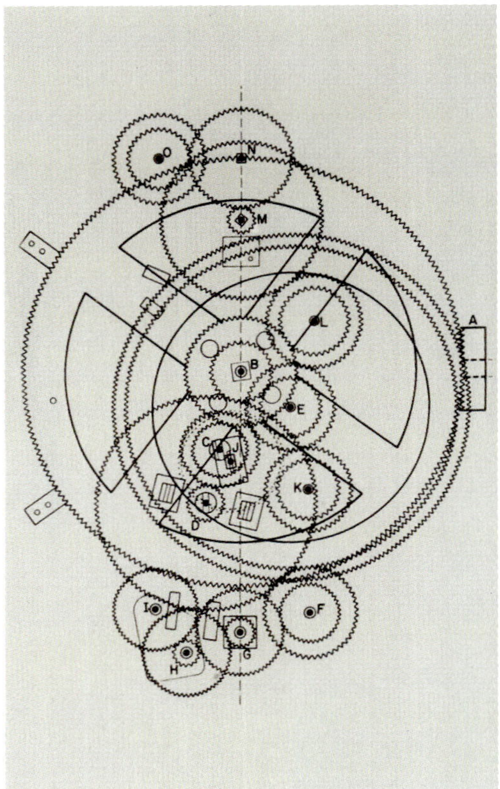

Wie dieser Apparat von Antikythera zeigt, besaßen die alten Griechen bereits Computer.

wissenschaftlichen Text, ja nicht einmal eine Anspielung. Im Gegenteil: Bei allem, was wir über die Wissenschaft und Technologie des hellenistischen Zeitalters wissen, hätte es eine solche Vorrichtung gar nicht geben dürfen.«

Es gibt mehr als genügend technische Besonderheiten, die verdeutlichen, dass unsere Vorfahren einen wesentlich höheren Stand der Technik erreicht hatten, als wir heute gemeinhin annehmen.

Präzisionsarbeit

Mit der Präzision eines Uhrmachers und der Vorsicht eines Chirurgen ging der Wissenschaftler ans Werk und legte dabei ein wahres antikes technisches Wunderwerk frei. Denn vergleichbare Zahnräder gab es erst in europäischen Uhren um 1575! Price ließ von dem Objekt Röntgenaufnahmen anfertigen, die Unglaubliches enthüllten: Es handelte sich bei dem kostbaren Artefakt um einen Computer aus dem ersten Jahrhundert vor Christus! Mindestens vierzig Zahnräder, neun verstellbare Skalen, drei Achsen und eine Grundplatte waren für mehr als zwei Jahrtausende zu einem unglaublich komplizierten Mechanismus mit phantastischer Präzision zusammengefügt worden.

Wozu mochte der Computer wohl gedient haben? Auf alle Fälle hatte er auch astronomische Funktionen, denn man konnte mit ihm die Positionen von Mond und Planeten bestimmten. Price beschrieb den Mechanismus als völlig rätselhaft. Die Röntgenaufnahmen lassen ein überaus kompliziertes Getriebe erkennen. Dabei besaßen die alten Griechen nach bisherigen Erkenntnissen keinerlei Interesse und Kenntnisse an experimenteller Wissenschaft. Wozu benötigten sie also ein derartiges Gerät?

Um zu verdeutlichen, wie sensationell dieser Fund ist, wählte Price einen Vergleich: »Die Existenz dieses Computers ist genauso wahrscheinlich, als hätte man im Grab des Pharaos Tutenchamun ein Flugzeugmodell als Grabbeigabe entdeckt!«

Ein Flugzeugmodell fand sich bislang nicht im Grab Tutenchamuns – wohl aber in einer Gruft unter der Pyramide von Sakkara. Es ist Jahrtausende alt, hat eine Spannweite von 18 Zentimetern und ist »aerodynamisch wohl durchdacht«, wie Experten feststellten. Auch im legendären Goldmuseum von Bogotà, Kolumbien, werden ganz ähnliche »Grabbeigaben« ausgestellt, die viele Jahrhunderte alt sind. Wie Dr. Arthur Poyslee vom »Aeronautical Institute New York« bestätigt, handelt es sich bei diesen Grobbeigaben um viele jahrhundertealte aerodynamisch perfekte Flugzeugmodelle.

Segelflug vor Jahrhunderten

Der Computer von Antikythera ist im Grunde ein Paradoxon, da er zu einer Zeit entstand, als es der zu jener Zeit vermutete Kenntnisstand der Wissenschaft noch gar nicht zuließ. Das betrifft auch Flugzeugmodelle, die in den Grüften von Sakkara, Ägypten, und Kolumbiens den Toten mit auf den Weg in die Ewigkeit mitgegeben wurden. Und doch existieren sowohl der unbegreifliche Computer als auch die Flugzeugmodelle.

Es stellt sich die Frage: Waren vor Jahrhunderten in Südamerika nur die theoretischen Kenntnisse in Sachen Flugzeugbau bekannt? Oder wurden sie auch praktisch angewendet? Eine der geheimnisvollsten Anlagen Südamerikas könnte eine Art Startanlage für Segelflieger gewesen sein. Wann sie entstand, ist umstritten. Bislang gibt es keine Datierungsmöglichkeit für die weitläufige steinerne Anlage, die einzigartig in ihrer Art ist.

Startplatz für Segelflugzeuge?

Erich von Däniken hat eine Erklärung für diese Anlage parat, die zwar phantastisch klingt, aber dennoch Sinn ergibt: »Am unteren Ende der Rille wartet das verankerte Segelflugzeug. Ein Gummiband läuft vom Flugzeug in der Mitte der Rille hinauf bis zum Rondell. Starke Arme spannen das Gummiband, indem sie es um das Rondell herumwickeln. Da der Zug immer stärker wird, rasten Querbalken in die ausgesparten Rechtecke und Dreiecke. Vielleicht dienten die Rechtecke als Stützhilfe für die Drehmannschaft und die Dreiecke zur Verankerung der Querbalken. Auf Kommando löst man den Ausklinkmechanismus, und das Segelflugzeug – oder wenn Sie so wollen, der Drache – schnellte zum Himmel.«

Viele der Erklärungsversuche Erich von Dänikens scheinen auf den ersten Blick zu phantastisch. Macht man sich aber die Mühe, sich etwas näher mit ihnen zu beschäftigen, enthüllt sich oftmals ein ganz neuer Sinn.

Auf eigene Faust

► Gut zwei Stunden hat die Busfahrt vom bolivianischen Santa Cruz bis zum malerischen Bergdörfchen Samaipata gedauert. Die eher bescheidene Landstraße schlängelt sich durch eine fruchtbare Ebene mit weiten Feldern, auf denen Zuckerrohr, Mais, Orangen und Pampelmusen gedeihen. Mit einem Jeep geht es weiter. Allmählich wird die Schotterstraße schmaler. Holpernd quält sich das Fahrzeug Serpentinen hinauf. Abgründe tun sich am Straßenrand auf. Steine poltern krachend in die Tiefe.

Die letzten fünfhundert Meter gehe ich zu Fuß. Scharen von Moskitos, die über mich herfallen und sich an meinem Blut laben wollen, treiben mich vorwärts. Endlich kann ich den Berggipfel ausmachen, der wie eine künstlich errichtete Pyramide aussieht. Zwei schnurgerade parallele Rillen, die tief in den gewachsenen Fels gehauen sind, springen mir ins Auge. Wann wurde diese Anlage wohl geschaffen, die die Archäologen »El Fuerte« (Die Starke) nennen?

Ich vermesse diese geheimnisvollen Rillen, die vom Fuß der Steinpyramide bis zum höchsten Punkt verlaufen. Achtunddreißig Zentimeter sind sie breit, siebenundzwanzig Meter lang. Auf der Spitze der Pyramide wurden Rondelle in den Stein geschlagen. Die Kreise haben an den Außenseiten seltsame Vertiefungen. Dreiecke und Rechtecke lösen einander ab.

Eines der Rondelle befindet sich auf der künstlich abgeflachten Bergspitze direkt am Ende der Rampe. Wurden hier einst vielleicht magische Riten zelebriert?

Die geheimnisvollen Kristallschädel spielten bei manchen Kulten eine wichtige Rolle. Manche Menschen behaupten, in Kristallschädeln Bilder gesehen und ein Grollen gehört zu haben, das aus den Schädeln hervordrang.

Ist das die Lösung des Rätsels von El Fuerte? War die komplexe Anlage ein Startplatz für Segelflugzeuge? Befanden sich Passagiere in den Maschinen? Oder wurden lediglich Opfergaben für die Götter emporbefördert? Vielleicht führten die Priester eines mysteriösen Kults, der heute in Vergessenheit geraten ist, den staunenden Gläubigen ein Spektakel vor, um ihre Überlegenheit zu demonstrieren? Vielleicht wurden aber auch die Körper von verstorbenen hohen Würdenträgern auf diese Weise in den Himmel katapultiert? Wir sind hier ganz und gar auf Spekulationen angewiesen.

Falls Segelflugzeuge von El Fuerte aus starteten, stellt sich die Frage, wo sie landeten. Stürzten sie irgendwo im Urwald ab? Es muss möglich sein, anhand der Länge der Startrampe zu berechnen, wo in etwa die Flugzeuge landeten. Dort sollte man archäologische Ausgrabungen vornehmen. Ein solcher Versuch wäre in jedem Fall lohnenswert, auch wenn der üppige Urwald Ausgrabungen sehr erschweren würde.

Weiterer Kultort

NASA-Ingenieur Josef Blumrich hat die Anlage von El Fuerte besucht, um sich selbst ein Bild davon zu machen. Zudem besorgte er sich Satellitenfotos. Auf diesen entdeckte er, dass sich 120 Kilometer westlich von El Fuerte ein weiterer Kultplatz befand, und zwar auf dem Gipfel des Cerro-Verde-Berges. Dessen Spitze wurde abgetragen und planiert, und es gibt in einer Höhe von 2500 Metern ein künstlich geschaffenes Plateau mit einer Ausdehnung von etwa 120 mal 150 Metern. Diese abgeflachte Bergkuppe von Cerro Verde könnte sehr wohl ein Ort sein, von dem aus man mit Gleitseglern abhob. Kann man sich wirklich einen Segelflug im Alten Südamerika vorstellen? Es mag absurd klingen. Doch einige Fakten sprechen dafür. So werden in der State Bank von Bogotà Miniaturmodelle von Flugzeugen in Gold gezeigt. Es handelt sich dabei um jahrhundertealte Grabbeigaben. Miniflugzeuge aus Kolumbien sind auch in der Dauerrausstellung »Die Wiederentdeckung des Goldes« im »Übersee-Museum« in Bremen zu bewundern.

Das Geheimnis der gläsernen Schädel

1927 entdeckte die 17-jährige Adoptivtochter des Expeditionsleiters Mitchell-Hedges in Lubaantun im ehemaligen Britisch Honduras beim Herumstöbern zwischen den Steinen eines Altars einen geheimnisvollen gläsernen Schädel. Er wog 5,3 Kilogramm, war 124 mm breit, 147 mm hoch und 197 mm lang. Zunächst fehlte der gläserne Unterkiefer, er wurde aber dann drei Monate später gefunden.

1954 schrieb Frederick Mitchell-Hedges in seiner Autobiografie *Danger, my Ally* (Gefahr, mein Verbündeter) erstmals ausführlich über den Fund: »Der Schädel ist mindestens 3600 Jahre alt, und der Legende nach wurde er von den Oberpriestern der Mayas bei rituellen Handlungen benutzt.«

Quarzkristall war bei den Maya sehr beliebt. Es wurde sowohl für die Herstellung von profanem Schmuck als auch von sakralen Gegenständen benutzt. In Gräbern Mexikos wurden immer wieder Grabbeigaben aus Kristall zutage gefördert, mitunter auch winzige Miniaturglasschädel.

Am 26. April 1950 wurde das geheimnisvolle Artefakt labortechnisch untersucht. Die wichtigsten Resultate lauten kurz gefasst: »Das Kunstobjekt ist mexikanischen Ursprungs und wurde vermutlich gegen Ende des 15. Jahrhunderts angefertigt.

Das Material stammt vermutlich aus Brasilien.« So ganz verlassen haben sich die Verantwortlichen des renommierten Museums auf diese Erkenntnisse nicht. So wurde ein Täfelchen an der Vitrine mit dem Schädel angebracht, mit der zunächst etwas vagen Information: »Schädel. Modelliert aus Kristall. Alter ungewiss.« Erklärend heißt es schließlich weiter: »Der Schädel stammt womöglich aus Mexiko. Während er dem Stil nach mixtekischen Arbeiten aus dem 15. Jahrhundert ähnelt, könnten einige der Linien, die Zähne darstellen, mit einem modernen Gerät herausgearbeitet worden sein. Das lässt sich schwer feststellen. Sollte aber diese Vermutung zutreffen, dann müsste er zu Zeiten nach der spanischen Eroberung gefertigt worden sein.«

Eigene Recherchen

Da mir diese Informationen nicht genügten, versuchte ich, im Museum vor Ort weitere Einzelheiten zu erfahren. Man erzählte mir, dass der Schädel, der so viele Interessierte wie kaum ein sonstiges Ausstellungsobjekt anzieht, in den 60er Jahren vorübergehend aus seiner Vitrine genommen worden war. Dr. A. E. Werner, Chef des hauseigenen Labors, wollte herausfinden, ob es sich um eine archäologische Kostbarkeit oder um eine Fälschung handelte. Leider wurden die Testergebnisse nie bekannt gegeben.

Da die Londoner Experten so verschwiegen waren, nahm ich Verbindung mit Ricardo Mercurio, einem in Caracas ansässigen Diamantenschleifer, auf. Er war ein Experte, der sich sowohl mit dem Schädel vom Londoner Museum als auch dem Fund von Lubaantun auseinander gesetzt hatte. Bei beiden Artefakten ist die rechte und die linke Gesichtshälfte spiegelartig identisch. Der Lubaantun-Schädel ist freilich viel differenzierter gestaltet. Es ist, als habe der Künstler besonderen Wert darauf gelegt, eine möglichst weitgehende anatomische Korrektheit zu erreichen.

Da Kristalle Energien aufnehmen, ist es durchaus möglich, dass kristallene Schädel eine Art Eigenleben führen. Je nachdem, in welchem Zustand der Mensch ist, der auf einen Kristallschädel trifft, wird er bestimmte Erfahrungen machen, die sein eigenes Inneres widerspiegeln können.

El Fuerte: Startrampe für vorgeschichtliche Segelflieger?

Der Mitchell-Hedges-Schädel, der angeblich in British Honduras unter einem Tempel gefunden wurde, soll rund 3600 Jahre alt sein. Das Besondere an ihm ist, dass er aus einem einzigen Bergkristall gefertigt und damit ein wahres Meisterwerk ist.

Beide Kristallschädel setzen die Existenz einer fortgeschritteneren geheimnisvollen Wissenschaft der Kristallglaskunde voraus, über die in Zentral- und Südamerika heute absolut nichts mehr bekannt ist. Wie es scheint, war dieses Wissen nur wenigen Eingeweihten zugänglich.

Ricardo Mercurio erklärte mir, dass Quarzkristall spiralförmig wächst. Dadurch entstehen in seinem Inneren bestimmte Achsen, die jedem Diamantschleifer vertraut sind. Eine falsche Bearbeitung gegen die Achse genügt, um das Werkstück irreparabel zu beschädigen. Bei durchsichtigem Bergkristall ist diese Achse nur durch starke Lupen oder Vergrößerung des polarisierten Lichts erkennbar.

Das heißt mit anderen Worten: Mit Hilfe fortschrittlicher Technik kann ein solcher Schädel von einem Fachmann hergestellt werden, wenn er immer in Richtung der Achsen im Kristall arbeitet. Dieser Ansicht widerspricht die Entdeckung des Restaurators Frank Dorland, der herausgefunden hat, dass der Kristallschädel von Lubaantun entgegen dieser Achse gearbeitet worden ist.

Seltsame Phänomene

Schätzungen ergaben, dass etwa sieben Millionen Arbeitsstunden investiert worden sein müssen, um dieses wunderbare Meisterwerk herzustellen. Wenn nun in Schichten mehrere einander ablösende Arbeiter 24 Stunden am Tag an dem Schädel gearbeitet haben, dann müssten sie immerhin 800 Jahre lang tätig gewesen sein. Geht man gar von einem Zwölfstundentag aus, dann verdoppelt das die erforderliche Arbeitszeit auf 1600 Jahre! So lange aber währten nicht einmal zusammengerechnet die Reiche der Inkas, Mayas und Azteken, wenn man der herkömmlichen Geschichtsschreibung folgen will.

Dorland ist der Meinung, dass der Schädel 12000 Jahre alt sein könnte oder aber erst innerhalb der letzten 500 Jahre angefertigt wurde. Dies ist eine Aussage, die nicht für Klarheit sorgt. Da Dorland unheimliche Bilder sah und Visionen erlebte, als er das mysteriöse Artefakt untersuchte, geht er davon aus, dass hier ungewöhnliche Phänomene im Spiel sind: »Ich würde sagen, der Schädel löst bestimmte Reflexe im Gehirn aus, so dass man sich einbildet, Gerüche oder Geräusche wahrzunehmen.«

Manchmal war der Schädel von einer Aura umgeben, und aus dem Nichts erklangen seltsame Töne. Dann tauchten in seinem Inneren Bilder eines Sarges auf, auf dem zwölf Schädel thronten.

Das Rätsel der ominösen Kristallschädel wartet noch auf seine Lösung. Doch diese Schädel zeigen, dass es vor Jahrhunderten oder gar Jahrtausenden einen Stand der Wissenschaft gab, über den wir heutige Menschen nur staunen können.

Elektrizität im Altertum

Elektrischer Strom muss auf die Völker der Antike wie Magie und Zauberei gewirkt haben. Er ließ sich schon vor Jahrtausenden mit Hilfe einer recht einfachen Vorrichtung erzeugen, ist also keine Erfindung der Neuzeit. Man musste lediglich eine offene Röhre aus Kupfer nehmen und einen Eisenkern hineinstellen. Eisen und Kupfer durften nicht direkt miteinander in Berührung kommen, doch das ließ sich einfach bewerkstelligen. Man nahm einen Tonkrug und kleidete den Boden mit einer Teerschicht aus. Anschließend stellte man die Kupferröhre hinein. In die Mitte platzierte man den Eisenkern. Goss man nun eine Säure in das Tongefäß, so entstand eine elektrische Spannung zwischen Kupfer und Eisen. Verband man schließlich

beide Elemente mit einem Metalldraht, floss elektrischer Strom.
Eine solche primitive elektrische Batterie wurde bei archäologischen Ausgrabungen östlich von Bagdad im Gebiet von Khiut Robboua entdeckt. Nach wissenschaftlicher Auswertung wurde sie etwa 250 v. Chr. hergestellt. Dr. W. Winton vom »Science Museum«, London, schrieb dazu in *Sumer*: »Man stelle sich ein dünnwandiges Kupfergefäß vor, etwa in der Größe einer größeren Taschenlampenbatterie, einen Eisenkern genau im Zentrum, getrennt, isoliert vom Kupfer durch eine Asphaltschicht. Wenn man nun diese Anordnung einem Physiker zeigt oder einem Elektriker, überhaupt jemandem, der sich nur etwas an den Physikunterricht in der Schule erinnert, wie wird seine Reaktion ausfallen? Würden die Objekte nicht eine Erinnerung wachrufen? Galvani? Man gebe etwas Säure in das Gefäß und wird elektrischen Strom bekommen. Mehrere solcher Zellen, miteinander verbunden, würden genug Strom erzeugen, um eine elektrische Klingel zu betreiben, eine Glühbirne leuchten zu lassen oder einen kleinen elektrischen Motor zu betreiben.«

Kultische Zeremonien

Bereits Ende der 60er Jahre machte mich der dänische Altertumsforscher und Wissenschaftspublizist Frede Melhedegaard auf den Fund von Bagdad aufmerksam. Daraufhin schrieb ich an die für archäologische Ausgrabungen im Irak zuständige Behörde und bekam am 1. Dezember 1972 offiziell bestätigt, dass man vor mehr als 2000 Jahren im Gebiet des heutigen Irak wusste, wie elektrischer Strom mit Hilfe einfacher Batterien hergestellt werden kann.
Dr. Winton glaubt, dass der Strom für kultische Zeremonien verwendet wurde, mit denen die Priester das Volk in Staunen versetzten. Deutliche Hinweise auf kultische Verwendung von elektrischem Licht finden sich in der Gruft unter dem ägyptischen Tempel von Dendera, 70 Kilometer nördlich von Luxor gelegen. Das Bauwerk ist der Göttin Hathor geweiht und galt bereits im Alten Reich, also gegen 2600 bis

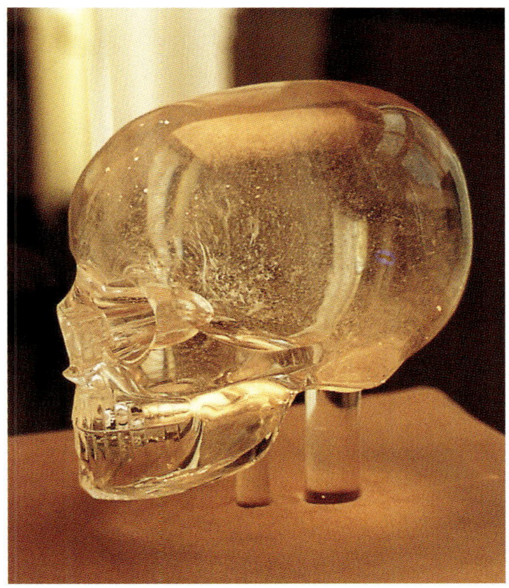

Wie alt ist der Mitchel-Hedges-Schädel wirklich, und wie wurde er gefertigt?

2200 v. Chr., als Wallfahrtsstätte. Wann der ursprüngliche Tempel gebaut wurde, ist umstritten. Fest steht, dass es sich bei dem heutigen Gebäude um ein »jüngeres« Bauwerk handelt.
Wissenschaftler des Alten Ägypten hinterließen an der Decke des Tempels ein farbenfreudiges Gemälde, das versteckte Hinweise auf vorgeschichtliche Daten enthält – und zwar 700 v. Chr. und 3733 v. Chr.

Altägyptische Glühbirne

Geheimnisvoller als die überirdischen Gemächer sind seltsame Grüfte unter dem Tempel von Dendera. In einer Gruft – sie ist nur 1,12 Meter breit und 4,60 Meter lang – zieren üppige Reliefs die Wände.

Die Bagdad-Batterie gehört zu den eindrucksvollsten Beweisen für den hohen technischen Entwicklungsstand unserer Vorfahren. Sie wurde zwischen 140 v. Chr. und 224 n. Chr. konstruiert und hat vermutlich der Stromerzeugung gedient.

Verblüffend sind Abbildungen von blasenförmigen Gebilden, die wie überdimensionale Glühbirnen aussehen. Diplomingenieur Walter Garn, Österreich, hat im Auftrag der Schriftsteller Reinhard Habeck und Peter Krassa, die beide bereits mehrere Sachbücher über die erstaunlichen Rätsel der Vergangenheit veröffentlicht haben, ein exaktes Modell nach den altägyptischen Darstellungen anfertigen lassen. Es entspricht einem etwa vierzig Zentimeter langen Glaskörper, dessen Durchmesser an der dicksten Stelle etwa zwölf Zentimeter beträgt. Die Enden sind mit Harz vergossen, in das eine Plattenelektrode auf der einen und eine Spitze an der anderen Seite eingelassen ist. Die Luft kann aus dem Glaskörper herausgepumpt werden. Wird dann zwischen Plattenelektrode und Spitze Stromspannung angelegt, leuchtet die altägyptische Glühbirne auf. Walter Garn erläutert, dass die Darstellung in der unterirdischen Kammer von Dendera ein präzises Modell einer funktionstüchtigen altertümlichen Glühbirne ist.

Hathor-Tempel/Dendera: Dieses Tempelfresko zeigt , dass bereits die Alten Ägypter Glühbirnen gekannt haben mussten.

Dass es schon im Alten Indien Embryoverpflanzungen gegeben haben soll, klingt reichlich phantastisch. Doch wenn man die indischen Heiligen Schriften eingehend studiert, findet man darin solche Operationen genauestens beschrieben.

Lange galten die Hieroglyphen von Dendera als unübersetzbar. Dr. Wolfgang Waitkus, ein Ägyptologe aus Hamburg, hat sie jedoch entziffert. Er stieß dabei auf Zaubersprüche, mit deren Hilfe der Schlangengott Harsomut heraufbeschworen werden soll. Nimmt man das nachgebaute Modell der ägyptischen Glühbirne in Betrieb, dann taucht zwischen den beiden Polen tatsächlich eine leuchtende Schlange auf.

Bereits 1983 kam Ägyptologieprofessor Dieter Kurth zur Überzeugung, dass in den unterirdischen Kammern von Dendera »rundplastische Figuren« aufbewahrt wurden. Waren es Glühbirnen?

Embryotransfer im Alten Indien

Embryoübertragungen, wie sie heutzutage möglich sind, setzen eine hoch entwickelte Medizintechnik voraus. Doch sie wurden bereits vor 2500 Jahren im Alten Indien vollzogen, wie alte Überlieferungen eindeutig offenbaren.

Dr. Wolfgang Lampeter entdeckte in den reichhaltigen altindischen Überlieferungen folgenden Sachverhalt. Die Götter, so heißt es, beschlossen, eine neue Religion entstehen zu lassen. Mahavira nahm zu diesem Zweck die Gestalt eines Embryos an. Zunächst wuchs er im Leib einer Meerjungfrau, dann sollte er in den einer irdischen Frau übertragen werden.

Ausgewählt wurde die schwangere Brahamanin Devanada. Gott Harinaigmesin nahm die Operation vor: »Er legte sie in tiefen Schlaf, aber ihre Augen waren offen. Er tat es ihr ohne Schmerzen, sie war im Zustand des Traumes.« Der Embryo wurde entnommen, Embryo Mahavira wurde eingepflanzt. Die Himmlischen waren aber mit dem Verlauf der Aktion nicht einverstanden. Die Brahamanin Devanada war nicht vornehm genug. Eine Königin musste es sein, die das neue Leben austrug. Also musste Harinaigmesin wieder aktiv werden. Er wählte die Königin Trishala aus, die ebenfalls schwanger war. Ihr Embryo wurde entnommen und durch den aus dem Leib der Devanada ersetzt. Die Überlieferung hält fest, dass Trishala 599 v. Chr. ein Kind gebar. Der Knabe wuchs heran und gründete später die Jaina-Religion.

Vorgeburtliches Leben

Dr. Lampeter nahm diese Überlieferung zum Anlass, sich intensiver mit der Frage auseinander zu setzen, ob denn derlei medizinische Eingriffe tatsächlich im Alten Indien möglich waren und auch durchgeführt wurden. Er vertiefte sich in altindisches Schrifttum und entdeckte eine Fülle von detailreichen Texten zum Thema Schwangerschaft und Geburt. So heißt es in der Schrift *Visnudharmottara*: »Im ersten Monat wird der Keim zum Knöllchen. Im dritten Monat entstehen Knochen und Hautglanz, im fünften Monat Körperbehaarung, im sechsten Monat dann das Denken des Lebendigen, im siebten Monat empfindet der Keim Missbehagen, im achten und neunten Monat schnellt er dann heftig auf.« Cornelia von Däniken weist auf einen weiteren Text hin, auf das vedische Epos *Grabha-Upanishad*: »24 Stunden nach der Befruchtung bildet sich ein Knöllchen, nach sieben Nächten wird es zur Blase.«

Tatsächlich war den Menschen des Alten Indien konkretes Wissen über die Details der frühesten Stadien menschlichen Lebens bekannt, das sich mit heutigen Erkenntnissen deckt.

Dazu ein Beispiel: Die Vorläufer der Eizellen sind die so genannten Primordialfollikel. Ihre Zahl wird in modernen Medizinlehrbüchern mit 400000 bis 1000000 angegeben. Im altindischen Text *Belehrung über des Menschen Dasein vor und nach der Geburt* heißt es: »In den Eierstöcken der Frau entstehen und vergehen 400000 bis 900000.« Gemeint sind eben diese Primordialfollikel, von denen man im aufgeklärten Europa noch vor wenigen Jahrhunderten keine Ahnung hatte.

Woher stammte das Wissen der Alten Inder? Dr. Lampeter geht davon aus, dass in Indien vor rund 2500 Jahren die medizinische Wissenschaft schon einen erstaunlichen Kenntnisstand erreicht hatte. Indische Wissenschaftler müssen bereits über exakteste Untersuchungsmethoden verfügt haben. Welches Instrumentarium haben sie dafür benützt? Darüber ist heute nur wenig bekannt. Wir wissen jedoch, dass Bergkristall zu besonders wirksamen Linsen geschliffen wurde. Der Marburger Indologe Prof. Wilhelm Rau berichtet, dass man in den Bächen des Pamir-Gebirges Bergkristalle gefunden hat, die durch das Wasser linsenförmig geschliffen worden waren. Bergkristalllinsen gehörten auch zu den Kostbarkeiten im Palast des assyrischen Königs Assurnasirpal II. (884–859 v. Chr.).

Dr. Lampeter ist davon überzeugt, dass man mit Hilfe solcher Linsen Embryonen studieren konnte. Diese Linsen reichten aber in keinem Falle dazu aus, etwa die Primordialfollikel als winzige Teilchen zu erkennen und so exakt zu zählen. Um zu der genauen Anzahl von zwischen 400000 und 900000 zu kommen, ist ein ausgezeichnetes Mikroskop erforderlich.

Privilegien einer Elite

Die medizinischen Kenntnisse der Alten Inder waren erstaunlich, aber ganz offensichtlich war dieses Wissen nur einem sehr kleinen Kreis von Experten bekannt.

Die künstliche Befruchtung zielte damals darauf ab, besonders hoch entwickelte Menschen zu erzeugen, die dann später eine bestimmte Aufgabe in der Gesellschaft zu übernehmen hatten.

Höchstwahrscheinlich kam dieses Wissen nur wenigen auserwählten Menschen der vornehmsten Schichten zugute. Dem einfachen Volk waren derlei Praktiken im Allgemeinen nicht bekannt.
Aus den altindischen Texten geht leider nicht hervor, ob die theoretisch beschriebenen Embryotransfers auch wirklich vollzogen wurden. Wäre dies tatsächlich der Fall gewesen, wäre das Alte Indien genauso weit entwickelt gewesen wie unsere moderne westliche Medizin, die so viel scheinbar Unmögliches heute doch möglich werden lässt.

Das Geheimnis der chinesischen Roboter

Während die Roboter ursprünglich dazu gedient hatten, den Menschen schwere Arbeiten abzunehmen, zielen die modernen Roboter darauf ab, dem Menschen gleich zu werden, ihn gewissermaßen nachzuahmen. Zum Teil ist das auch schon gelungen.

Roboter sind aus unserem modernen Leben nicht mehr wegzudenken. Noch vor hundert Jahren mussten die Menschen die meisten Arbeiten selbst erledigen. In den großen Fabriken wird heute ein Großteil der Arbeiten von Robotern übernommen. In den USA wird sogar an einem Superroboter, dem so genannten COG-Roboter gearbeitet, der der intelligenteste Roboter aller Zeiten ist und sogar menschliche Züge aufweist: Dieser Roboter lernt nämlich durch die Interaktion mit seiner Umwelt stets Neues dazu. Er besitzt also ein hohes Maß an Intelligenz.
Doch wie man vor nicht allzu langer Zeit entdeckt hat, existierten bereits vor fast 2000 Jahren Roboter. Sie waren die Spitzenprodukte einer uralten geheimnisvollen Wissenschaft, von der wir heute kaum noch etwas wissen.
Chu-ko Liang (181–234 n. Chr.), Premierminister im Staate Shu, ließ so genannte mu-niu und liu-ma bauen. Das waren Maschinen, die sich aus eigener Kraft bewegen konnten und dafür eingesetzt wurden, die Armee mit Nachschub zu versorgen. Der geniale Erfinder Chu-ko Liang entwickelte zwei Haupttypen. Der eine manövrierte nur zu Land: »mu-niu«. Der andere beförderte Waffen durch die Luft: »liu-ma«. Beide Maschinen arbeiteten als vollautomatische Roboter.

Einsatz in Kriegen

Hergestellt wurden diese Maschinen in einem abgelegenen Tal bei Ch'i Shan am Fluss Wei. In einer Art Fabrikanlage bekamen fachkundige Arbeiter präzise schriftliche Baupläne vorgelegt, die bis ins letzte Detail eingehalten werden mussten. General Ssu-ma Yi, der Hauptgegner des genialen Erfinders, ließ vier oder fünf der kriegsentscheidenden Roboter entführen, vollkommen demontieren und konnte in kürzester Zeit über ein eigenes Roboterheer mit eintausend Maschinen verfügen.
Chu-ko Liang verfasste ein umfassendes Werk über seine Erfindungen. Ein großer Teil der voluminösen Arbeit war den Robotern gewidmet. Leider ist der allergrößte Teil der umfangreichen Abhandlung, die 100000 Worte umfasst haben soll, verloren gegangen.
Auch wenn wir so gut wie keinen Hinweis auf die Konstruktion der chinesischen Roboter vorliegen haben, so enthalten doch bekannte historische Werke konkrete Angaben und Ausführungen über ihren Einsatz in zahlreichen Kriegen, so zum Beispiel das *San Kuo Chih*. Es wurde im 3. Jahrhundert n. Chr. von Ch'en Shou verfasst und 274 abgeschlossen. Eine Fortsetzung der offiziellen »Geschichte der drei Königreiche« wurde 428 n. Chr. von P'ei Sung-chih vollendet.

Roboter im Mittelalter

Im Mittelalter setzten sich die in die geheimnisvollen Wissenschaften eingeweihten Menschen mit altjüdischen Texten auseinander, die nur sehr wenigen Eingeweihten zugänglich waren. Die Texte kursierten in Handschriften. Albert von Bollstädt, bekannt unter seinem Pseudonym Albertus Magnus (1193–1280) dürfte einer der Wissenden gewesen sein. Professor Dr. Alfred Lehmann: »Er beschäftigte sich sehr wahrscheinlich zuerst mit den in jener Zeit allgemein gepflegten Wissenschaften Grammatik, Dialektik, Rhetorik und Logik. Zugleich aber erwarb er sich die mathematischen und naturwissenschaftlichen Kenntnisse, die ihm später den Namen eines ›Meisters in der schwarzen Kunst‹ verschafften. In Padua trat Albert in den kürzlich errichteten Dominikanerorden ein. Zunächst studierte er Theologie in Bologna, dann unterrichtete er in verschiedenen deutschen Städten als Lehrer an neu errichteten Dominikanerschulen. 1230 lehrte er als Professor an der Pariser Universität. Er hatte einen derart guten Ruf als Gelehrter, dass kein Saal in der Stadt seine zahlreichen Zuhörer zu fassen vermochte und er seine Vorlesungen unter freiem Himmel halten musste.«

Riskante Forschung

Albertus Magnus' Leben war stets eine riskante Gratwanderung zwischen wissenschaftlicher Arbeit und dem, was seine Gegner als »magische Teufelei« bezeichneten. Da er seiner Zeit weit voraus war, musste er sein Leben lang befürchten, dass er als Zauberer und Hexer vor Gericht gebracht werden würde. Einmal angeklagt, gab es so gut wie kein Entrinnen mehr, der Tod war dann fast sicher.

Zu den gefährlichen Forschungsarbeiten gehörten seine Überlegungen zur Erschaffung von künstlichen Lebewesen, von Robotern. In seinem offiziellen Lebenswerk, das aus 21 Foliobänden besteht und erst 1651 erscheinen durfte, finden wir konkrete Beschreibungen von »Automaten und ähnlichen Einrichtungen«. Kein Geringerer als Thomas von Aquin besuchte von Bollstädt einst in einer seiner geheimen Werkstätten. Dort traf er auf eine

Der Gelehrte Albertus Magnus soll die ersten Roboter des Mittelalters gebaut haben.

»schöne weibliche Gestalt«, die ihn mit freundlicher, menschlicher Stimme willkommen hieß. Um sich gegen die vermeintlich teuflische Versuchung zu erwehren, schlug Thomas von Aquin mehrmals mit einem Stock auf sie ein, »worauf die Figur unter Rasseln und eigentümlichen Lauten zusammenfiel«.

Was hatte der fromme Thomas, der später heilig gesprochen werden sollte, angerichtet? Er hatte einen Roboter des Mittelalters zerschlagen! Unbekannt ist allerdings, ob Albertus Magnus die Maschine selbst erfunden hatte oder ob er sie nach altjüdischen Texten, die in geheimen wissen-

Technische Experimente konnten im finsteren Mittelalter lebensgefährlich werden. Das zeigt das Beispiel von Albertus Magnus, der seine gewagten Versuche nur in völliger Abgeschiedenheit seines stillen Kämmerchens durchführte.

schaftlichen Bibliotheken aufbewahrt wurden, baute. Ebenso unbekannt ist, was aus seinen eigenen Apparaten und Geheimtexten wurde. Immerhin soll Gerbert von Aurillac (etwa 940–1003), bekannt als Papst Sylvester II., einen »sprechenden Kopf« besessen haben. Befinden sich solche alten Roboter vielleicht auch heute noch in den geheimen Schatzkammern des Vatikans? Das wäre nicht verwunderlich angesichts der dort liegenden Schätze.

Geheimnisvolle Karten des Mittelalters

Die unglaublich präzisen Karten des Piri Re'is führten zu ganz neuen Erkenntnissen innerhalb der Atlantis-Forschung. Auf ihnen sind Kontinente eingezeichnet, die heute nicht mehr existieren – war darunter auch das sagenumwobene Atlantis?

Über Atlantis wurden bereits viele Spekulationen angestellt. Doch bis heute weiß niemand genau, wo dieses sagenhafte Königreich nun wirklich gelegen hat. Neueste wissenschaftliche Erkenntnisse gehen davon aus, dass Atlantis unter der Antarktis begraben liegen könnte – und nicht im Atlantik oder Mittelmeer, wie zuvor vermutet worden war. Bei dieser neuen Theorie spielte unter anderem die Landkarte eines gewissen Piri Re'is aus dem Jahre 1512 eine große Rolle. Sie ist ein Beweis dafür, dass bereits vor Jahrhunderten die Kartografie auf einem Stand war, den man nicht als mittelalterlich bezeichnen kann.

355 v. Chr. verfasste Platon mehrere Dialoge, in denen er behauptet, von Priestern aus Ägypten Hinweise auf den versunkenen Kontinent Atlantis erhalten zu haben. Seither beflügelt dieses untergegangene Reich die Phantasie der Menschen.

1989 setzten sich die Buchautoren Thomas Riemer und Fritz Nestke mit der Atlantis-Problematik auseinander. Im Gegensatz zu vielen Forscherkollegen studierten sie Platons Originaltext, der in griechischer Sprache verfasst wurde. Dabei fanden sie Hinweise, die bislang unbeachtet geblieben waren und darauf hindeuteten, dass Atlantis in der Antarktis liegen könnte. So heißt es in Platons *Timaios*, dass, nachdem das einstige stolze Riesenreich versunken war, das Meer nicht mehr schiffbar war. Warum? Die Antwort im

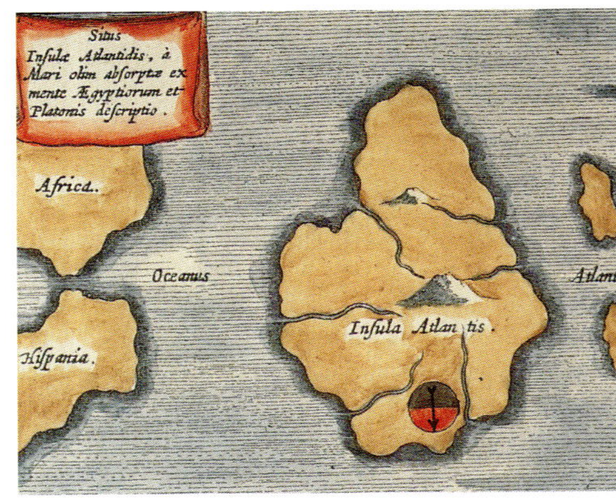

Lage der Insel Atlantis nach dem Glauben der Ägypter und der Beschreibung Platons.

Originalgriechisch lässt zwei Übersetzungsvarianten zu. Variante 1: »Wegen der ungeheueren Schlammmassen.« Variante 2: »Wegen des gefrorenen Meeres.«

Intensive Studien

Nestke und Riemer vertieften sich noch weiter in den Originaltext Platons und fanden immer wieder Hinweise auf Wasser, das gefror, nachdem Atlantis verschwunden war. Da heißt es: »Damals noch begehbar, rückte vor das gefrorene Meer.« Wie ist dieser Satz zu verstehen? Etwa so, dass ein einstmals am Meer gelegenes Land vereiste, von einer Eisschicht überzogen wurde, die sich zu Packeis verdichtete? Wurde dann nicht auch das Meer begehbar? Die beiden Forscher fanden 1996 Unterstützung, als die Bibliothekare Rand und Rose Flem-Ath aus Kanada nach intensiver Forschung ebenfalls zu dem Ergebnis kamen, dass Atlantis in der Antarktis lag. Ihre aufschlussreichen Ergebnisse haben sie in dem Buch *Atlantis – Der versunkene Kontinent unter ewigem Eis* veröffentlicht, das für Schlagzeilen sorgte.

Belege für diese zunächst so revolutionär klingende These liefert der Kartograf Athanasius Kircher. 1665 veröffentlichte er eine Karte, die seinen Angaben zufolge einst von römischen Truppen aus Ägypten entwendet worden war. Diese Karte zeigt die »Lage der Insel Atlantis, die einst vom Meer verschlungen wurde nach dem Glauben der Ägypter und der Beschreibung Platons«. Viele Forscher hatten das Kartenwerk als irrelevant abgetan. Doch die leidenschaftlichen Atlantis-Forscher Rand und Rose Flem-Ath wiesen nach, dass – betrachtet man die Karte in der von Kircher ursprünglich vorgesehenen Weise – Atlantis in geradezu erstaunlicher Weise den Umrissen der Antarktis entspricht.

Platons Text kann ein recht konkretes Datum entnommen werden, was die Atlantis-Katastrophe betrifft. Demnach ging das riesige Reich anno 8500 v. Chr. unter. Damals kam es tatsächlich zu unglaublichen Temperaturstürzen und setzte ganz plötzlich eine grausame Kälteperiode ein. Versank damals Atlantis unter dem ewigen Eis der Antarktis?

Eine ungewöhnliche Landkarte

Oronteus Finaeus galt mit Recht als einer der besten Kartografen des ausgehenden Mittelalters. Es existiert von ihm eine interessante Karte aus dem Jahre 1531. Auf ihr sind in Antarktika Berge und Flüsse eingezeichnet, was vermuten lässt, dass dieser Kontinent in der eisfreien Periode von Menschen besucht und eventuell sogar besiedelt worden war. Da das Meer meist zugefroren war, wurde Antarktika erst im Jahre 1820 entdeckt.

Nach seiner Erstentdeckung geriet das ungewöhnliche Kartenwerk des Piri Re'is wieder in Vergessenheit. Erst 1956 fiel M. J. Walters vom »Amt für Hydrographie« der US-Marine ein Druck eines Kartenfragments in die Hände. Erstaunt stellte Walters fest, dass auf der Karte die Antarktis eingezeichnet war. Charles Hapgood studierte die Karte gemeinsam mit seinen Studenten und entdeckte Sensationelles: Piri Re'is hatte sein Kartenwerk teilweise mit Hilfe eines Geheimsystems verschlüsselt. Hapgood rekonstruierte ein Lesegitter. Wandte man es an, erwies sich die un-

Durch Platons Beschreibung des wunderbaren Reiches von Atlantis wurde bei vielen Menschen die Sehnsucht geweckt herauszufinden, wo sich dieses herrliche Land befand, in dem es den Menschen an nichts mangelte. Doch bis heute ist das noch nicht zweifelsfrei gelungen.

Der Abenteurer Piri Re'is

► Piri Re'is' Leben bietet die ideale Vorlage für einen historischen Abenteurerfilm. Er wuchs bei Piraten auf, erbeutete als kriegerischer Seemann Vermögen für seinen Herrn, verfasste ein Standardwerk über die Seefahrt und wurde schließlich im Alter von 84 Jahren auf Betreiben eines infamen Intriganten hingerichtet.

Als junger Mann fuhr Piri Re'is (etwa 1447–1531) mit seinem Onkel Kemal, einem gefürchteten Piraten, zur See. 1511 ertrank der Seeräuber. Sein Neffe beschloss, selbst Seefahrer zu werden. Unter den Herrschern Yavus Selim (1512–1520) und Suleiman I. (1520–1566) stieg er rasch zum Admiral auf. Er bildete sich autodidaktisch zu einer Art Universalgenie aus. Fremdsprachen erlernte er mit spielerischer Leichtigkeit. Bald beherrschte er fließend Griechisch, Portugiesisch, Italienisch und Spanisch. Militärstrategisch erreichte er unglaubliche Erfolge. So erbeutete er beispielsweise 1531 traumhafte Reichtümer. Bei seiner Rückkehr in die Heimat prangerte ihn jedoch ein neidischer Intrigant völlig zu Unrecht als »Verschwender von Staatsgeldern« an. Dies war das Endes von Piri Re'is. Auf diese Anklage hin wurde er rasch enthauptet.

Die Gestalt des Piri Re'is ist heftig umstritten. War er nur ein draufgängerischer Abenteurer mit überragenden navigatorischen Kenntnissen – oder war er in esoterische Geheimnisse eingeweiht, von denen andere nichts wussten?

glaubliche Präzision von Piri Re'is' Karte. Piri Re'is muss Einblicke in geheimnisvolle Wissenschaften gehabt haben, da er zu Erkenntnissen gelangte, die bis heute nicht erklärt werden können und moderne Wissenschaftler in Erstaunen versetzen. Piri Re'is demonstrierte ein Wissen, das seiner Zeit weit voraus war. Wer waren seine Lehrmeister?

1528 fertigte er eine Karte an, von der heute nur noch ein Bruchstück erhalten ist. Peter Hertel und Gisela Klügel-Hertel kommentieren dieses Meisterwerk mit den nüchternen Worten: »Das Fragment der Nordamerika-Karte umfasst ein Gebiet von 10 Grad nördlicher Breite bis zum Polarkreis und von 25 bis 90 Grad westlicher Länge. Im Nordosten beginnt die Darstellung mit der Küste Grönlands und erstreckt sich südlich bis über die Azoren hinaus. Von Grönland in Richtung Südwesten fallen zunächst zwei große Küsten ins Auge. Die erste nennt Piri Re'is ›Balako‹. Es handelt sich um die Küste von der Halbinsel Labrador. Weiter in Richtung Südwesten, offensichtlich handelt es sich um die Küste Neufundlands, schreibt Re'is: ›Die Skizzierung stellt ein weiteres Küstengebiet dar.‹ Im Südwesten des Kartenfragments sehen wir Florida, ebenso Yucatan. Besonders bemerkenswert ist die für unser Auge richtige Darstellung der Inseln Kuba und Haiti. Die Bahamas und die Antillen sind ebenfalls eingezeichnet. An der Nordküste Venezuelas sind eine Reihe Namen eingetragen.«

Erstaunliches Wissen

Es ist in der Tat ein Phänomen: Piri Re'is kann Grönland ebenso wenig wie Neufundland, die Halbinsel Florida, Kuba, Haiti, Yucatan und Venezuela gekannt haben. Und dennoch trug er sie völlig korrekt in sein Kartenwerk ein. Wie genau die mittelalterlichen Karten des Piri Re'is sind, verdeutlichte der Kartograf Mallery: »Der türkische Seemann Piri Re'is hat in seiner Karte Berge aus dem Norden Kana-

Oronteus Finaeus und Piri Re'is

Geboren 1494 in Dauphiné, Studium der Mathematik in Paris, Entwicklung exakter Geräte zur Landvermessung. 1519: Zeichnung einer Weltkarte. Nachdruck des Werks anno 1531 und 1534. 1555: Tod des völlig verarmten Kartografen. Zahlreiche seiner Werke gingen verloren. Heute gibt es noch ein einziges Exemplar der Weltkarte.

1956 untersuchte der amerikanische Professor und Kartograf Charles H. Hapgood die Weltkarte des Oronteus Finaeus in der »Library of Congress«. Das verblüffende Resultat des Wissenschaftlers: Die Karte zeigt den korrekten Umriss der Antarktis – 250 Jahre vor der Entdeckung des Kontinents! Hapgood fand keinerlei Hinweise darauf, woher der mittelalterliche Kartograf sein eigentlich doch unmögliches Wissen bezog. Charles Hapgood war es auch, der die Karte des Piri Re'is entschlüsselte und zeigte, dass sie der Beweis für die höchst geheimnisvolle Wissenschaft des Mittelalters ist. Das Kartenwerk des Piri Re'is wurde bereits 1929 von Adolf Deissmann entdeckt. Er hatte den Auftrag, im legendären Topkapi-Palast das Archiv zu durchstöbern. Sollte es da noch bislang unentdeckte Karten aus dem Mittelalter geben? Deissmann schenkte freilich den Karten Piri-Re'is' keine Aufmerksamkeit. Die Zeit war damals noch nicht reif für diese sensationelle Entdeckung.

das völlig korrekt eingetragen, die man auf Armeekarten der 50er Jahre des 20. Jahrhunderts vergeblich sucht.« Doch damit nicht genug: Bereits 1513 leistete Piri

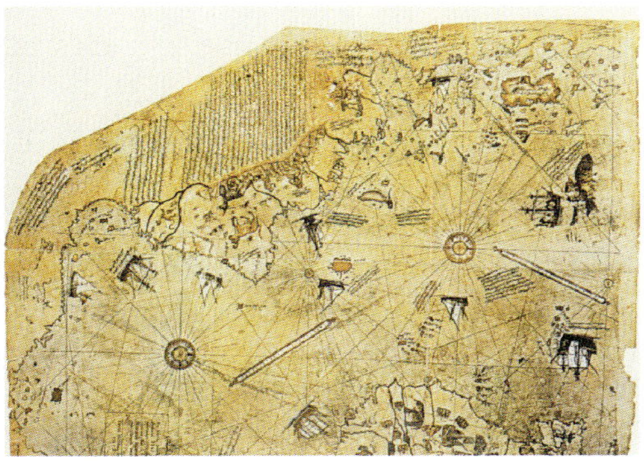

Der Küstenverlauf der Antarktis vor der Vereisung ist von Piri Re'is exakt kartografiert worden.

Re'is das eigentlich Unmögliche. Howard Z. Obermeyer, Kommandant der US-Airforce: »Die Küstenlinien müssen (von Piri Re'is) kartografiert worden sein, bevor die Antarktis mit Eis bedeckt war. Das Eis in diesem Gebiet ist heute etwa eine Meile dick. Wir haben nicht die geringste Ahnung, wie die Daten auf dieser Karte mit dem geografischen Wissen von 1513 vereinbart werden können.«

Re'is kritzelte zahlreiche Randbemerkungen auf seine Karte. Bei der Antarktis heißt es, diese Region sei »sehr heiß«. Gerhard Gadow nimmt dies als Beweis für die absurde Welt des Piri Re'is. Tatsächlich ist aber genau dieser knappe Satz ein Beweis für sein erstaunlich korrektes Wissen. Denn als die Antarktis eisfrei war, ist sie völlig korrekt in die Karte eingezeichnet. Damals muss in dieser heute eiskalten Region ein anderes Klima geherrscht haben: Es mögen dort auch, wie Piri Re'is anmerkt, Schlangen gehaust haben.

Piri Re'is verfügte über eine Fülle von Informationen, die er in seine Karten integrierte, die erstaunlich präzise und korrekt waren. Er ist damit ein Zeuge für die geheimnisvolle Wissenschaft des Mittelalters, die einen Standard erreicht haben musste, der weit höher lag, als wir heute gemeinhin annehmen.

Die revolutionären Theorien von Charles Hapgood waren ein Meilenstein in der Atlantis-Forschung. Seine Theorie von der Verschiebung der Erdkruste warf ein ganz neues Licht auf die Ursachen des Untergang von Atlantis. Vielleicht führte tatsächlich eine geologische Katastrophe dazu.

Die Theorie der Erdkrustenverschiebung

► Charles Hapgood ging davon aus, dass Atlantis, wie zahlreiche andere frühe Hochkulturen, gewaltigen Naturkatastrophen zum Opfer fielen. Ausgelöst worden ist das Ende ganzer Völker seiner Meinung nach durch eine plötzliche Verschiebung der Erdkruste. Kein Geringerer als Albert Einstein befürwortete Professor Hapgoods Theorie: »Ich finde Ihre Argumente sehr beeindruckend und habe den Eindruck, dass Ihre Hypothese richtig ist. Es gibt kaum einen Zweifel, dass wiederholt und innerhalb kurzer Zeit bedeutende Verschiebungen der Erdkruste stattgefunden haben.« Einstein verfasste auch das Vorwort zu Hapgoods Buch *Shifting Crust*.

Nach Hapgood fand die bisher letzte derartige Verschiebung der Erdkruste vor 11600 Jahren statt. Die Schlingerbewegung bei der Erdrotation um die eigene Achse führt dazu, dass sich die magnetischen Pole umkehren. Eine solche Polumkehrung findet etwa alle 500000 Jahre statt. Zur letzten Polumkehrung kam es vor 780000 Jahren. Wenn also Hapgoods Theorie stimmt, könnte es bald wieder zu einer ähnlichen Katastrophe kommen, die damals den Untergang von Atlantis verursachte. Bislang wird dieser gewagten These und ihren möglichen Folgen innerhalb der modernen Wissenschaft jedoch noch nicht genügend Rechnung getragen.

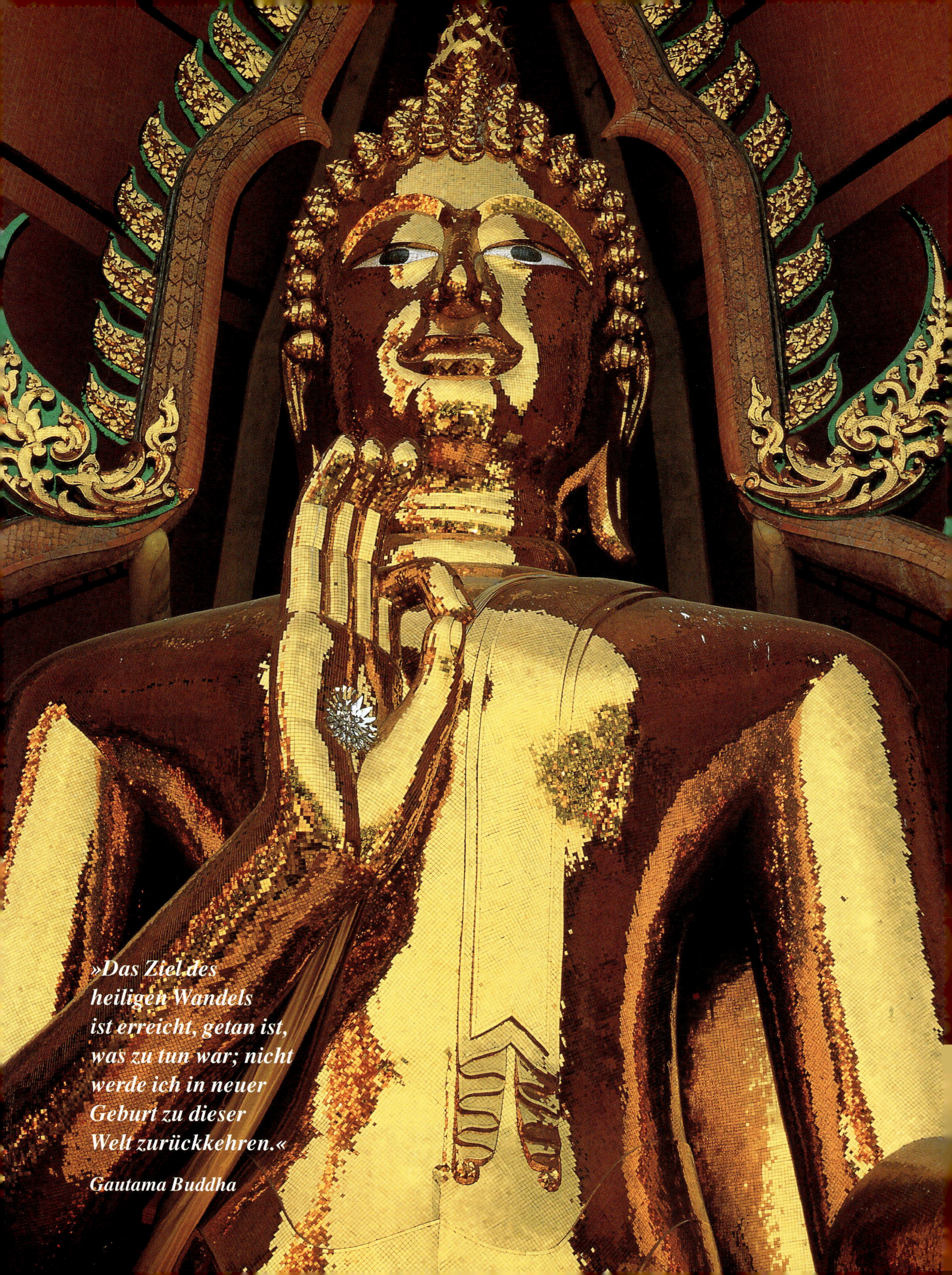

»Das Ziel des heiligen Wandels ist erreicht, getan ist, was zu tun war; nicht werde ich in neuer Geburt zu dieser Welt zurückkehren.«

Gautama Buddha

Das Geheimnis vom Leben nach dem Tode

Gibt es ein Leben nach dem Tode? Für viele alte Kulturen war das keine Frage – die vielen Grabbeigaben sprechen dabei für sich. Doch die Jenseitsvorstellungen der unterschiedlichen Völker sind sehr verschieden, wie die jeweiligen Kosmologien zeigen.

Je mehr in unserer hypermodernen Gesellschaft, die den Fortschritt und die Technik verherrlicht, der Tod tabuisiert wird und ewige Jugend und ewiges Leben das gesellschaftliche Ideal sind, desto mehr erwacht – sozusagen als Gegenreaktion – bei vielen Menschen auch wieder verstärkt das Interesse an dem, was sie eigentlich nach dem Tode erwartet. Und mehr und mehr werden auch die unteschiedlichsten Anschauungen darüber akzeptiert.

Vom Glauben an ein Weiterleben

In den zwanziger Jahren unseres Jahrhunderts gruben Archäologen im Gebiet des heutigen Irak die uralten Gräber der Stadt Ur aus. Als sie die letzte Ruhestätte von Königin Shubad öffneten, entdeckten sie unzählige Leichen. Die Regentin war vor 4500 Jahren von 68 Frauen ihres Hofstaats und zahlreichen Soldaten ihrer Leibwache in den Tod begleitet worden. Dies war offensichtlich freiwillig geschehen, da man keine Spuren von Gewalteinwirkung fand. Vermutlich waren Narkotika oder ein tödliches Gift verwendet worden.

Archäologieprofessor Hans Schindler-Bellamy: »Das Massenopfer ist ein Beleg dafür, dass die Menschen vor viereinhalb Jahrtausenden von einem Leben nach dem Tode überzeugt waren. Die Herrscherin musste im Jenseits von Soldaten bewacht und von ihren treuen Dienerinnen umsorgt werden. Ähnliche religiöse Überzeugungen prägten später auch das Leben der Inkas in Südamerika.«

Unterschiedliche Jenseitsvorstellungen

Die Inkas verehrten ihre Herrscher als Götter. Ihre sterblichen Hüllen wurden einbalsamiert und in rauschenden Festen verabschiedet. Dies würde den Edlen helfen, in eine andere Welt überzuwechseln. Damit es ihnen dort an nichts fehlte, gab man ihnen ihr Gefolge und ihre Lieblingsfrauen mit.

Das Leben der Azteken war von ganz ähnlichen Jenseitsvorstellungen geprägt. Genauso wirklich wie das irdische Leben stellte man sich die Existenz nach dem Tode vor. In das paradiesische »Reich der Sonne am Himmel« gelangten die im Kampf getöteten Krieger, die in heiligen Ritualen Geopferten und die im Kindbett ums Leben gekommenen Frauen. In einer anderen nachirdischen Welt erwartete der Gott Tlaloc die Verstorbenen. Wer auf Erden etwa ertrank, durfte danach irgendwo auf fernen Bergen über den Wolken weiterleben. Höchst unerfreulich sah freilich die Zukunft für alle übrigen Menschen aus. Ihnen war der Weg in das Unterweltreich Mictlan beschieden.

Die Vorstellung von verschiedenen Totenreichen war auch bei den Germanen weit

Entsprechend der Vorstellung, was die Menschen nach ihrem Tode erwarten würde, waren auch die Rituale, die nach dem Ableben eines Menschen vollzogen wurden. Sie alle dienten dazu, dem Verstorbenen den Übergang in eine andere Dimension zu erleichtern.

verbreitet. Walhall etwa, die »Halle der Gefallenen«, war den mutigen Kriegern vorbehalten. Dieser Aufenthaltsort, auch »Gladsheim« genannt, war zugleich auch Versammlungsort der Götter, die unter dem mächtigen Dach aus Speerschäften und Schilden ihre wertvollen Throne errichtet hatten.

Jahrtausendelang war das religiöse Leben bei den Alten Ägyptern vom Glauben an ein Weiterleben nach dem Tode bestimmt.

Der irdische Tod ist nur eine Station im ewigen Lebenskreislauf der Seele: Leichenverbrennung in Benares/Indien.

Das Tibetanische Totenbuch gehört mit zu den bekanntesten Abhandlungen über das Leben nach dem Tod. In ihm ist genau beschrieben, was den Menschen nach seinem Tod erwartet und wie er durch die niederen Sphären in die höheren Gefilde gelangen kann.

Auf grausige Menschenopfer verzichtete man jedoch. Zu reichen Grabbeigaben gehörten aber naturgetreue, schön bemalte Figürchen. Sie sollten in der Welt des Jenseits den Herrschern und edlen Fürsten dienen. Das Jenseits der Ägypter war keine feingeistige Welt, sondern ein höchst handfester greifbarer Raum. Ganz oben im Jenseits hatte die Sonne ihren Sitz. Ganz unten hausten grässliche Krokodile und mörderische Nilpferde. In der finsteren Seite der jenseitigen Welt regiert Seth, der Fürst der Finsternis.

Bei den Menschen von Ur, aber auch bei den Inkas galt: Ein menschenwürdiges Leben im Jenseits dürfen nur die Vornehmsten der Vornehmen erwarten. Im Laufe der Geschichte Ägyptens vollzog sich aber ein Wandel. Schließlich wurde jedem Sterblichen eine ewige Seele zugebilligt, die nach dem Tod die letzte Reise vor den Thron von Osiris antreten musste. Dort warteten 42 Richter, die jede Seele aburteilen würden. Das Herz eines jeden Toten wurde, wie die Ägypter glaubten, auf die »Waage der Gerechtigkeit« gelegt. Diese bestimmte sein weiteres Schicksal.

Himmel und Hölle

Dieses Bild vom Weiterleben der Seele findet sich auch in der persischen Religion des Zarathustra. Am vierten Tage nach dem Tode stand jeder Seele eine Bewährungsprobe bevor. Es galt, eine Brücke in die andere Welt zu überschreiten. Rechtschaffene Menschen konnten sie problemlos überwinden. Ein liebreizendes junges Mädchen erwartete sie auf der anderen Seite – eine Art Personifizierung der guten Taten des Menschen, die er in seinem zurückliegenden Erdendasein vollbracht hat.

Menschen, die sich viel zuschulden hatten kommen lassen, konnten die entscheidende Brücke nicht überqueren. Versuchten sie es trotzdem, so öffnete sie sich in der Mitte, und die sündige Seele stürzte in einen Höllenschlund. Sie war für immer verloren. Ganz Ähnliches lehrt auch der Koran, das heilige Buch des Islam. Wer hienieden auf Erden ein gottgefälliges Leben führt, der wird ein herrliches Paradies vorfinden, wenn er sein physisches Leben erst einmal beendet hat. Die Guten, von Allah Auserwählten können ihre müden Glieder auf kostbaren Diwans ausruhen, sich an herrlichsten Speisen laben, und sie werden von liebreizenden Jungfrauen, dunkeläugigen Houris, umsorgt.

Auch die Sünder werden nach Überzeugung des Islam-Gläubigen nach dem Tode weiterleben. Sie müssen jedoch für eine unvorstellbar lange Zeit in einer fürchterlichen Höllenwelt dahinsiechen.
Im Alten Griechenland gab es nicht die schlechthin gültige Doktrin vom Leben nach dem Tode. Weit verbreitet war der Glaube an eine Reise in die Unterwelt, den so genannten Hades. Dort vegetierten die Seelen der Verstorbenen eher schlecht als recht dahin. Dieses Reich des Gottes Hades darf aber nicht mit der jüdisch-christlichen Hölle gleichgesetzt werden. Nach der Glaubenswelt der Griechen gab es noch Tartaros, eine Art Hölle, und die elysischen Gefilde. Dort lebten nur die besten, edelsten Menschen in ewig währendem Frühling. Die Anhänger der Orpheus-Sekte sahen das Jenseits als eine reale Welt an, in der die Toten lebten. Ihrer Überzeugung nach bestand die theoretische Möglichkeit, aus jener jenseitigen Welt ins irdische Leben zurückzukehren.

Verhältnis Leib und Seele

Schon im Alten Griechenland entstand, etwa von Pythagoras gelehrt, der Glaube von der Seelenwanderung. Nach dem physischen Tod löste sich die Seele vom Leib und war gezwungen, in einem neuen Körper auf die Erde zurückzukehren. Im Hinduismus, etwa in Indien, gilt ebenfalls das Prinzip der Wiedergeburt. Jede Seele durchläuft zahlreiche Wiedergeburten auf Erden – mit dem Ziel freilich, dereinst mit dem Göttlichen eins zu werden. Aber auch der Hinduismus kennt so etwas wie Höllenwelten, eiskalte oder siedend heiße Gefilde einerseits und himmlische Sphären

Im Gegensatz zum Christentum existiert in den meisten anderen Religionen der Glaube an die Wiedergeburt. Demnach kehrt die Seele so lange auf die Erde zurück, bis sie geläutert ist. Erst dann kann sie wieder zu ihrem göttlichen Ursprung zurückkehren.

Grausame Riten

► Die christliche Vorstellung vom Leben nach dem Tode ist stark von altjüdischen Glaubenswelten bestimmt. Hölle und Paradies galten im Alten Israel keineswegs als symbolhafte Begriffe, sondern als höchst real existierende geografische Orte auf unserer Erde. Der Begriff der Hölle leitet sich vom biblischen »Gehenna« ab. Ursprünglich war das die Bezeichnung eines im Südwesten von Jerusalem gelegenen Tales. In jenem Ge-Henna-Tal, das einst Ge-Hinnom hieß, wurden vor Jahrtausenden Menschenopfer dargebracht. Sie sollten den Gott Baal alias Moloch gewogen machen. Die bedauernswerten Geschöpfe wurden in speziell entwickelten Öfen bei lebendigem Leibe verbrannt. Wie viele Opfer auf diese schreckliche Weise dargebracht wurden, das kann heute nicht einmal mehr geschätzt werden. Bei Ausgrabungen im heutigen Tunis wurde ein Baal geweihter Kultplatz entdeckt. Dabei fand man 6000 Urnen mit den verkohlten Überresten von geopferten Kindern.
In die Hölle, She'ol genannt, kamen nach altjüdischer Überzeugung die Menschen, die kein gottgefälliges Leben geführt hatten. Sie wurde als eine unterirdische Höhle angesehen, wo die »bösen Seelen« in vollkommener Dunkelheit ein jämmerliches Dasein fristen müssen.
Die Welten des Diesseits und des Jenseits sind in der altjüdischen Glaubenslehre, aus der sich das Christentum entwickelte, fest verankert. Sie existieren sozusagen nebeneinander her. Es besteht zumindest theoretisch die Möglichkeit, zwischen beiden Reichen hin und her zu reisen. Nach dem Buch Hiob verkehren Gott und Teufel nahezu auf kollegiale Weise miteinander.

Einen Glauben, der die Wiedergeburt mit einschließt, kann man als eine Art kosmischen Glauben betrachten. Denn da alles miteinander verbunden und in Wirklichkeit nichts voneinander getrennt ist, kann auch nichts verloren gehen – so auch nicht die Seele.

der Glückseligkeit andererseits. Zwischen zwei Wiedergeburten waren diese Welten der Aufenthaltsort der Seelen.

Homers *Ilias* und *Odyssee* zeichnen folgendes Bild von der Welt nach dem Tode. Die Seelen der Verstorbenen gehen in ein Schattenreich ein, in die »Gefilde der Lethe«. So erfreulich ist der Aufenthalt in dieser anderen Welt nicht, zumindest nicht aus der Sicht des Menschen unserer Tage. Denn jeder einzelne Mensch verliert im »Haus der Lethe« seine Individualität, sofern er nicht in die Geheimnisse des Jenseits eingeweiht ist.

Nach seinem Tode findet sich der Verstorbene am Tor zum Jenseits. Peinigender Durst quält ihn. Da ist es mehr als verlockend, aus der munter plätschernden Quelle der Lethe zu trinken. Die meisten tun dies auch gierig – und verlieren damit jegliche Erinnerung.

Der Eingeweihte freilich weiß sich zu beherrschen und verschmäht diesen verlockenden Trunk. Er weiß, dass es eine zweite Quelle gibt, die allerdings versteckt und nur schwer zu finden ist. Sie hat ihren Ursprung im Teich des Mnemosyne und ist die Nebengöttin der Großen Mutter. Trinkt man von ihrem Wasser, so werden nur die hässlichen, schmerzhaften Erinnerungen ausgetilgt.

In dieses bessere Jenseits gelangt nicht jeder Verstorbene, sondern nur, wer sich dank eines Goldplättchens mit geheimen Inschriften als »Sohn der Erde und des Himmels, wie die Götter selbst« ausweisen kann. Glücklich ist, wer dieses Privileg genießt. Sterben bedeutet dann nicht Versinken im Vergessen und Eingehen in ein erinnerungsloses Nichts. Tod ist dann Erlösung von bedrückenden negativen Erfahrungen und der Übergang in ein neues Leben. Es ist sogar die Rückkehr auf die Erde, in die Welt der Lebenden möglich.

Lebendes Energiefeld

Dr. Friedrich W. Doucet setzte sich intensiv mit den ältesten Jenseitsvorstellungen

Die Seele muss die sechs Stufen der Wiedergeburt durchlaufen, bevor sie in die Weltseele eingeht.

auseinander. Er entdeckte erstaunliche Parallelen zwischen den Jenseitsmodellen des Pythagoras und der Alten Inder. Was vordergründig primitiv-naiv anmuten mag, wird als bildliche Umschreibung eines höchst modernen Verständnisses erkennbar. Dr. Friedrich W. Doucet: »Die Welt ist eine Einheit, eine Ganzheit des Lebens, die Kosmos, Mensch und Erde umfasst. Das Seelische ist eine Art Energiefeld, das alles durchdringt und belebt, die tote Materie ebenso wie Pflanze, Tier und Mensch. Demnach bilden auch Körper und Seele des Menschen als Organismus eine Einheit, die als Teil mit dem Ganzen verbunden ist – durch unsichtbare oder übersinnliche Kanäle. Gestaltet, geformt und gesteuert wird dieses Ganze, die Welt, von einer kosmischen Allbewusstheit, die alles verbindet und an der alles Anteil hat. Die materielle Welt in diesem Ganzen, dem Universum, ist nur eine sichtbare Erscheinung kosmisch gestalteter Form und formgestalteter Energie.«

Je komplexer die Glaubenswelt vom Jenseits in bildhaften Darstellungen gezeichnet wird, desto deutlicher wird die Vorstellung von der Wiedergeburt eingebaut: Alles Leben ist Energie. Jeder Mensch ist Teil dieser Energie. Stirbt etwa ein Mensch, dann kehrt er im Idealfall wieder zu diesem Ursprung zurück.

Atman und Brahman

Diese Erkenntnis soll auch dem Königssohn Siddharta, dem Gründer des Buddhismus, in einem Traum offenbart worden sein. Das macht eine Aussage Siddhartas mehr als deutlich: »Ich sah, als ich eines Tages meditierend im Schatten eines Feigenbaumes saß, mit himmlischer, klarer, übermenschlicher Einsicht, wie die lebenden Wesen vergehen und wieder entstehen. Ich wurde mir der Erlösung bewusst und erkannte, dass der Kreislauf der Geburten sich für mich erschöpft hatte.«

Atman ist die persönliche Seele eines jeden menschlichen Wesens nach der indischen Weltsicht. Atman strebt zum Brahman, zur Weltseele. Leben ist ein ständiger Kreislauf: Das Individuum stirbt, wird wiedergeboren. Die ewige Seele des Einzelnen bleibt am Leben, auch wenn der einzelne Mensch stirbt. Die Seele sucht sich dann einen neuen Körper, wählt eine neue Reinkarnation.

Für den gläubigen Inder ist es klar, dass es nach dem physischen Leben auf Erden ein ebenso reales Jenseits, also ein Leben nach dem Tode, gibt. Die vedische Literatur sagt klar aus, dass Atman und Brahman das eigentlich Wahre sind. Was wir Westeuropäer für wirklich halten, das ist für den Inder nur Maya, bloßer Schein.

Prof. Hans Schindler-Bellamy meint dazu: »Man muss also konstatieren, dass es in allen großen Religionen den festen Glauben an ein Leben nach dem Tode gibt! Die Vorstellungswelten alter Weltkulturen haben ein entscheidendes gemeinsames Merkmal. Die Toten leben in einer anderen Welt weiter. Sie haben letztlich stets die Möglichkeit, aus ihrer jenseitigen Welt in unsere diesseitige Welt vorzudringen. Diese Überzeugung reicht bis in unsere Tage hinein. Der Brauch, Gräber mit schweren Steinen abzudecken, ist ein deutlicher Hinweis auf diese Überzeugung. Es sollte auf diese Weise verhindert werden, dass Jenseitige, im Jenseits lebende Tote in die Welt der Lebenden zurückkehren. Im ausgehenden 19. Jahrhundert wurden wissenschaftliche Versuche unternommen, Kontakt mit diesen Jenseitigen aufzunehmen. Man hielt – auch in Kreisen der Wissenschaft – ein Wiederauftauchen von Totengeistern in unserer Welt des Diesseits für möglich.«

Hat der Mensch erst einmal – wie einst Buddha unter dem Bodhi-Baum – erkannt, wohin er eigentlich gehört, ändert er sein Leben von Stund an. Die Lehre des Erhabenen zielte nur darauf ab, den Menschen wieder zu seinem wahren Wesen zurückzuführen.

Spukerscheinungen sind unerlöste Geister. Gelingt es, mit ihnen Kontakt aufzunehmen und ihr Anliegen zu verstehen, kann man diese ruhelosen Seelen unter Umständen erlösen – und auch diejenigen, die von ihnen belästigt werden.

Unsterbliche Energie und Spuk

Zwei Jahre lang geschah immer wieder das Unfassbare: Die hübsche Blondine Pam Hambert wurde von einer unsichtbaren Hand plötzlich herumgeschubst. Türen öffneten sich von selbst in ihrem Haus. Das Bügeleisen wurde ihr aus der Hand gerissen. Die Tür zum Zimmer ihrer Tochter wurde des Nachts immer wieder wie von Geisterhand aufgerissen und laut krachend zugeschlagen.

Als schließlich auch ihr Enkel schreiend aus der Toilette rannte und rief: »Da drinnen ist ein unsichtbarer alter Mann. Er ist durch das Fenster geklettert«, beschloss Pam, endlich etwas zu unternehmen. Sie bat zwei Parapsychologen in ihr Haus nach Staines, Middle Essex.

Mrs. Hambert erzählte den Experten, dass sie sich in Lisas Zimmer stets unwohl fühle und sich so wenig wie möglich darin aufhalte. Die beiden erfahrenen Parapsychologen fanden heraus, dass im Nachbarhaus einmal ein alter Mann gewohnt hatte. Als er krank wurde, machte er sich hauptsächlich um seinen wunderschönen Garten Sorgen. Würden ihn seine Erben verwildern lassen? Dieser Mann hatte auch den Garten, der jetzt Pam Hambert gehörte, gepflegt. Beide Gärten waren einst die schönsten im ganzen Bezirk. Dann aber starb der alte Mann, und wie er befürchtet hatte, verwilderten die Gärten, da niemand deren Schönheit zu schätzen wusste.

Sprechen mit einem Geist

Die Parapsychologin Carmen Rogers wusste sogleich, was sich hier abspielte: »Der in seinen Augen unverzeihliche Umgang mit den Gärten, die ihm einst alles bedeuteten, schmerzt den Geist des toten Mannes. Deshalb spukt er!« Sie war davon überzeugt, dass es möglich sein müsse, den alten Mann zu besänftigen, seinen ruhelosen Geist zu beschwichtigen. Sie machte sich also ans Werk und nahm in verschiedenen Räumen des Hauses mit dem unsichtbaren Geist Kontakt auf.

Gespenster spuken nicht nur in Schlössern, sondern auch auf Straßen und in Anwaltskanzleien.

So unglaublich dieses Vorgehen einem aufgeklärten Zeitgenossen erscheinen mag: es funktionierte! Die Spukerscheinungen hörten fast ganz auf und wurden schließlich gar nicht mehr registriert, als der Garten des Hauses wieder in Ordnung gebracht worden war.

Jeder zehnte Engländer ist, so ergab eine Umfrage, von der Existenz von Geistern und Gespenstern überzeugt. Und nicht nur das – viele geben ganz freimütig zu, selbst schon einmal Kontakt mit »übernatürlichen Wesen« gehabt zu haben. In England ist die Realität von Gespenstern sogar von einem Urteil des Obersten Richters Ihrer Majestät der Königin bestätigt worden. Dem Urteil vorausgegangen war eine Auseinandersetzung zwischen einem Hauswart und seinen Mietern. Vier Brände, die das Haus teilweise zerstört hatten, schrieben die Bewohner einem weiblichen Geist zu, der schon seit mehr als neunzig Jahren spukte. Der Hauswart wollte nichts davon wissen und klagte auf Schadenersatz. Doch der Richter wies ihn auf seine irdischen Grenzen hin. Es sei keineswegs auszuschließen, dass die Brände von Geistern gelegt wurden, solange nicht das Gegenteil bewiesen sei.

Gespenstische Lebensretterin

Weniger gefährlich waren die Begegnungen mit der »Spukfrau aus dem Salzburger Land«. In der Weihnachtszeit des Jahres 1981 wollten zunächst Jugendliche an der Pinzgauer Bundesstraße ein Gespenst gesehen haben. Als sie der Polizei davon Bericht erstatteten, lachte man sie aus und schickte sie wieder nach Hause.

Doch auch einem seriösen Bäckermeister widerfuhr Ähnliches: »Wegen des dichten Schneetreibens konnte ich auf der Bundesstraße nur sehr langsam, im Schritttempo, fahren. Man sah wirklich kaum etwas. Plötzlich stand am Straßenrand eine Gestalt, eine schwarz gekleidete Frau mit hellblonden Haaren. Ich hielt an. Da war sie plötzlich weg, spurlos verschwunden.«

Ein anderer Autofahrer hatte mehr Glück. Das seltsame Wesen stieg zu ihm ins Auto. Erst verhielt sich die »Spukfrau aus dem Salzburger Land« sehr schweigsam. Dann sagte sie plötzlich: »Wenn du nicht angehalten hättest, um mich mitzunehmen, hättest du einen schlimmen Unfall gehabt!« Kaum hatte sie das gesagt, löste sich das im Auto sitzende Wesen in Luft auf.

Über 120 Menschen meldeten sich nach und nach mit ähnlich schaurigen Berichten. Einige von ihnen wollen die »Spukfrau« sogar identifiziert haben. Sie sagten, es handle sich um die 22-jährige Elisabeth Schilchegger aus Salzburg, die bei einem Autounfall ums Leben gekommen war.

Geister sind real

Hans Holzer, Direktor der New Yorker Gesellschaft für Parapsychologie, ist von der Existenz von Geistern überzeugt. Er hat auch eine durchaus vernünftig klingende Erklärung parat. Jeder Mensch hat eine Art von Magnetfeld, eine so genannte Aura um sich. Dieses Feld bleibt bestehen, wenn ein Mensch jäh aus dem Leben gerissen wird, und sensitive Menschen können dieses Energiefeld wahrnehmen.

Im »Fall Rosenheim« reicht diese Theorie allerdings nicht mehr aus. Sobald die 19-jährige Annemarie ihren Arbeitsplatz in der Anwaltskanzlei Adam betrat, geschah Kurioses. Fast ein ganzes Jahr lang versetzten die Ereignisse zahlreiche Menschen in Angst und Schrecken. Glühbirnen drehten sich von selbst, wie von Geisterhand bewegt, aus den Fassungen und zerschellten am Boden. Neonröhren zerplatzten ohne ersichtlichen Grund. Kuriose Spannungsunterschiede ließen elektrische Geräte verrückt spielen. Das gesamte elektrische Netz des Hauses musste ersetzt werden. Aktenordner flogen durch die Luft, »Geister« warfen schwere Blumenvasen durch die Gegend.

Einige der Phänomene wurden von einem Fernsehteam gefilmt. Da drehte sich vor laufender Kamera ein Bild an der Wand um 360 Grad. Ging diese unheimliche Kraft von dem jungen Mädchen aus? Alles deutete darauf hin. Annemarie wechselte den Arbeitsplatz, doch der Spuk um sie herum ging weiter.

Ein Mensch, der von paranormalen Phänomenen heimgesucht wird, ist oft selbst, auch wenn ihm das gar nicht bewusst ist, die Quelle für diese Vorkomnisse. Inwieweit er aber selbst darauf Einfluss hat, sich von diesen Einflüssen zu befreien, ist nicht geklärt.

Psychologen unter sich

Im Jahr 1909 diskutierten zwei berühmte Männer heftig über paranormale Phänomene. Es handelte sich um Sigmund Freud, den »Vater der Psychoanalyse«, und seinen ehemaligen Schüler Carl Gustav Jung.

> *Der Kirlian-Fotografie ist es zu verdanken, dass die Aura von Menschen, Tieren und Pflanzen erstmals sichtbar wurde. Dieses unsichtbare Energiefeld, das alles Lebendige umgibt, nährt den materiellen Körper und bleibt auch nach dem Tode noch eine Zeit lang bestehen.*

Freud lehnte derlei Erscheinungen rundweg als unmöglich ab. Doch eines Tages wurde er eines Besseren belehrt, wie C.G. Jung später berichtete: »Während Freud seine Meinung vertrat, ertönte ein solcher Krach im Bücherschrank, der unmittelbar neben uns stand, dass wir beide fürchterlich erschraken. Freud sprach, und ich hatte dabei plötzlich eine seltsame Empfindung. Mir war, als ob mein Zwerchfell aus Eisen bestünde und glühend wurde. Dann setzte der Lärm schlagartig ein. Die Hitze war weg.« Wie kann man dieses Phänomen erklären? Staute sich im Laufe des Gesprächs bei C.G. Jung vielleicht jene Energie an, die sogar den physischen Tod des Menschen überleben und als Geistererscheinung auftreten kann? Entlud sie sich, aus welchen Gründen auch immer, schlagartig? Das wäre eine Möglichkeit.

Feinstofflicher Körper

Für das Forscherehepaar Semjon Davidovitsch und Walentina Kirlian gab es an der Existenz dieser Energie, die den physischen Tod von Pflanze, Tier und Mensch überdauert, keinen Zweifel. Sie entwickelten ein spezielles Verfahren, mit dessen Hilfe sie ebendiese Energie nicht nur sichtbar machen, sondern auch fotografieren konnten. Sie wird in Hochfrequenzströmen sichtbar – bei Pflanzen, Tieren und Menschen – und kann fotografiert und gefilmt werden. Das so für jedermann erkennbare Farben sprühende Feld bleibt bestehen, auch wenn der physische Körper nicht mehr unversehrt ist. So zeigte beispielsweise ein Foto einer Hand, an der ein Finger amputiert wurde, noch die farbenfrohe Aura der gesamten Hand.

Die Kirlians bekundeten in zahlreichen Interviews ihre Erkenntnis, dass Pflanzen, Tiere und Menschen einen Geistkörper haben, der normalerweise unsichtbar ist. Der Mensch ist also weit mehr als nur sein grobstofflicher Körper. Er ist von einem feineren Energiefeld umgeben, das ihn wie ein zweiter Körper umgibt. Dieser feinstoffliche Leib ist es, der den Tod überdauert. Das Spukphänomen lässt sich damit erklären, dass dabei der feinstoffliche Leib eines Menschen sichtbar wird.

So neu war diese Erkenntnis jedoch nicht. Schon Carl Ludwig Freiherr von Reichenbach (1788–1869), einer der bedeutendsten Chemiker des 19. Jahrhunderts, Entdecker des Paraffins, ging davon aus, dass es neben der sichtbaren Welt des Alltagslebens eine zweite, feinstoffliche, aber genauso reale Welt gibt. Diese für die meisten Menschen unsichtbare Realität könne, so Reichenbach, von Sensitiven wahrgenommen werden. Der menschliche Leib erstrahle für sie in farbenfrohem Glanz, die den Körper eines jeden Menschen wie eine Hülle umgebe. Er nannte dieses unsichtbare Etwas Od und verstand es als Ausdruck der Lebenskraft.

Geister kann man fotografieren

Geister werden schon seit den Kindertagen des Fotografierens abgelichtet. 1872 wurden in England das Medium Mrs. Guppy und der Fotograf Mr. Hudson hofiert. Sie beschwor Geister herbei, die der Fotograf dann mit seiner Kamera verewigte. Auch eine gewisse Mrs. A.E. Deane war dazu in der Lage, die Geister von Toten herbeizuzitieren, die dann bei Séancen fotografiert wurden.

Bei einer Sitzung erschien beispielsweise der Geist eines toten Mädchens. Er wurde gebeten, einen bestimmten Geist herbeizurufen, und zwar den des legendären Indianerhäuptlings Sitting Bull. Wenige Minuten später erschien der stolze Häuptling und wurde auch fotografiert. Ein Vergleich mit dem Titelbild von *My Magazine,* Oktober 1920, ergab eine mehr als erstaunliche Ähnlichkeit.

Auf Schloss Ostrau begegnete Paul von Hindenburg, der spätere Reichspräsident, einem leibhaftigen Geist, und zwar auf der breiten Freitreppe des bei Koethen in Anhalt gelegenen Schlosses. Zunächst hielt von Hindenburg die Erscheinung für eine vornehme Dame aus Fleisch und Blut. Er stellte sich ihr vor, sie aber reagierte nicht. Von Hindenburg hielt die Dame für schwerhörig. Als er später sein Erlebnis schilderte und die Dame präzise beschrieb, erfuhr er, dass es sich dabei um den Schlossgeist gehandelt hatte.

Berühmte Geister

In England ist besonders der Tower als Erscheinungsort von Geistern bekannt. Doch Glamis Castle steht ihm in keiner Weise nach. Der Überlieferung nach soll hier Macbeth König Duncan ermordet haben. Auf Glamis Castle, so lautet eine uralte Überlieferung, erscheint immer dann, wenn einem Mitglied des Königshauses ein Unheil droht, eine »grüne Frau«. Geisterfotograf William Hoppe soll es gelungen sein, die Dame auf die fotografische Platte zu bannen. Mittels Selbstauslöser lichtete er nicht nur die Spukgestalt, sondern auch noch sich selbst ab.

Ein Betrug scheint ausgeschlossen zu sein, da die Fotoplatte nicht manipuliert, sprich vorbelichtet worden sein kann. Sie wurde nämlich von einem Journalisten ausgewählt. Wenige Tage nach dem so dokumentierten Auftauchen der »grünen Frau« starb König Eduard VIII.

Kurz nach der Ermordung von US-Präsident Abraham Lincoln am 15. April 1865 wandte sich die Witwe des legendären Staatsmannes, Mary Todd Lincoln, an William Mumler, einen bekannten Geisterfotografen jener Zeit. Obwohl sie einen falschen Namen angab, tauchte auf dem

Geister erscheinen häufig Kindern. Greg S. Maxwell sah mehrmals seine tote Urgroßmutter.

»Geisterfoto« ein Phantom auf, das ganz eindeutig als Abraham Lincoln identifiziert wurde.

Diese Beispiele sind willkürlich gewählt. Es würde den Rahmen des vorliegenden Buches sprengen, auch nur die wichtigsten Geisterfotos aufzulisten. Die Fülle an Material, wovon gewiss ein großer Teil gefälscht ist, wirft eine große Frage auf: Woraus bestehen Geister eigentlich?

Wie in den großen Shakespeare-Dramen beschrieben ist, treten Geister oft dann auf, wenn es gilt, ein Unrecht zu sühnen oder überhaupt erst auf ein solches aufmerksam zu machen.

Betrügerische Medien?

In den siebziger Jahren des 19. Jahrhunderts gelang es dem Medium Wilma Hardy durch reine Gedankenkraft, »Geisterhände« aus dem Nichts auftauchen zu lassen. Der Bostoner Geologe William Denton beobachtete das Phänomen kritisch. Es gelang ihm sogar, von den »Geisterhänden« Gipsabdrücke anzufertigen. Ähnliche Materialisationen konnte auch das französische Medium Marthe Bértraud bewerkstelligen. Zu Beginn unseres Jahrhunderts tauchten bei Séancen mit ihr

Geistererscheinungen sind ein beliebtes Thema für effektvolle Filme.

»schleierartige Materialisationen« auf, die die Gestalt von Köpfen, Armen oder ganzen Menschen annahmen.

Seit es Medien gibt, hat man auch immer wieder versucht, diese des Betruges zu überführen. In einigen Fällen ist dies auch gelungen, doch in zahlreichen anderen konnten keine unlauteren Methoden festgestellt werden.

Die Erscheinungen waren dabei so plastisch, dass es manchen Zeitgenossen schwer fiel, an Übersinnliches zu glauben. Lag da nicht vielleicht doch ein geschickter Trick vor? Schaffte es das Medium, etwas durchaus Materielles mit Hilfe von Taschenspielertricks als etwas »Jenseitiges« darzustellen? Der Münchner Arzt und Erforscher des Übersinnlichen, Freiherr von Schrenck-Notzing, war bestens vertraut mit solchen Tricks. Und er unternahm strenge, ja peinliche Kontrollen, um jede Möglichkeit eines Betrugs auszuschließen. So musste sich Medium Marthe Bértraud vor jeder Séance nackt ausziehen. Ihr Körper wurde peinlich genau auf eventuell versteckte Hilfsmittel hin untersucht. Nichts Verdächtiges wurde gefunden. Freiherr von Schrenck-Notzing verabreichte ihr sogar Brech- und Abführmittel, um auch jede nur denkbare Trickserei zu vereiteln.

Schließlich musste Marthe Bértraud ein enges, knapp sitzendes Trikot anlegen, und ihr Kopf wurde mit einer Haube umhüllt. Trotzdem kam es zu geheimnisvollen Materialisationen. Zunächst bildeten sich dunstartige Wolken aus dem Nichts, aus denen sich schließlich die gerufenen Geister formierten. Ein Betrug war ihr nicht nachzuweisen.

Hilfe aus dem Jenseits

Anders als in Deutschland werden in England Parapsychologen häufiger bei rational unerklärlichen Vorkommnissen zu Rate gezogen. Und das nicht nur von Privatpersonen, sondern auch von Behörden und von der Polizei. Es wird einfach akzeptiert, dass es Wesen und Wesenheiten gibt, die mit bloßem Auge nicht sichtbar, aber dennoch anwesend sind.

Betty und Laurence Stroud sind angesehene Londoner Parapsychologen, die in dringenden Fällen oft zu Hilfe gezogen werden. Ein interessanter Fall war die 89-jährige Mary Bailey. Die alte Dame wurde von einer unsichtbaren Kraft festgehalten. Sosehr sie sich auch anstrengte, sie konnte sich nicht von der Stelle rühren. Da die Wohnung in Flammen stand, bedeutete dies für Mary den sicheren Tod. Da erfolgte ein ohrenbetäubender Knall. Schweißgebadet und vor Angst zitternd wachte Mary in ihrem Schlafzimmer auf. Hatte sie denn alles nur geträumt? Da sowohl die Decke als auch die Matratze ihres Bettes einen gewaltigen Riss aufwies, konnte das ausgeschlossen werden.

Rechtzeitige Warnung

Als das Forscherpaar Stroud von den seltsamen Erlebnissen der Rentnerin Mary Bailey erfuhr, besuchten die beiden die alte Dame in ihrer Wohnung in Streatham, London. Die beiden fanden schnell heraus, dass der Spuk von einem Cousin von Frau Bailey hervorgerufen worden war. Und dies nicht ohne Grund: »Ihr Cousin möchte Sie warnen! Von Ihrer Heizdecke geht eine große Gefahr aus!« Frau Bailey ließ die Heizdecke überprüfen, und tatsächlich: An einem Kabel war die Isolierung stark beschädigt. Die Rentnerin war nun überzeugt, dass ihr toter Cousin, der zu Lebzeiten so etwas wie ein Bruder für sie gewesen war, ihr das Leben gerettet hatte! Und sie war ihm nun über alle Maßen dankbar! Betty und Laurence Stroud halten diesen Gedanken durchaus für möglich: »Poltergeister haben ja bekanntlich keinen besonders guten Ruf, weil sie zu nächtlicher Stunde oft entsetzlichen Krach machen, manchmal auch schwere Gegenstände umherwirbeln. Aber das geschieht höchst selten, um jemanden zu erschrecken. Vielmehr verbirgt sich allzu oft hinter einem scheinbar unheimlichen Spuk ein Toter, der Lebende vor einer Gefahr warnen, sie auf eine gefährliche Situation aufmerksam machen möchte.«

Freilich darf man sich Poltergeister auch nicht als engelähnliche Wesen vorstellen, so die Strouds, die in unserer Welt umherschweben, stets auf der Suche nach Möglichkeiten, gute Taten zu vollbringen. Sie sind vielmehr, das ergaben die langjährigen Forschungen von Betty und Laurence Stroud, die ihre Forschungen in Wollwich, Südlondon, begannen, häufig an Gebäude oder bestimmte Personen gebunden. Doch es muss in jedem Fall eine Beziehung vorhanden sein. Poltergeister treten zum Beispiel in Häusern auf, in denen sie zu Lebzeiten lange Jahre verbrachten oder in denen sie starben. Oder sie sind irgendwie verwandt oder doch zumindest jenen Menschen besonders bekannt, denen sie als Spuk erscheinen.

Wie unheimlich die Spukerscheinung auch aussehen mag, wie Furcht einflößend sie von den betroffenen Menschen auch empfunden werden mögen, meist handelt es sich um verzweifelte Versuche von Geistwesen, mit Lebenden Kontakt aufzunehmen und sie zu warnen. Davon jedenfalls sind die Strouds überzeugt. Und diese ihre Überzeugung kommt keineswegs von ungefähr, sondern ist durch zahllose Spukfälle, die das Ehepaar selbst recherchiert und vor Ort geprüft hat, belegt.

Berichte vom Leben nach dem Tode

George Gallup Jr. führte in den USA eine ausführliche Untersuchung durch, die sich der Frage widmete, welche Erfahrungen die US-Bürger mit dem Tod gemacht hatten. Das Ergebnis war frappierend: Etwa 23 000 000 Amerikaner hatten einen totenähnlichen Zustand erfahren. 8 000 000 dieser Menschen hatten dabei ein mystisches Erlebnis irgendeiner Art.

Dr. Raymond A. Moody gehört zu den Pionieren der Erforschung des Weiterlebens nach dem Tod. Anhand von zahllosen Beispielen beweist er, dass das Bewusstsein nach dem Ableben nicht erlischt, sondern auf einer anderen Ebene weiterhin existiert.

So umfassend die Recherchen von George Gallup Jr. auch waren, so sind sie doch nur bedingt verwertbar, wenn es um die Frage geht, ob ein Leben nach dem Tode existiert. Doch hier hat Dr. Raymond A. Moody unvergessliche Dienste geleistet, da er zu dem Ergebnis kam, dass es ein Leben nach dem Tode gibt.

Moody studierte zunächst Philosophie und promovierte zum Dr. phil. Nach einer Anstellung als Dozent studierte er Medizin und promovierte erneut. Schon während seines Studiums beschäftigte er sich intensiv mit unerklärlichen Phänomenen im

Fast alle Menschen, die eine so genannte Nahtoderfahrung gemacht haben, sind von ihrer Todesangst befreit. Die meisten wollten gar nicht mehr in ihren stofflichen Körper zurückkehren, sondern wären lieber in den lichten Gefilden geblieben, in denen sie sich wohl fühlten.

Grenzbereich des Todes. Weltbekannt wurde er durch die Veröffentlichung seiner Studie *Leben nach dem Tod.* Es handelt sich dabei um eine wissenschaftliche Auswertung von Berichten von Menschen, die im klinischen Sinne bereits tot waren – und dennoch überlebt haben.

Nahtoderfahrungen

Dr. Moody kam zu einer Erkenntnis, die gar nicht in unser materialistisches Weltbild zu passen schien: Es gibt so etwas wie ein »Grundschema« des Sterbens. So unterschiedlich die Individualschicksale auch waren, den Menschen, die bereits einmal tot waren, widerfuhr Vergleichbares. Zunächst einmal erlebten die Menschen ihren eigenen Tod hautnah mit. Ein ganz typisches Sterbeerlebnis hatte die Amerikanerin Alberta Osborne.

Sie erlebte ihren eigenen Tod mit: »Ich schloss die Augen und fiel zu Boden. Ich wurde aufs Bett gelegt, und die Krankenschwester begann sofort mit der Herzmassage. Es gelang ihr, mein Herz wieder in Gang zu bringen. Ich keuchte … und mein Herz blieb stehen. Sie ließ nicht von mir ab, bis der Notarzt da war. Auf dem schnellsten Wege kam ich in die Intensivstation des Krankenhauses. Ich war bei vollem Bewusstsein und registrierte alles, was geschah. Ich hörte, wie eine Schwester zum Arzt sagte: ›Der Blutdruck fällt!‹ und ›Ich fühle keinen Puls mehr!‹ Wie ein Blitz kam mir der Gedanke: So, nun bin ich tot! Ich hatte keine Angst. Ich sah meinen Körper, als ob ich schwebte, wie ohne Gewicht. Es war wunderbar! Ich war so glücklich und voller Freude, ohne Sorge. Kein Kummer, kein Schmerz, nur völlige Heiterkeit.«

Wie Dr. Moody herausfand, akzeptieren die meisten Menschen sehr schnell, dass sie gestorben sind. Meist ist die Zeit unmittelbar nach dem Tod mit wunderbaren Lichterlebnissen verbunden. Im Allgemeinen reisen die Verstorbenen durch eine Art Tunnel, an dessen Ende sie häufig von einer Lichtgestalt erwartet werden.

Darstellung eines nicht körperlichen Existenzzustandes.

Strahlender Lichttunnel

Die 41-jährige Hannelore S. hatte mit 29 Jahren einen Motorradunfall, bei dem sie bereits für tot erklärt worden war. Sie schilderte ihre damaligen Erlebnisse folgendermaßen: »Ich fühlte mich leicht und ohne Schmerz. Ich schwebte und sah einige Meter unter mir meinen Körper. Ein Arzt kniete neben mir, schüttelte den Kopf: ›Da ist nichts mehr zu machen! Die Ärmste ist tot!‹ Er wirkte so wahnsinnig traurig, dass ich ihn am liebsten getröstet hätte. Aber dann tat sich ein Tunnel vor mir auf, und ich flog hinein. Ich hatte das deutliche Gefühl, dass es sehr rapide aufwärts ging. Plötzlich tauchte am Ende ein strahlendes Licht auf. Es war so wunderschön. Ich konnte gar nicht erwarten, in dieses Licht einzutauchen.« Ein Übergang von der Welt des Diesseits in das Jenseits wird von vielen Menschen, die Todeserlebnisse hatten, sehr ähnlich beschrieben.

Als Hannelore S. das Licht am Ende des Tunnels immer rascher näher kommen sah, machte sie eine Gestalt aus. »Sie hob sich hell vom hellen Licht ab. Sie strahlte in gleißendem Licht. Ich fühlte mich von ihr angezogen. Ihr Licht blendete aber nicht. Es war ein Engel. Er trug ein fließendes, lang wallendes Gewand. Am Rücken waren zwei mächtige Flügel, die weit über die Schultern reichten. Jener Engel öffnete die Flügel weit, breitete sie aus und versperrte mir den Weg. Er bewegte zwar nicht die Lippen. Ich konnte aber deutlich seine Worte vernehmen: ›Bis hierher und nicht weiter! Noch ist deine Zeit nicht gekommen!‹«

Geistige Helfer

Nach den Recherchen von George Gallup Jr. dürfte etwa jeder dritte Amerikaner, der ein Nahtoderlebnis hatte, eine ähnliche Gestalt wahrgenommen haben. Sie berichten, »die Gegenwart eines Wesens gespürt oder eine sonstige konkrete Erfahrung mit dem Jenseits gehabt zu haben«.

Dr. Moody fasste seine Untersuchungen mit folgenden Worten zusammen: »Eine ganze Reihe von Menschen hat mir berichtet, dass sie im Laufe ihres Sterbeerlebnisses – sei es gleich zu Beginn, sei es erst später – die Gegenwart geistiger Wesen in ihrer Nähe wahrgenommen hätten. Diese Wesen seien offensichtlich gekommen, um ihnen den Übergang in den Tod zu erleichtern, oder aber um ihnen anzukündigen, dass die Zeit zu sterben für sie noch nicht gekommen sei, weshalb sie in ihren stofflichen Körper zurückkehren müssten.«

Hannelore S. hat noch Interessanteres zu berichten: »Hinter den Flügeln nahm ich weitere Gestalten wahr. Sie winkten mir freudestrahlend zu und gaben mir zu verstehen, dass sie wieder zur Stelle sein würden, sollte ich sterben.«

Überwinden der Angst

Es ist nur zu verständlich, dass die Sterbeerlebnisse von allen Betroffenen als starker Einschnitt im Leben empfunden wurden. Alberta Osborne stellt rückblickend fest: »Nichts im Leben lässt sich mit der Freude, der Schönheit und dem Frieden vergleichen, der einen erwartet, wenn man dieses Leben verlässt und in das nächste eintritt.«

All dies klingt sehr positiv und kann einem Menschen wirklich die Angst vor dem Tode nehmen. Worüber derartige Nahtoderfahrungen allerdings nichts aussagen, ist, wie es nach dieser ersten euphorischen Phase nach dem Tode in der jenseitigen Welt weitergehen wird.

Oft haben Nahtoderlebnisse zur Folge, dass die Menschen ihren Lebensstil danach radikal ändern. Was einst wichtig schien, ist nun nicht mehr so wichtig. Viele möchten ihren Mitmenschen mitteilen, was sie erlebt haben, und werden in dieser Richtung tätig.

Rückblick auf das Leben

► Fast alle Menschen mit Nahtoderlebnissen berichten von einer Rückschau, die sich in Sekundenschnelle vollzieht. Dabei spult sich das Leben von hinten nach vorne ab. Es beginnt in dem Moment des Todes und geht dann bis zur Geburt zurück. Obwohl diese Rückschau blitzschnell vonstatten geht, können die einzelnen Lebensstationen von den Betroffenen doch genau erinnert und identifiziert werden. Oft ist es dabei so, dass sie eine innere Einsicht über bestimmte Situationen ihres Lebens erfahren. So erkennen sie, in welchen Situationen sie sich richtig verhalten haben bzw. in welchen sie Fehler begangen haben. Wenn diese Menschen dann wieder ins irdische Leben zurückkehren, ist es ihnen oft ein Anliegen, dieselben Fehler nicht nochmals zu wiederholen oder bestimmte Dinge in Ordnung zu bringen, soweit dies möglich ist.

Weiterführende Literatur

Dieses Werk basiert auf zahlreichen Reisen, die den Verfasser zu den geheimnisvollsten Stätten unserer Erde führten. Es ist auch das Ergebnis langjähriger intensiver Durchforstung wissenschaftlicher Bibliotheken. Die nachfolgend aufgelisteten Werke dienten dem Verfasser als wichtige Quellen. Sie können aber auch von den interessierten Leserinnen und Lesern dazu benützt werden, sich noch intensiver, als es im Rahmen eines einzelnen Buches möglich ist, mit den Geheimnissen der Erde auseinander zu setzen.

Auf der Suche nach dem ewigen Leben

Allgeier, Kurt: »Niemand stirbt für ewig«, Zürich 1988

Delacour, Jean-Baptiste: »Aus dem Jenseits zurück«, Düsseldorf 1974

Ditfurth, Hoimar von: »Wir sind nicht von dieser Welt«, Hamburg 1981

Fair, Charles: »Das fehlprogrammierte Gehirn«, München 1971

Grabow, Sandra: »Der Graf von Saint Germain« in »Unknown Reality«, Frankfurt/Oder, Januar/Februar 1996

Stearn, Jess: »Der schlafende Prophet«, Genf 1971

Wambach, Helen: »Leben vor dem Leben«, München 1979

Moderne Wissenschaft und Unsterblichkeit

Buttlar, Johannes von: »Die Methusalemformel«, Essen 1994

Dixon, Patrick: »The Genetic Revolution«, Lottbridge Drove 1993

Keeton, Kathy: »Longlivity«, New York 1992

Rosenfeld, Albert: »Pro Longlivety«, New York 1976

Das Geheimnis der steinernen Zeugen

Stonehenge – das Jahrtausendwunder

Däniken, Erich von: »Auf den Spuren der Allmächtigen«, München 1993

Hawkins, Gerald S.: »Stonehenge Decoded«, London 1970

Hawkins, Gerald S.: »Merlin, Märchen und Computer«, Berlin 1983

Langbein, Walter-Jörg: »Stonehenge älter als die Pryamiden« in »Lichtenfelser Tagblatt«, 23.2.1972

Pyramiden und Tempel – Mexikos Mysterien

Cummings, Byron: »Ruins of Cuilcuilco May Revolutionize Our History of Ancient America« in »National Geographic Magazine«, 1923/44

Däniken, Erich von: »Auf den Spuren der Allmächtigen«, München 1993

Langbein, Walter-Jörg: »Bevor die Sintflut kam«, München 1996

Siebenhaar, Wolfgang: »Gelehrtenstreit um die Pyramide von Cuilcuilco« in »Ancient Skies«, deutsche Ausgabe, Mai/Juni 1984

Wilsman, Christof Aloys: »Wunderwelt unter der Tarnkappe«, Nürnberg 1959

Rätselhafte Osterinsel

Agassiz, Alexander: »Reports on the scientific results of the expedition to the eastern tropical Pacific«, Cambridge 1906

»Berliner Zeitung«: »Autobahnkapelle für vagabundierende Frühgallier«, 11.3.1997

Churchill, William: »Easter Island«, Washington 1912

Felbermayer, Fritz: »Sagen und Überlieferungen der Osterinsel«, Nürnberg o.J.

Grey, George: »Polynesian Mythology«, London 1993
Joseph, Frank: »Editorial: Vindication at Easter Island« in »Ancient American«, Nr. 12/February/March 1996, USA
Lavachery, Henri: »Easter Island«, Smithsonian Institute, USA 1936
Metraux, Alfred: »Ethnology of Easter Island«, Hawaii 1971
Schmidt, Hans: »Die Steinbilder-Typen der Osterinsel und ihre Chronologie«, Hamburg 1927
Willis, Roy (Hrsg.): »World Mythology«, London 1993

Dienten die Steinkreise der Kommunikation?

Aubrey, Burl: »Rings of Stone«, London 1979
Brönnle, Stefan: »Landschaften der Seele«, München 1994
Däniken, Erich von: »Reise nach Kiribati«, Düsseldorf 1981
Deveraux, Paul: »Earth Light Revelation«, Blanford 1989
Grinsell, L.V.: »The Rollright Stones and their Folklore«, Guernsey 1977
Langbein, Walter-Jörg: »Als Steine reden konnten – Gab es einst ein weltweites Kommunikationssystem?«, Vortragsmanuskript, Vortrag gehalten am 20.10.1984 auf dem One-Day-Meeting der »Ancient Astronaut Society« in Freiburg
Langbein, Walter-Jörg: »Das Geheimnis von Stonehenge« in Wulfing von Rohr (Hrsg.): »Orte der Kraft – Kräfte des Lebens«, Münsingen-Bern 1991
Robins, G. V.: »The Dragon Stirs«, »Alpha«, London, Juli/August 1979

Das Geheimnis der steinernen Kugeln

Clarke, Arthur C.: »Mysterious World«, London 1980
Corliss, William: »Ancient Man. A Handbook of Puzzling Artifacts«, Glen Arm 1980
»Kosmos«: »Steinkugeln in Costa Rica«, März 1956
Langbein, Walter-Jörg: »Bevor die Sintflut kam«, München 1996

Legendärer Machu Picchu

Däniken, Erich von: »Die Spuren der Außerirdischen«, München 1990
Müller, Reinhold: »Die Märchen des Hiram Bingham« in Däniken, Erich von (Hrsg.): »Kosmische Spuren«, München 1992
Service, Alistir: »Lost Worlds«, London 1981
Zier, Wilhelm: »Zauber vergangener Reiche«, Stuttgart, Hamburg 1975

Die Pyramiden – älter als die Sintflut?

Al-Makrizi: »Hitat«, übersetzt von Erich Grafe, Leipzig 1911
Beckrath, Jürgen von: »Abriss der Geschichte des Alten Ägypten«, München 1971
Däniken, Erich von: »Die Augen der Sphinx«, München 1989
Däniken, Erich von: »Der jüngste Tag hat längst begonnen«, München 1995
Davidovits, Joseph und Morris, Margie: »The Pyramids. An Enigma Solved«, New York 1988
Davidovits, Joseph: »Ancient and Modern Concretes. What is the Real Difference?« in »Concrete International/Design and Construction«, Vol. 9, Nr. 12, Dezember 1987
Herodot: »Historien«, München 1963
Lehner, Mark: »The Egyptian Heritage, Based on the Edgar Cayce Readings«, Virginia, USA 1991

Langbein, Walter-Jörg: »Das Sphinx-Syndrom«, München 1995
Langbein, Walter-Jörg: »Bevor die Sintflut kam«, München 1996
Schoch, Peter: »The Great Sphinx Controversy« in »Fortean Times«, Nr. 79/1995
Sitchin, Zecharia: »Stufen zum Kosmos«, Untergäri 1982
Sitchin, Zecharia: »Forging the Pharao's Name« in »Ancient Skies«, US-Ausgabe, Vol. 8, 2/1981
Wolf, Doris: »Was war vor den Pharaonen?«, Zürich 1994
Zehren, Erich: »Scherben, Schriften und Geschichte«, Bergisch Gladbach 1980

Das Geheimnis der biblischen Wunder

Moses als Magier

Buber, Martin: »Die fünf Bücher der Weisung«, Köln und Olten o.J.
Buber, Martin: »Bücher der Kündung«, Köln und Olten o.J.
Buisman, Wolfram: »Geheimnis der Religionen«, Augsburg 1994
Eisfeldt, Otto: »Einleitung in das Alte Testament«, Heidelberg 1956
Fischinger, Lars A.: »Göttliche Zeiten«, Münster/Westfalen 1996
Fohrer, Georg: »Einleitung in das Alte Testament«, Heidelberg 1969
Freud, Sigmund: »Der Mann Moses und die monotheistische Religion«, Frankfurt am Main 1987
Gordon, Cyrus: »Geschichtliche Grundlagen des Alten Testaments«, Wiesbaden o.J.
Horn, Siegfried: »Der Spaten bestätigt die Bibel«, Hamburg 1970
Langbein, Walter-Jörg: Aufzeichnungen des Autors nach Gesprächen mit Professor Dr. Georg Fohrer (1972)
Seelin, Ernst: »Einleitung in das Alte Testament«, Heidelberg 1910

Wundersames Manna

Ancient Astronaut Society (Hrsg.): »Neue Beweise der Prä-Astronautik«, Rastatt 1979
Sassoon, George und Dale, Rodney: »Die Manna-Maschine«, Berlin 1994
Watch Tower Bible and Tract Society of Pennsylvania: »Einsichten über die Heilige Schrift«, 2 Bände, Selters o.J.

Geboren von einer Jungfrau

»Apokryphe Evangelien aus Nag Hammadi«, Andechs 1988
Hessen, Johannes: »Religionsphilosophie«, München 1955
Kirchschläger, Walter: »Schriftverständnis leicht gemacht«, Klosterneuburg 1980
Schneemelcher, Wilhelm: »Neutestamentliche Apokryphen«, Band I, »Evangelien«, 6. Auflage, Tübingen 1990 und Band II, »Apostolisches, Apokalypsen und Verwandtes«, 5. Auflage, Tübingen 1989
»Schöpfungsberichte aus Nag Hammadi«, Andechs 1989

Das Geheimnis der Wunden Jesu

Langbein, Walter-Jörg: »Die großen Rätsel der letzten 2500 Jahre«, Augsburg 1992
Miers, Horst E.: »Lexikon des Geheimwissens«, München 1993
Mitchell, John und Rickard, Robert J. M.: »Die Welt steckt voller Wunder«, Düsseldorf, Wien 1979

Das Geheimnis der Marienerscheinungen

Mexiko – die Maria von Guadalupe (1531)

Fiebag, Dr. Johannes und Fiebag, Peter: »Himmelszeichen«, München 1989

Fiebag, Dr. Johannes: »Marienerscheinungen« in Däniken, Erich von (Hrsg.): »Kosmische Spuren«, München 1989

Johnston, Francis: »Das Wunder von Guadalupe«, Stein am Rhein 1986

Langbein, Walter-Jörg: »Bevor die Sintflut kam«, München 1996

Sejournee, Laurette: »Pensiamento y religión del México Antigua«, Mexiko 1957

Tonsmann, José A.: »Los ojos de la Virgen de Guadalupe«, Mexiko 1981

Frankreich – die Seherin von Paris (1830)

Ernst, Robert: »Lexikon der Marienerscheinungen«, 5. Auflage, Altötting 1989

Laurentin, René: »Cathérine Labouré: Desclée de Brouwer«, Paris 1981

Wunderheilungen in den Pyrenäen

Flagel, Odilo: »Lourdes«, Feldkirch o.J.

Flury, Philipp: »Die Sache mit Lourdes«, Basel o.J.

Graber, Rudolf: »Marienerscheinungen«, 2. Auflage, Würzburg 1986

Die Seherkinder von Portugal (1917)

Agnellet, Michel: »Miracles à Fátima«, Paris 1958

Barthas, Chanoine C.: »Les apparitions de Fátima«, Paris 1952

Fiebag, Dr. Johannes: »Die geheime Botschaft von Fatima«, Tübingen 1986

Haffert, John M.: »Meet the Witness«, Fatima 1961

Hoffmann, Helmuth: »Die Wahrheit über die Botschaft von Fatima«, Bietigheim 1983

Langbein, Walter-Jörg: »Die großen Rätsel der letzten 2500 Jahre«, Augsburg 1992

Pelletier, Joseph A.: »The Sun danced at Fatima«, Garden City 1983

Walsh, William Thomas: »Our Lady of Fatima«, Garden City 1954

Heroldsbach – das deutsche Fatima (1949)

Fiebag, Dr. Johannes und Fiebag, Peter: »Himmelszeichen«, 6. Auflage, München 1992

Göksu, C.: »Heroldsbach – Eine verbotene Wallfahrt«, Würzburg 1991

Kaiser, Leonhard Christian: »Maria weit ein Meer von Tränen«, 2. Auflage, Altötting 1988

Geheime Gesellschaften

Die Freimaurer

Clausen, Ernst: »Die Freimaurer. Einführung in das Wesen des Bundes«, Leipzig 1922

Fay, Bernard: »Revolution and Freemasonry 1680–1800«, Boston 1935

Heckerthon, Charles W.: »The Secret Societies of All Ages and Countries«, Vol. I, New York 1965

Heinichen, Otto: »Die Grundgedanken der Freimaurerei im Lichte der Philosophie«, Berlin 1927

Holtorf, Jürgen: »Die Logen der Freimaurer«, München 1991

Lennhoff, Eugen: »Die Freimaurer«, Zürich 1932

»The Guardian«: »It's a square cop«, 29.1.1997

Die Rosenkreuzer

Daural, Arkon: »A History of Secret Societies«, Secaucus, New Jersey 1961

Goethe, Johann Wolfgang von: »Die Geheimisse«, Andechs 1990

Heckerthon, Charles W.: »The Secret Societies of All Ages and Countries«, Vol. I, New York 1965

Siegert, Christa M.: »Mani Perlenlieder«, Cadolzburg, 1985

Schick, Hans: »Die geheime Geschichte der Rosenkreuzer«, Schwarzenbg. 1980

Wehr, Gerhard: »Die Bruderschaft der Rosenkreuzer«, München 1984

Die Theosophische Gesellschaft

Blavatsky, Helena P.: »Die Geheimlehre«, 4 Bände, Den Haag o. J.

Oberth, Hermann: »Mensch im Weltraum«, Düsseldorf 1954

Ruppert, Hans-Jürgen: »Theosophie – unterwegs zum okkulten Übermenschen«, Konstanz 1993

Steiner, Rudolf: »Theosophie«, Stuttgart 1973

Terhart, Franjo: »Einweihungslehren«, München 1996

Golden Dawn – Magie und Unsterblichkeit

Haggard, Howard: »Devils, Drugs and Doctors«, New York 1929

Lehmann, Alfred: »Aberglaube und Zauberei«, Jena 1913

Lévi, Eliphas: »Geschichte der Magie«, Basel 1978

Terhart, Franjo: »Einweihungslehren«, München 1996

Wichmann, Jörg: »Die Renaissance der Esoterik«, Stuttgart 1990

Rätselhafte Voodomagie

Bonin, Friedrich: »Die Götter Schwarzafrikas«, Graz 1979

Chesi, Gert: »Voodoo. Afrikas Geheime Macht«, Schwarz 1979

Damman, Ernst: »Die Religionen Afrikas«, Stuttgart 1963

Frobenius, Leo: »Kulturgeschichte Afrikas«, Wuppertal 1993

Habeck, Reinhard und Krassa, Peter: »Das Licht der Pharaonen«, Berlin 1996

Mbiti, John: »Afrikanische Religion und Weltanschauung«, Berlin 1974

Miers, Horst E.: »Lexikon des Geheimwissens«, München 1986

Triebel, Johannes: »Gottesglaube und Heroenkult in Afrika«, Erlangen 1993

Waite, A. E.: »The Occult Sciences«, London 1891

Geheimnisse der Meere und Seen

Das unheimliche Bermudadreieck

Edwards, Frank: »Strangest of all«, New York 1962

Farkas, Viktor: »Unerklärliche Phänomene jenseits des Begreifens«, Frankfurt 1988

Gaddis, Vincent: »Invisible Horizons«, New York 1965

Pick, Christopher (Hrsg.): »Mysteries of the World«, London 1979

Pick, Christopher: »Fate stranger than Fiction«, New York 1967

Das Geheimnis der »Mary Celeste«

Gaddis, Vincent: »Invisible Horizons«, New York 1965

Harrison, Michael: »Vanishings«, London 1981

Langbein, Walter-Jörg: »Gibt es Unglücksschiffe?« in »Das Neue Zeitalter«, Heft 11/1984

Sagenumwobene Geisterschiffe

Harris, John: »Without Trace«, London 1982

Langbein, Walter-Jörg: »Die großen Rätsel der letzten 2500 Jahre«, Augsburg 1992

Mirsky, Jeannette: »To the Arctic«, Chicago 1970

Mitchell, John und Rickard, Robert J. M.: »Die Welt steckt voller Wunder«, Düsseldorf, Wien 1979

Ortzen, Len: »Strange Mysteries of the Sea«, New York 1977

Villiers, Alan: »Posted Missing«, Kent 1974

Menschen und Schiffe – spurlos verschwunden

Farkas, Victor: »Unerklärliche Phänomene jenseits des Begreifens«, Frankfurt 1988

Fort, Charles Hoy: »The Complete Books of Charles Fort«, New York 1974

Fort, Charles Hoy: »Das Buch der Verdammten«, Berlin 1995

Das Monster von Loch Ness

Bauer, Henry: »The Enigma of Loch Ness«, Chicago 1986

Ellis, Richard: »Monsters of the Sea«, New York 1995

Heuvelmans, Bernard: »On the Track of Unknown Animals«, London 1995

Langbein, Walter-Jörg: »Die großen Rätsel der letzten 2500 Jahre«, Augsburg 1992

Mackal, Roy: »The Monster of Loch Ness«, London 1976

Nessies in Amerika

Brandon, Jim: »The Rebirth of Pan«, Dunlap, Illinois 1983

Campbell, Don: »Saurier leben unter uns« in »Das Neue Zeitalter«, 25.1.1984

Gaal, Arlene: »Ogopogo«, Surrey, 1986

Heuvelmans, Bernard: »Dans le sillage des monstres marins«, Paris 1958

Huyghe, Patrick: »The Anomalist«, März 1995

Mackal, Roy: »Searching for Hidden Animals«, New York 1980

»National Enquirer«: »America has 150 Loch Ness Monsters«, 26.1.1993

»Sputnik«: »Man verspricht uns einen lebenden Ichthyosaurier«, deutsche Ausgabe, August 1979

Kraken der Tiefe

Bright, Michael: »The big blob, or what grabbed the crab traps?«, »BBIC Wildlife«, Bristol, Vol. 3 (no 9), September 1985

Bright, Michael: »There are Giants in the Sea«, London 1989

Clarke, Arthur C.: »The Ghosts from the Grand Banks«, London 1990

Fuller, Curtis: »A word on monsters« in »Fate«, Evanston, April 1964

Mangiacopra, Gary: »The Great Ones«, »Of Sea and Shore«, Port Gamble, Vol. 7 (no 2), Summer 1976

Rieseberg, Harry E.: »Octopus, terror of the deep« in »Mechanix Illustrated«, Vol. 21 (no 4), Februar 1939

Verrill, Adison E.: »The Florida monster« in »Science«, Lancaster, Vol. 5 (no. 114), 5.3.1897

Vorgeschichtliche Besucher aus dem All

Außerirdische Besucher vom Sirius

Agamon, David (Hrsg.): »Sungods in exile«, Sudbury 1978

Borsenko, A.: »Tunguska Explosion – 80 Jahre danach« in: »Kultur und Leben«, UdSSR, Heft 12/1988

Däniken, Erich von: »Beweise«, Düsseldorf, Wien 1977

Davoust, Emmanuel: »Signale ohne Antwort?«, Basel 1993

Griaule, Marcel: »Schwarze Genesis«, Freiburg 1970

Hausdorf, Hartwig: »Die weiße Pyramide«, München 1994

Kassanzew, Alexander: »Raumschiff vor 12000 Jahren?« in »Sputnik«, deutsche Ausgabe, Heft 1/1968

Krassa, Peter: »Feuer fiel vom Himmel«, Luxemburg 1980

Krassa, Peter: »Ich fand meine Fata Morgana« in Däniken, Erich von (Hrsg.): »Kosmische Spuren«, München 1988

Langbein, Walter-Jörg: »Die großen Rätsel unserer Zeit«: »Die Tunguska-Explosion« in »Das Neue Zeitalter«, Heft 47/1983

Mehner, Thomas: »Der Tunguska-Körper. Doch ein außerirdisches Raumschiff?«, Manuskript, Archiv Langbein

Temple, Robert K.G.: »The Sirius Mystery«, London 1976

Antike UFOs im Alten Israel

Ginzberg, Louis: »The Legends of the Jews« in »The Jewish Publication Society of America«, Vol. 1, 1954

Langbein, Walter-Jörg: »Die Sache mit den Urtexten« in »Neue Beweise der Prä-Astronautik«, hrsg. von der »Ancient Astronaut Society«, Rastatt 1979

Ranke-Graves, Robert von: »Hebräische Mythologie«, Reinbek 1986

Rießler, Paul: »Altjüdisches Schrifttum außerhalb der Bibel«, Rottenburg 1927

Hesekiel und der Himmelswagen

Beier, Hans Herbert: »Kronzeuge Ezechiel. Sein Bericht, sein Tempel, seine Raumschiffe«, Berlin 1997

Blumrich, Josef F.: »Da tat sich der Himmel auf. Die Raumschiffe des Propheten Ezechiel und ihre Bestätigung durch moderne Technik«, Berlin 1994

Buber, Martin: »Bücher der Kündung«, Köln 1966

Dummermuth, Fritz: »Biblische Offenbarungsphänomene« in »Theologische Zeitschrift«, Nr. 21/1965

Eichrodt, W.: »Das Alte Testament deutsch«, Göttingen 1968

Hauck, Albert: »Realenzyklopädie für Protestantische Theologie und Kirche«, 16. Jahrgang, Heft 12, Tübingen 1912

Smend, Rudolf: »Der Prophet Ezechiel«, Leipzig 1980

Raumfahrt im Alten Indien

Davenport, David W.: »2000 A. C. Distrizione Atomica«, Mailand 1979

Mooney, Richard E.: »Gods of air and darkness«, New York 1975

Sachmann, Hans-Werner: »In Schutt und Asche«, Baden-Baden 1989

Thompson, Richard: »Vedic Cosmography and Astronomy«, Los Angeles, Bombay 1990

Volwahsen, Andrea und Stierlin, Henri (Hrsg.): »Architektur der Welt«, Band 9, »Indien«, Lausanne o.J.

Vijayanagara – Ort der Götter und Menschen

Fritz, John: »City of Victory«, N.Y. 1991

Langbein, Walter-Jörg: »Bevor die Sintflut kam«, München 1996

Langbein, Walter-Jörg: »Das Sphinx-Syndrom«, Berlin 1995

Langbein, Walter-Jörg: »Reisenotizen Indien 1996«, unveröffentlichtes Manuskript

Marco-Polo-Reiseführer: »Indien«, Ostfildern o.J.

Michell, George: »Der Hindu-Tempel«, Köln 1991

Nelles Guides: »Indien Nord«, ohne Ortsangabe, 2. Auflage 1991

Außerirdische bei den Maya

Burghardt, Hermann: »Maya-Götter aus Sumer« in »SETI«, Ausgabe 1/1995

Eckhardt, Rudolf: »Neues von den Maya: Das Pacal-Paradoxon«, Vortrag gehalten auf dem »One-Day-Meeting« der »Ancient Astronaut Society«, Zürich, 11.9.1993

Fiebag, Peter: »Die Grabplatte von Palenque und ihre symbolische Aussage« in »Scientific Ancient Skies«, Feldbrunnen 1994

Khuon, Ernst von: »Waren die Götter Astronauten?«, Düsseldorf 1970

Mehlring, Marianna: »Knaurs Kulturführer Mexiko«, München 1993

König Salomo und die Bundeslade

»Altägyptische Märchen«, übertragen von E. Brunner-Traut, Köln 1986

Dendl, Jörg: »Herkunft und Verbleib der Bundeslade aus historischer Sicht« in »G. R. A. L.«-Sonderband 1, 3. Auflage, Berlin 1993

Diedrichs, Inge: »Märchen aus dem Land der Königin von Saba«, München 1987

Littmann, Enno: »The Legend of the Queen of Sheba in the Tradition of Axum«, Leyden 1904

Das Geheimnis der UFOS

UFO-Welle über Amerika

»Chicago Enterprise«: Ausführliche Berichterstattung über Luftschiffe in der Ausgabe vom 22.11.1896

Cohen, Daniel: »The Encyclopedia of the Strange«, New York 1985

Cohen, Daniel: »The Great Airship Mystery«, New York 1981

Davenport, Marc: »Visitors from Time«, Video-Interviews mit UFO-Forschern, 1994 produziert

Gross, L.E.: »UFOs. A History«, Freemont 1987

Watts, Alan: »UFO-Quest: In Search of Mystery Machines«, Blanford 1994

Der Jahrhundertabsturz bei Roswell

Eberhart, George (Hrsg.): »The Roswell Report – A historical perspective«, Chicago 1991

Fiebag, Dr. Johannes: »Die Anderen«, München 1993

Fiebag, Dr. Johannes: »Kontakt«, München 1994

Hazard, Christine: »Did the airforce hush up a flying saucer crash?« in »Woman's World«, 27.2.1990

Hesemann, Michael: »Jenseits von Roswell«, Neuwied 1996

Hughe, Patrick: »UFO-Files« in »New York Times Magazine«, Oktober 1979

Palmer, Ray und Arnold, Kenneth: »The coming of the saucers«, Amherst 1952

Randle, Kevin D. und Schmitt, Donald R.: »The truth about the UFO crash at Roswell«, New York 1994

UFOs auf dem Mond

Bürgin, Luc: »Mondblitze«, München 1994

Fort, Charles Hoy: »Das Buch der Verdammten«, Berlin 1995

Steckling, Fred und Steckling, Glen: »Wir entdeckten außerirdische Basen auf dem Mond«, Rottenburg 1996

UFOs auf dem Radarschirm

Bowen, Charles: »Beyond Condon« in »Flying Saucer Review«, London 1969

Bürgin, Luc: »Götterspuren. Der neue UFO-Report«, München 1993

Keel, John A.: »Operation Trojan Horse«, London 1971
Spencer, John: »UFOs, the finitive casebook«, London, New York 1991
Trench, Brinsely Le Poer: »The Sky People«, London 1960
Vallee, Jacques: »Konfrontationen«, Frankfurt 1994
Young, Mort: »UFO – Top secret«, New York 1967

Geheimnisvolle Wissenschaft

Der älteste Computer der Welt

Clarke, Arthur C.: »Mysterious World«, London 1980
Clarke, Arthur C.: »Arthur C. Clarke's A–Z of Mysteries«, London 1993
Langbein, Walter-Jörg: »Die großen Rätsel der letzten 2500 Jahre«, Augsburg 1992
Price, Dr. Derek de Solla: »An Ancient Greek Computer« in »Scientific American«, Juni 1959
Price, Dr. Derek de Solla: »Gears from the Greeks« in »Transactions of the American Philosophical Society«, 1974

Segelflug vor Jahrhunderten

Blumrich, Josef: »Der grüne Berg« in »Ancient Skies«, deutsche Ausgabe, Nr. 5/1996
Däniken, Erich von: »Aussaat und Kosmos«, Düsseldorf, Wien 1972
Däniken, Erich von: »Raumfahrt im Altertum«, München 1993
Lothrop, Samuel K.: »Das vorkolumbianische Amerika und seine Kunstschätze«, Genf 1964

Das Geheimnis der gläsernen Schädel

»Fate«: »Crystal Skull of Death«, Juli 1984
Fiebag, Dr. Johannes und Fiebag, Peter: »Aus den Tiefen des Alls«, Berlin 1995
Kunz, G. F.: »Gems and Prescious Stones of North America«, New York 1980
Langbein, Walter-Jörg: »Unmögliches, das doch möglich ist« in »Das Neue Zeitalter«, 8/1984
Mercurio, Enrico: »Rätsel um den Kristall-Schädel von Lubaantun« in Däniken, Erich von (Hrsg.): »Kosmische Spuren«, München 1992

Elektrizität im Altertum

Eggebrecht, Eva: »Die Geschichte des Pharaonenreiches« in Eggebrecht, Arne (Hrsg.): »Das alte Ägypten«, München 1984
Habeck, Reinhard und Krassa, Peter: »Das Licht der Pharaonen«, München 1992
Habeck, Reinhard: »Glühbirnen im Alten Ägypten« in Däniken, Erich von (Hrsg.): »Kosmische Spuren«, München 1988
Kurth, Dieter: »Die Dekoration der Säulen im Pronaos des Tempels von Edfu«, Wiesbaden 1983
Melhedegaard, Frede: »The Power of the Past«, Kopenhagen 1975
Waitkus, Dr. Wolfgang: »Die Texte in den unteren Krypten von Dendera und ihre Aussagen zur Funktion und Bedeutung dieser Räume«, Doktorarbeit, Hamburg 1991
Winton, Dr. W.: Beitrag zu »Sumer, a journal of archaeology and history in Iraq«, Band XVIII, Bagdad 1962

Embryotransfer im Alten Indien

»Bild der Wissenschaft«, Heft 4/1990
Däniken, Cornelia von: »Embryotransfer im alten Indien« in Däniken, Erich von: »Fremde aus dem All«, München 1995
Langbein, Walter-Jörg: »Astronautengötter«, Berlin 1996

Rau, Wilhelm: »Die Brennlinse im alten Indien« in »Akademie der Wissenschaft und Literatur«, 10/1982

Das Geheimnis der chinesischen Roboter

Kam Fung: »Chariots of Ancient China«, Vol. 1, no. 2, Hongkong 1975

Moore, Steve: »Ancient Chinese Automata« in Moore, Steven (Hrsg.): »Fortean Studies«, Vol.1, London 1994

Roboter im Mittelalter

Langbein, Walter-Jörg: »Geheimnisse der Bibel«, Manuskript

Lehmann, Alfred: »Aberglaube und Zauberei«, Stuttgart 1925

Geheimnisvolle Karten des Mittelalters

Flem-Ath, Rand und Rose: »Atlantis. Der versunkene Kontinent unter dem ewigen Eis«, Hamburg 1996

Gadow, Gerhard: »Erinnerungen an die Wirklichkeit«, Frankfurt 1972

Hapgood, Charles: »The Earth's Shifting Crust«, New York 1958

Hapgood, Charles: »Maps of the Ancient Sea Kings«, Philadelphia, Toronto, New York 1966

Hapgood, Charles: »Path of the Pole«, Philadelphia 1970

Hertel, Peter und Klügel-Hertel, Gisela: »Ungelöste Rätsel alter Erdkarten«, Gotha 1988

Langbein, Walter-Jörg: »Das Wissen der Alten« in »Geheimnisvolle Welten«, Rastatt 1997

Riemer, Thomas und Nestke, Fritz: »Atlantis – Ein Kontinent taucht auf«, Halver, Dortmund 1989

Weise, Andreas: »Landkarten, Entdecker, Konquistadoren«, Gotha 1989

Das Geheimnis vom Leben nach dem Tode

Vom Glauben an ein Weiterleben

Persönliche Aufzeichnungen von Walter-Jörg Langbein während des Studiums der evangelischen Theologie

Doucet, Friedrich W.: »Forschungsprojekt Seele«, München 1971

Doucet, Friedrich W.: »Die Toten leben unter uns«, Wien 1979

Geister kann man fotografieren

Holbe, Rainer: »Phantastische Phänomene«, München 1993

Keller, Werner: »Was gestern noch als Wunder galt«, Zürich 1973

»Fortean Times«: »One dog night«, Nr. 83

Hilfe aus dem Jenseits

»Das Neue Zeitalter«: »Die guten Poltergeister. Tote warnen ihre Verwandten – Entschlüsselte Mitteilungen«, 9.4.1986

Berichte vom Leben nach dem Tode

Doucet, Friedrich W.: »Die Toten leben unter uns«, Wien 1979

Gallup Jr., George: »Begegnungen mit der Unsterblichkeit«, München 1983

Moody, Raymond A.: »Leben nach dem Tod«, Hamburg 1977

Osborne, Alberta: »Alberta Osbornes Bericht« in Langbein, Walter-Jörg (Hrsg.): »Im Gespräch mit dem Jenseits«, Göttingen 1984

Vorwort

Farkas, Viktor: »Unerklärliche Phänomene«, Frankfurt 1988

Fort, Charles Hoy: »Das Buch der Verdammten«, Berlin 1996

Jacobi, Claus: »Von den Umdrehungen der himmlischen Sphären« in »Bild«, 3.5.1997

Bildnachweis AKG, Berlin: 8, 50 (Erich Lessing), 10, 13, 46, 53, 54, 57, 58, 74, 81, 90, 93, 107, 145, 148, 175, 176, 184; Archiv Reinhard Habeck u. Peter Krassa: 172; Astrofoto, Leichlingen: 9, 69 (Van Ravenswaay), 25 li., 124 (Binnewies), 28, 102 (Shigemi Numazawa), 133 (N.N.), 156 (N.N.); Bilderberg, Hamburg: 64 (Renate v. Forster), 155 (Wolfgang Volz); Bilderdienst Süddeutscher Verlag, München: 21, 71; Däniken Erich v.: 51, 130, 166, 169; Das Fotoarchiv, Essen: 25 re., 77, 78, 120, 182 (Henning Christoph), 61 (Peter Korniss), 94 (Markus Matzel), 98 (Andreas Riedmiller), 129, 164 (Fred Ward), 186 (Toma Babovic); dpa, Frankfurt: 118, 159; Fortean Picture Library, Clwyd (UK): 35 (Werner Burger), 37 (Paul Devereux), 38, 83, 142 (Claus Aarsleff), 63 (N.N.), 74 (N.N.), 96 (Kevin Carlyon), 111 (N.N.), 112 (Ivor Newby), 126 (N.N.), 146 (N.N.), 152 (N.N.), 161 (N.N.), 171 (N.N.), 189 (Marina Jackson), 192 (Philip Panton); Interfoto, München: 138 (P. Halsman), 190 (Lu Wortig); Langbein Walter- J., Lügde: 16, 41, 49, 56, 67, 101, 105, 115, 117, 135, 136, 140, 179; Mary Evans Picture Library, London (UK): 44, 85, 87, 89, 108, 151; Padilla Lara Dr. Oscar: 33; The Image Bank, München: Titelbild (F. Reginato), 22 (Rob Atkins), 31 (Harald Sund); Tony Stone, München: 7 (Anthony Cassidy), 14 (Ben Gibson), 18 (Mark Joseph), 32 (Art Wolfe), 36 (Steve Thompson), 123 (Chris Simpson), 163 (Chris Cheadle), 180 (Dave Jacobs); Visum, Hamburg: 26 (Timm Rautert), 43 (Tomasz Tomaszewski)

Anmerkung der Redaktion
Diesem Buch liegt die im Juli 1996 in Wien beschlossene und ab 1.8.1998 verbindliche Neuregelung der deutschen Rechtschreibung zu Grunde.

Hinweis Das vorliegende Buch ist sorgfältig erarbeitet worden. Dennoch erfolgen alle Angaben ohne Gewähr. Weder Autor noch Verlag können für eventuelle Nachteile oder Schäden, die aus den im Buch gemachten Hinweisen resultieren, eine Haftung übernehmen.

Über den Autor Walter-Jörg Langbein ist evangelischer Theologe und bereist seit zwei Jahrzehnten die Welt – stets auf der Suche nach den Spuren der Geheimnisse und Mysterien. Als erfolgreicher Autor beschäftigt er sich mit ungelösten Rätseln der Grenzwissenschaft.
Er verfasste zahlreiche Artikel und Zeitschriftenserien sowie mehrere Bestseller, die in verschiedene Sprachen übersetzt wurden. Im Ludwig Verlag veröffentlichte er bereits ein Buch über parapsychologische Phänomene.

Impressum

Redaktion: Marianne Scherer
Projektleitung: Sandra Klaucke, Berit Hoffmann
Redaktionsleitung: Dr. Reinhard Pietsch
Bildredaktion: Sabine Kestler
Produktion: Manfred Metzger
Layout und Umschlag: Manuela Hutschenreiter
DTP-Produktion: AVAK Publikationsdesign, München

Printed in Italy

Gedruckt auf chlor- und säurearmem Papier

ISBN 3-7787-3607-8

Sachregister

Stonehenge

Steinkoloss in Guatemala

H

J

K

L

M

N

O

P

R

S

T

U

Sphinx von Gise

V

W

Personenregister

Helena P. Blavatsky

Eingeborener der Osterinsel/ Chile

Dr. Robert Oppenheimer

Voodoozeremonie

Führende Mitglieder der Theosophischen Gesellschaft